U0462809

BLUE BOOK

智 库 成 果 出 版 与 传 播 平 台

旅游安全蓝皮书
BLUE BOOK OF TOURISM SAFETY

中国旅游安全报告（2022）

ANNUAL REPORT ON CHINA'S TOURISM SAFETY AND SECURITY (2022)

主　编／郑向敏　谢朝武　殷　杰

社会科学文献出版社
SOCIAL SCIENCES ACADEMIC PRESS（CHINA）

图书在版编目（CIP）数据

中国旅游安全报告 . 2022/郑向敏，谢朝武，殷杰
主编 . --北京：社会科学文献出版社，2022.7
（旅游安全蓝皮书）
ISBN 978-7-5228-0444-6

Ⅰ. ①中… Ⅱ. ①郑… ②谢… ③殷… Ⅲ. ①旅游安
全-研究报告-中国-2022 Ⅳ. ①F592.6

中国版本图书馆 CIP 数据核字（2022）第 126319 号

旅游安全蓝皮书
中国旅游安全报告（2022）

主　　编／郑向敏　谢朝武　殷　杰

出 版 人／王利民
责任编辑／崔晓璇　岳梦夏
责任印制／王京美

出　　版／社会科学文献出版社・政法传媒分社（010）59367156
　　　　　　地址：北京市北三环中路甲 29 号院华龙大厦　邮编：100029
　　　　　　网址：www. ssap. com. cn
发　　行／社会科学文献出版社（010）59367028
印　　装／天津千鹤文化传播有限公司

规　　格／开　本：787mm×1092mm　1/16
　　　　　　印　张：22　字　数：328 千字
版　　次／2022 年 7 月第 1 版　2022 年 7 月第 1 次印刷
书　　号／ISBN 978-7-5228-0444-6
定　　价／138.00 元

读者服务电话：4008918866

《旅游安全蓝皮书》编辑部

主　　　编　郑向敏

副　主　编　谢朝武

参与编写人员名单

总　报　告　撰稿人　华侨大学旅游学院暨中国旅游研究院
　　　　　　　　　　旅游安全研究基地
　　　　　　执笔人　郑向敏　阮文奇

专题报告撰稿人（以专题报告出现先后为序）

陈雪琼	田晓丽	王雷君	汪京强	张　弛
吴敬源	郭岩碧	施亚岚	梁文悦	黄诗棋
黄安民	殷紫燕	陈秋萍	刘紫娟	王文强
林美珍	王彦文	张子淳	侯志强	李雪佳
叶新才	熊思敏	王新建	珊斯尔	黄鸿鑫
汪秀芳	黄翔鹏	张　雨	黄煜焜	王　芳
张　慧	王婷伟	龙姝静	田丽琪	谢朝武

李羽曦　周灵飞　刘伟煜　曾武英　王嘉澍
罗景峰　白玉琼　安　虹　范向丽　张加梅
姚丽思　林荣策　渠兴勤　胡清楷　殷　杰
孙娟娟　吴高杨　许国玺　邹永广　杨　勇
吴　沛　张少平　杨佩琪　吴耿安　韩玉灵
崔言超　周　航　陈学友　陈金华　张健中
郭　彤　罗熙琳　黄远水　梁旷映雪　陆丽羽

编辑部办公室　谢朝武　王新建　邹永广　殷　杰　罗景峰
阮文奇　熊娜娜

主要编撰者简介

郑向敏　华侨大学旅游安全研究院院长、教授、博士生导师，中国旅游研究院旅游安全研究基地主任、首席教授，中国旅游协会教育分会副会长、原全国MTA教育指导委员会委员、全国旅游星级饭店评定委员会国家级星评员、原国家旅游局《旅游安全管理暂行办法》修订专家组组长。长期从事旅游安全与风险领域的研究工作，主持旅游安全领域的国家级、省部级科研项目10余项，出版国内首部旅游安全领域的专著《旅游安全学》，近期关注方向包括旅游安全评价、旅游职业安全、岛屿旅游安全等。

谢朝武　华侨大学旅游学院院长、教授、博士生导师，华侨大学旅游安全研究院副院长，全国MTA教育指导委员会委员、文化和旅游部优秀专家。长期从事旅游安全与应急领域的研究工作，曾担任国家旅游局"旅游安全管理实务丛书"执行副主编、参与原国家旅游局配合《旅游法》起草研究工作，曾主持旅游安全领域的国家自然科学基金、国家社会科学基金、教育部人文社科基金、省部级重大重点课题等项目，曾入选"福建省高等学校新世纪优秀人才支持计划""国家旅游局旅游业青年专家培养计划"。近期主要关注旅游应急管理、旅游安全行政治理等。

殷　杰　华侨大学会展经济与管理系主任、教授、硕士生导师，全国应用型课程建设联盟旅游管理专业委员会秘书长，长期从事旅游安全相关领域的研究工作，曾主持旅游安全相关的国家社会科学基金项目、教育部人文社科基金项目、福建省社会科学基金重大项目、福建省自然科学基金项目等研究课题，近期主要关注高聚集游客群安全管理、韧性治理与旅游目的地安全等。

摘　要

旅游安全蓝皮书《中国旅游安全报告（2022）》是华侨大学旅游学院、华侨大学旅游安全研究院与中国旅游研究院旅游安全研究基地组织专家编写的年度研究报告，是社会科学文献出版社"皮书系列"的重要组成部分。本年度旅游安全蓝皮书由总报告和专题报告两部分组成，其中专题报告又分设产业安全篇、安全事件篇、安全管理篇和区域安全篇四个篇章。

总报告从2021年我国旅游安全的总体形势入手，全面分析了我国旅游住宿、餐饮、交通、景区、购物、娱乐、旅行社等主要分支行业的安全情况，并深入剖析了涉旅自然灾害、事故灾难、公共卫生事件、社会安全事件等各类型旅游突发事件的发展态势。总报告同时也系统回顾了各类旅游主体在2021年的主要管理工作，分析了2021年影响我国旅游安全的主要因素，并对2022年的旅游安全态势进行了分析与展望。

相对于2020年全面受新冠肺炎疫情的影响，2021年受益于我国疫情防控形势和政策利好影响，旅游业在波动中逐步复苏。虽然旅游安全问题仍旧存在，但旅游发展态势整体平稳。在党中央、国务院的统一领导下，在各级党委和政府的支持下，旅游业继续坚持"安全第一、预防为主、综合治理"方针，贯彻执行《中华人民共和国安全生产法》《中华人民共和国旅游法》《国务院安全生产委员会成员单位安全生产工作任务分工》等安全规定，实现疫情常态化防控与旅游安全管理协同推进，在新冠肺炎疫情影响下我国旅游安全形势总体平稳。

旅游分支行业的安全形势包括：住宿业安全事件总数有所下降，旅行社

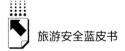

企业生存仍然艰难，旅游购物安全事件数量激增，旅游景区安全态势基本平稳，旅游交通安全呈现稳中向好态势，旅游餐饮安全整体态势趋好，旅游娱乐安全事件数量有所下降。从分类事件来看，涉旅自然灾害安全事件数量增长，死亡人数有所增加，涉旅公共卫生安全总体形势严峻，安全事件层出不穷，涉旅事故灾难总体形势趋稳，山地户外运动事故灾难数量增长较多，涉旅社会安全事件形势整体平稳，但仍面临巨大挑战。

总报告提出，2021年全国旅游安全形势总体平稳，但影响旅游安全的因素依旧复杂多样。人员因素中，多元旅游主体风险因素将持续影响我国旅游安全；环境因素方面，以新冠肺炎疫情为主的多元环境风险将带来严峻挑战；旅游设施设备安全隐患亟待重视与排查。此外，旅游安全管理制度与机制仍须完善。2021年，我国在强化旅游安全预防预备、推进旅游安全预警与监测、加强旅游安全生产监管以及提高旅游安全治理能力等方面进行了优化。2022年，旅游景区限流和预约将常态化、精细化，新冠肺炎疫情下旅游公共卫生风险防范将更加智慧化，旅游安全管理将更加制度化与体系化，技术、交通与旅游将进一步融合发展，安全预警将在旅游业平稳发展中发挥重要作用。此外，新兴的高风险娱乐项目是旅游安全防控的重难点。

专题报告分设了产业安全、安全事件、安全管理和区域安全四个板块。其中，产业安全篇对旅游住宿、旅游餐饮、旅游交通、旅游景区、旅游购物、旅游娱乐场所和旅行社的安全态势进行了全面分析；安全事件篇对涉旅自然灾害、涉旅事故灾难、涉旅公共卫生、涉旅社会安全等旅游安全事件的态势进行了综合分析；安全管理篇主要围绕疫情防控常态化背景下旅游安全行政管理、节假日旅游安全、自助旅游安全、旅游安全预警、女性旅游安全等方面组织了一系列文章；区域安全篇主要对国内较具代表性的北京市的旅游安全形势与管理经验进行了深度分析，同时对港澳台地区的旅游安全形势进行了介绍。

关键词： 旅游产业安全　旅游安全事件　旅游安全管理　区域旅游安全

序

非常感谢华侨大学邀请，为其主持完成的"旅游安全蓝皮书"《中国旅游安全报告（2022）》撰写序言。新冠肺炎疫情对旅游业产生了巨大的冲击和深远的影响，也使得大众对安全的关注有了显著提升。安全旅游成为大众最迫切的愿望之一，安全地发展旅游业也成为产业的共同愿望。就目前来看，疫情防控常态化阶段还将持续，旅游产业在这场马拉松式的长跑中遭受了重大影响。积极应对疫情，提升产业耐力和韧性，实现恢复发展，是当前旅游产业的主旋律。

正是在疫情的冲击下，越来越多的人认识到安全对于旅游产业的重要性。华侨大学是国内最早集中从事旅游安全研究的机构，至今已走过了22年的发展历程。在这一过程中，华侨大学旅游安全研究团队承担了国内第一个旅游安全领域的国家社科基金项目（2002），出版了国内第一本旅游安全领域的专著《旅游安全学》（2003）、第一本旅游应急领域的专著《旅游应急管理》（2012），受原国家旅游局委托研发了国内第一套"旅游安全管理实务丛书"（2012），在旅游安全领域发表了300余篇学术论文，也是国内最早在本科（2003）、硕士（2012）、博士（2012）等不同学科层次开设旅游安全管理相关课程的高校。以此为基础，中国旅游研究院于2009年依托华侨大学设立旅游安全研究基地，华侨大学旅游安全研究院也成为福建省高校人文社科研究基地（2016）和福建省高校特色新型智库（2017），也是我国唯一的旅游安全专业研究机构。华侨大学旅游安全研究团队定期主办的"中国旅游安全论坛"也是团结旅游安全学界、贡献旅游安全学术成果的重

要学术平台。在这个意义上，华侨大学旅游安全研究团队为国内旅游安全学科的建设和发展做出了开创性贡献。

"旅游安全蓝皮书"是华侨大学旅游安全研究团队的标志性学术成果，是华侨大学旅游学院、中国旅游研究院旅游安全研究基地、华侨大学旅游安全研究院等机构在旅游安全领域持续深耕的作品，也是华侨大学旅游安全学科团队响应时代号召、为学界和产业界贡献的旅游安全年度形势分析读本。2012年，首部旅游安全蓝皮书问世。至今，华侨大学旅游安全研究团队已经持续在此领域探索了10年之久。这是华侨大学旅游安全学科团队立足优势基础的扎根、深耕式探索。在题材上，"旅游安全蓝皮书"紧贴时代、响应热点。《中国旅游安全报告（2022）》主要从疫情常态化防控视角出发，聚焦疫情影响和常态化防控下的相关安全问题，是对时代问题的积极回应，也为现实管理提供了实践案例的深度解读，为各级旅游行政管理部门、旅游市场经营主体、各类旅游者提供了行动指南与参考。在结构上，《中国旅游安全报告（2022）》体系完整、内容翔实，不仅关注产业安全（餐饮、住宿、交通、景区、购物、娱乐、旅行社），还聚焦重点区域安全（港、澳、台），既兼顾传统安全问题，也凸显地缘优势，着墨港澳台旅游安全；不仅着重分析旅游安全事件（自然灾害、公共卫生、事故灾难、社会安全），也提出解决安全管理难题的行动指南。整体而言，《中国旅游安全报告（2022）》既关注宏观发展态势，也兼顾微观管理细节，对于旅游行业的安全发展与管理实践具有重要指导意义。

旅游安全是旅游业发展的生命线，是旅游业可持续发展不可或缺的重要前提。保障旅游安全既是满足游客基本需求的基本内容，也是实现民众旅游权利的重要途径，更是积极推进我国旅游产业应急管理体系和应急能力现代化建设的重要举措，是对"总体国家安全观""统筹安全和发展"等指导思想的积极响应。华侨大学是国内旅游安全研究的学术高地，研究团队规模大、成果多、探索新。"旅游安全蓝皮书"反映出华侨大学旅游安全研究团队的责任心与使命感，是该团队理论与实践相结合的重要成果。华侨大学旅游安全研究团队已走在旅游安全研究的时代前列，相信华大团队将会不忘初心、牢记使命、服务行业，继续深耕旅游安全领域，为中国旅游业的安全发展贡献更多力量。

高　峻

教育部旅游管理类学科专业教学指导委员会副主任委员

中国旅游研究院都市旅游研究基地主任

中国自然资源学会副理事长

上海师范大学环境与地理科学学院院长、教授、博士生导师

2022 年 3 月 24 日于上海

目 录 ⤵

皮书数据库阅读**使用指南**

总 报 告

General Report

B.1

2021~2022年中国旅游安全
形势分析与展望

旅游安全蓝皮书编委会 郑向敏 阮文奇（执笔）

《国务院安全生产委员会成员单位安全生产工作任务分工》中文化和旅游部安全生产工作任务分工

1. 负责文化和旅游安全监督管理工作，在职责范围内依法对文化市场和旅游行业安全生产工作实施监督管理，拟订文化市场和旅游行业有关安全生产政策，组织制定文化市场和旅游行业突发事件应急预案，加强应急管理。

2. 在职责范围内依法对互联网上网服务经营场所、娱乐场所和营业性演出、文化艺术经营活动执行有关安全生产法律法规的情况进行监督检查。

3. 会同国家有关部门对旅游安全实行综合治理，配合有关部门加强旅游客运安全管理。指导地方对旅行社企业安全生产工作进行监督检查，推动协调相关部门加强对自助游、自驾游等新兴业态的安全监管，

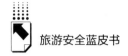

依法指导景区建立具备开放的安全条件。配合有关部门组织开展景区内游乐园安全隐患排查整治。

4. 负责文化系统所属单位的安全监督管理，指导图书馆、文化馆（站）等文化单位和重大文化活动、基层群众文化活动加强安全管理，落实安全防范措施。

5. 负责全国旅游安全管理的宣传、教育、培训工作。加强对有关安全生产法律法规和安全生产知识的宣传，配合有关部门共同开展安全生产重大宣传活动。

6. 负责文化市场、文化系统和旅游行业安全生产统计分析，依法参加有关事故的调查处理，按照职责分工对事故发生单位落实防范和整改措施的情况进行监督检查。

——国务院安全生产委员会关于印发《国务院安全生产委员会成员单位安全生产工作任务分工》的通知，于2021年1月14日发布

一　2021年中国旅游安全形势回顾

（一）旅游安全总体形势

相对于2020年全面受新冠肺炎疫情的影响，2021年受益于我国疫情防控形势和政策利好影响，旅游业在波动中逐步复苏。虽然旅游安全问题仍旧存在，但旅游发展态势整体平稳。在党中央、国务院的统一领导下，在各级党委和政府的支持下，旅游业继续坚持"安全第一、预防为主、综合治理"方针，贯彻执行《中华人民共和国安全生产法》《中华人民共和国旅游法》《国务院安全生产委员会成员单位安全生产工作任务分工》等安全规定，实现疫情常态化防控与旅游安全管理协同推进，在新冠肺炎疫情影响下我国旅游安全形势总体平稳。

整体而言，2021年以新冠肺炎疫情为主的风险引致因素对我国旅游安全管控提出了严峻挑战，旅游安全形势不容乐观，对我国旅游安全生产具有较大影响。2021年我国旅游业先后出现了新冠肺炎疫情、甘肃白银山地马拉松事件、西溪湿地网红项目"摇摇锅"喷火事件、云南女游客被景区保安打伤事件等众多危机事件。尽管2021年旅游安全形势依然严峻，但全国各级政府和行业强化旅游安全生产工作，落实旅游安全生产责任，妥善处置了各种旅游安全突发事件，为2021年我国旅游业平稳发展保驾护航。

（二）旅游行业安全形势

1. 住宿业安全事件总数有所下降，社会安全事件发生频次仍然最高

2021年我国旅游住宿业安全突发事件总数较2020年有所下降，其中社会安全事件的发生频率最高，其次为事故灾难，公共卫生和自然灾害事件的发生频率依旧较低。2021年旅游住宿业安全状况呈现以下特征。①从时间上看，旅游住宿业安全突发事件分布具有不均衡性，事件发生高峰期主要在5月、8月、9月、10月和12月，淡旺季两极分化显著。②从事件类型来看，旅游住宿业安全事件的类型结构变化显著，社会安全事件和事故灾难数量均有所下降，社会安全事件从2020年的240起下降到2021年的179起。③从诱导因素上看，常规不安全因素占主要地位，公共卫生问题引起广泛关注。

2. 旅游餐饮安全整体态势趋好，事故总量明显减少

2021年中国旅游餐饮业总体形势转好，个别地区偶受疫情冲击，但总体仍然呈现复苏态势。2021年旅游餐饮安全状况呈现以下特征。①从时间上看，2021年旅游餐饮安全事件分布较均衡，2月春节假期以及9月、10月旅游旺季的旅游餐饮安全事件最多，12月旅游餐饮安全事件相对减少。②从空间上看，全国共19个省（自治区、直辖市）发生了旅游餐饮安全事件，其中北京、上海居首位；从地域来看，华东地区安全事件较多。③从类型上看，旅游食品卫生安全事故类型与设施安全事故类型占比较高，且事故原因较为复杂。

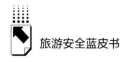
3. 旅游购物安全事件激增，旅游购物安全形势仍十分严峻

伴随着 2021 年旅游经济回暖，我国旅游购物安全形势不容乐观，国内旅游购物投诉显著增加，旅游购物安全事件增幅高达 115.27%。2021 年旅游购物安全状况呈现以下特征。①从数量上看，旅游购物安全事件总量显著提升，据不完全统计，2021 年发生旅游购物安全事件 443 起，较 2020 年增加 225 起，增加一倍有余，创下近五年新高。②从时间上看，2021 年国内旅游购物安全事件主要出现在 4 月、7 月、10 月，这三个月份发生的安全事件占全部事件的 54.69%。③从类型上看，旅游购物典型投诉类型与往年类似，而免税店提货问题成投诉热点。

4. 旅游景区安全态势基本平稳，影响因素更加复杂多样

2021 年，我国旅游景区安全总体形势趋好，但影响因素更加复杂多样，且疫情防控常态化背景下景区安全治理与监管难度大，与 2020 年对比呈如下特征。①从时间上看，2021 年我国旅游景区安全事件分布范围广，集中分布于 2 月、5 月、6 月、7 月、8 月和 10 月，其中 2 月最多。②从空间上看，旅游景区安全事件遍布 27 个省级行政单位，其中最多的省份是四川省和浙江省。③从类型上看，涉及地文景观、水域风光、生物景观、建筑与设施和人文活动多种景区类型，尤以建筑与设施、地文景观和水域风光类景区突出，而事件类型以事故灾难为主，占比高达 79.43%。

5. 旅游交通安全呈现稳中向好态势

2021 年，新冠肺炎疫情防控局势基本稳定，旅游交通安全态势趋好，2021 年旅游交通安全状况呈现以下特征。①从类型上看，旅游道路交通安全事故以自驾游事故和旅游大巴车事故为主。②从影响因素上看，旅游交通安全事故诱发因素复杂多样，主要包括驾驶人员安全意识薄弱、道路建设不规范等。此外，景区内部交通事故发生频次高，危害性大，此类事故大多由设施建设不规范导致。

6. 旅行社企业生存仍然艰难，在线旅游安全形势严峻

受新冠肺炎疫情影响，2021 年我国旅行社安全形势仍十分严峻。2021 年旅行社安全形势呈现以下特征。①从时间上看，寒暑假、黄金周是安全事件高发期，主要集中在5月、7月、8月、10月和12月，时间分布相对集中，淡旺季和节假日效应突出。②从类型上看，事件类型单一且集中，旅游合同纠纷引发的安全问题较为严重，旅游纠纷所占比例高达70%，其中，旅游合同纠纷占53%，退款进度纠纷占7%。由于疫情的突发性及巨大波动性，传统旅行社及OTA平台均承担着巨大的退订压力。③从诱导因素上看，主要原因是改退需求暴增以及没有及时采取有效措施维护消费者合法权益，如退款进度缓慢、虚假宣传、霸王条款、售后服务不及时、高额退票费等。

（三）旅游安全事件形势

1. 涉旅自然灾害安全事件数量大幅增长，死亡人数有所增加

2021年我国自然灾害形势复杂严峻，极端气候频现，多地遭遇了严重汛情，自然灾害以暴雨、洪涝、台风、地震等为主。与2020年相比，2021年国内涉旅自然灾害安全事件数量大幅增长。2021年我国涉旅自然灾害安全事件具有以下特征。①2015~2020年涉旅自然灾害安全事件数量呈逐年下降趋势，但2021年涉旅自然灾害安全事件较上年大幅增多。②2021年涉旅自然灾害安全事件伤亡严重，死亡人数较2020年有所增加，自然灾害导致的伤亡严重性仍然较大。③2021年全国涉旅自然灾害安全事件主要集中在华中、华南和西北地区。据不完全统计，华中地区共发生13起，主要集中在河南省，共发生8起；其次是华南地区，发生9起，主要集中在广东省，共发生7起；西北地区发生9起，主要集中在陕西省，共发生6起；然后是华东地区，共发生7起，主要集中在浙江省。

2. 涉旅事故灾难总体形势趋好，山地户外运动事故灾难剧增

2021年我国旅游业承受了严峻挑战，许多旅游企业面临生存考验，对旅游安全造成明显影响，但整体态势趋好。2021年我国涉旅事故灾难呈现以下特征。①据不完全统计，2021年共发生84起事故灾难，造成160人死亡，与2020年相比，事故数量减少3.4%，致死人数增加2.6%，结合2021年国内旅游总人次较2020年增长12.7%的情况，2021年涉旅事故灾难总体形势趋好。②从类型上看，2021年山地户外运动事故灾难数量增长明显，

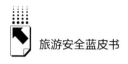
全年共发生 42 起，造成 70 人死亡，分别较上年增长 50% 与 112%，成为主要涉旅事故灾难类型。③旅游行业安全监管法制化、规范化、制度化水平不断提升，旅游事故安全管理手段与方法得到创新。

3. 涉旅公共卫生安全总体形势严峻，安全事件层出不穷

2021 年由于新冠病毒持续传播，旅游业仍然遭遇严重冲击，新冠肺炎疫情防控形势依旧严峻复杂，涉旅公共卫生事件层出不穷。据不完全统计，我国共发生涉旅公共卫生事件 6055 起，发病人数 6709 人，死亡人数 30 人。2021 年涉旅公共卫生安全呈现以下特征。①2021 年涉旅食物中毒事件数量和等级程度大大降低。②涉旅传染病疫情发生异常频繁，等级有所上升。③涉旅其他公共卫生事件频率与数量大幅度增加，涉旅公共卫生形势面临严峻挑战。④新冠肺炎疫情全年内间歇性频繁发生，深刻改变了旅游业和游客的行为，旅游公共卫生安全防范难度大，全球疫情形势复杂多变，旅游公共卫生国际协作面临挑战。

4. 涉旅社会安全事件形势整体平稳，但仍面临巨大挑战

2021 年涉旅社会安全事件的数量有所上升，涉旅社会安全管控依旧面临巨大挑战。①从时间上看，2~5 月以及 10 月是涉旅社会安全事件的高发月份，其占比合计为 64.15%，其他月份为涉旅社会安全事件的低发月份，事件数量均低于 10 起，即事件的发生与旅游淡旺季密切相关，旅游旺季易引发社会安全事件。②涉旅社会安全事件覆盖西南、西北、华中、华南、华东、东北和华北区域，其中华中、华东和西南区域的事件分布最为集中，合计占比高达 70.75%。③舆情传播迅速，社会关注度有增无减。④责权关系仍须完善，协调分工难度较大。

二　2021 年中国旅游安全管理状况回顾

（一）强化旅游安全预防预备

1. 实现旅游业疫情防控常态化、精准化与联动管理

为了统筹旅游企业疫情防控与健康经营，结合国务院联防联控机制要

求、旅游业生产经营特点、前期疫情防控经验，文旅部先后印发了《旅行社新冠肺炎疫情防控工作指南（第三版）》《剧院等演出场所新冠肺炎疫情防控工作指南（第五版）》《互联网上网服务营业场所新冠肺炎疫情防控工作指南（第四版）》《娱乐场所新冠肺炎疫情防控工作指南（第四版）》《关于进一步加强剧院等演出场所、上网服务场所、娱乐场所常态化疫情防控工作的通知》等文件，强化旅游行业疫情精准防控、常态化防控、联动管理，为旅游企业生产经营提供更清晰、可操作、可预期的政策依据。

2. 以防疫安全为主，强化安全培训与应急演练

当前政府发布旅游安全相关管控措施仍以防疫安全为首，在 2021 年 3 月对《旅游景区恢复开放疫情防控措施指南》进行了修订，并于 8 月和 10 月等时间段多次发布从严从紧抓好文化和旅游行业疫情防控工作的紧急通知，要求严防疫情通过文化和旅游途径传播扩散。4 月 19 日，文化和旅游部办公厅发布《关于进一步做好 A 级旅游景区安全工作的通知》，要求各地进一步加强 A 级旅游景区安全管理，除在疫情防控方面的要求外，还重点强调了要抓好隐患排查治理和安全培训、应急演练。2021 年 2 月和 11 月文化和旅游部联合其他部门印发了关于冰雪旅游发展的规划与国家级滑雪旅游度假地认定相关文件，这表明国家已在冰雪旅游景区建设标准化及安全监管上发力。

3. 加强导游审核培训，引导消费者积极维权

为治理导游"变相诱导"等问题，政府相继出台了《导游人员管理条例》《导游管理办法》等法律法规，在相关管理规定中明确指出在保障导游合法权益的同时要加强导游培训管理，积极弘扬导游先进案例，优化导游执业环境。文化和旅游部于 2021 年发布《加强导游队伍建设和管理工作行动方案（2021—2023 年）》，其中明确指出以游客评价为导向的导游激励机制。① 此外，政府部门还开始了旅游投诉调解与仲裁的试点、优化交易规则等一系列工作，以此改善旅游者维权环境，促进导游行业健康稳定发展，开创

① 《加强导游队伍建设和管理工作行动方案（2021—2023 年）》，文化和旅游部官网，http://www.gov.cn/zhengce/zhengceku/2021-06/12/content_ 5617358. htm，2021 年 6 月 10 日。

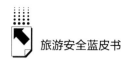
旅游购物信用时代。

4. 以景区智慧系统建设实现旅游风险防范

随着智慧旅游不断发展，景区智慧系统建设为旅游业风险规避与高质量发展保驾护航。如杭州作为世界级著名旅游城市，风景优美，有着江、河、湖、山交融的自然环境，但连绵的群山也给景区安全管理增加了不少难度。2022年2月景区公安联合大云物联推出的四维地理坐标系统，为打造景区安全管理递上了新名片。通过智慧景区建设提升景区安全管理水平，促进景区安全管理再升级，实现西湖风景名胜区内宝石山山林四维整体防控。

（二）推进旅游安全预警与监测

1. 开启"互联网+监管"，强化旅游安全研判与预警

《"十四五"文化和旅游市场发展规划》提出，全面开启"互联网+监管"工程，助力推进监管能力现代化。效仿文化和旅游市场风险监测预警体系，统一行业监督、灵活经营、信用信息等基础数据，开展经济运行和市场风险监测、识别、分析、响应、处理，及时发布风险提示信息，研判预警苗头性、区域性、行业性风险，提高风险预判和科学决策能力。同时，开展在线旅游产业链监管行动，创建以在线旅游平台企业为核心的产业链监督管理制度，优化网络巡视、情况通告、约谈警示等制度，完善在线旅游产品及旅游服务标准建构，管控在线旅游市场秩序。①

2. 从多个层面强化旅游安全预警

全国层面，文化和旅游部官方网站的"出行提示"栏目共发布旅游安全预警信息43条，较2020年减少75条。与2020年相同，"提醒"仍处于预警发布形式的主导地位，预警内容主要集中在政治/治安预警、综合预警、节假日预警三个方面，共占预警信息总量的81.4%。

省域层面，2021年，各省、自治区、直辖市旅游安全预警工作稳步开

---

① 《文化和旅游部关于印发〈"十四五"文化和旅游市场发展规划〉的通知》，文化和旅游部官网，http://www.gov.cn/zhengce/zhengceku/2021-07/10/content_ 5623979.htm，2021年5月17日。

展，如江苏出台《江苏省文化和旅游活动重特大突发事件应急预案》，宁夏、山西分别制定《宁夏回族自治区文化和旅游厅突发事件应急预案》《山西省文化和旅游突发事件应急预案》，旅游安全预警向文旅安全预警的过渡趋势初步显现。

地市层面，334个市、盟、自治州及地区文化和旅游局中，已经建立预警机制的有194个，占58.08%。与2020年相比，2021年地市层面旅游安全预警机制建设水平有所提升，太原、吕梁及龙岩三市对原有预案进行了修订，出台了各自的《文化和旅游突发事件应急预案》，建立了四级文化和旅游安全预警机制。

景区层面，景区预警内容主要涵盖疫情及包含疫情在内的叠加预警、景区接待量预警、旅游气象灾害预警、节假日预警、文明旅游预警等。其中，占据主导地位的仍是疫情及包含疫情在内的叠加预警。在预警机制建立健全方面，新建了八达岭长城景区的游客量预警机制、黄山风景区的寒潮预警机制等。在预警系统建设方面，游客口罩佩戴监测报警系统在西溪湿地率先试点；九日山文物及人数监测预警系统也已投入使用。

（三）加强旅游安全生产监管

1. 强化旅游质量监督，提高旅游服务水平

为保障旅游者合法权益、整顿旅游市场秩序，文化和旅游部于2021年5月21日出台了《文化和旅游部关于加强旅游服务质量监管提升旅游服务质量的指导意见》，提出要明确旅游服务主体责任、巩固游客服务基础、积极推动旅游信用体系建设发展、加强旅游服务质量监管等具体指导意见，要求相关企业健全旅游购物商品无理由退货制度，以此保障游客旅游购物合法权益；加大对自主知识产权产品的保护力度，依法依规惩治侵权假冒旅游服务品牌的行为；加强旅游服务质量数据采集及共享工作，打造旅游服务质量大数据分析平台；建立以信用为基础的全新监管机制，全面推行信用分级分类监督管理，进一步完善失信名录管理制度，创建信用修复机制。[①]

---

① 《文化和旅游部关于加强旅游服务质量监管提升旅游服务质量的指导意见》，文化和旅游部官网，http://zwgk.mct.gov.cn/zfxxgkml/scgl/202105/t20210521_924680.html，2021年5月21日。

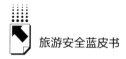

2. 旅游安全监管走向法制化、规范化、制度化

文化和旅游安全监管工作法制化、规范化、制度化建设不断强化。2021年1月14日，国务院安委办印发《国务院安全生产委员会成员单位安全生产工作任务分工》，进一步明确了文化旅游部门安全监督管理工作内容，要求文旅部门会同有关部门对旅游安全实行综合治理，完善管理机制，确保旅游安全管理制度"有法可依、有章可循"。湖北省制定《湖北省文化和旅游安全管理规范（试行）》，系统推动全省文化和旅游安全监管工作法制化、规范化、制度化建设。山东省人民政府安委会办公室发布《关于切实加强旅游景点和文化娱乐场所安全管理的通知》，强化安全风险研判，加强旅游景点和文化娱乐场所安全管理。

3. 完善旅游住宿业行业标准，加强安全监管

2021年2月25日，文化和旅游部发布了《关于发布旅游行业标准〈旅游民宿基本要求与评价〉第1号修改单的公告》，和之前的文件相比，现有文件进一步加强了安全、卫生、消防等方面的要求，明确了三星级、四星级、五星级旅游民宿的划分条件。[①] 2021年3月12日，国家颁布的《中华人民共和国国民经济和社会发展第十四个五年规划和2035年远景目标纲要》指出，加强健康教育和健康知识普及，树立良好饮食风尚，制止餐饮浪费行为，开展控烟限酒行动，坚决革除滥食野生动物等陋习，推广分餐公筷、垃圾分类投放等生活习惯，这一政策的颁布更有利于安全卫生知识的普及，降低公共卫生事件发生率。

4. 通过数字化强化餐饮安全监督

伴随新冠肺炎疫情在各地不断地小范围发生，各地政府联合餐饮企业共同开发数字化防疫餐饮管理系统，运用数字化技术实现"应管尽管、应检尽检、应溯尽溯、应视尽视、应驻尽驻"的工作要求。2022年1月30日，浙江上线"防疫餐饮在线"，运用数字化技术，围绕集中隔离点建设"商家管理"

---

① 《文化和旅游部关于发布旅游行业标准〈旅游民宿基本要求与评价〉第1号修改单的公告》，文化和旅游部官网，http://zwgk.mct.gov.cn/zfxxgkml/hybz/202102/t20210226_ 921876.html，2021年2月25日。

"食材管理""厨房管理""集中供餐配送管理"四个应用场景，对"三区"餐饮安全进行闭环管理，以实现保障杭州疫情防控集中隔离点、封控区和管控区食品安全的目标。同时，许多餐饮企业也运用数字化技术建设餐饮安全管理系统，各地政府市场监督管理局也展开运用高新技术来管控食品安全的工作。

（四）提高旅游安全治理能力

1. 整治旅游行业乱象，构建现代旅游治理体系

为加强旅游市场秩序整顿，贵州先后发布了《关于开展未经许可经营旅行社业务和非法旅游购物专项整治行动的通知》《关于加强旅游购物场所经营管理的通知》《贵州省旅游市场专项整治工作方案》，严厉阻击扰乱旅游市场秩序的不法行为，维护消费者权益，改善贵州旅游形象，提升游客满意度。2022 年 1 月底，2021 年举办的"多彩贵州满意旅游痛客行"活动圆满落幕，活动收集问题 660 条，涉及文化旅游行业管理、公共基础设施、企业责任、从业人员服务及安全生产等方面，有效改善了贵州省旅游服务质量，旅游投诉案件明显减少，为游客营造了一个满意的旅游环境。与此同时，贵州政府为整治旅游市场，召开了专项电视电话会议，提出以强硬态度，决心消灭"不合理低价游"、欺诈消费等旅游购物违法违规现象，坚决保护贵州旅游业一方净土。[①] 除贵州外，四川省政府也开展了"春雷行动2021"，对重点旅游市场展开秩序整治检查行动，优化旅游市场购物环境。[②]

2. 提高处理旅游投诉效率，切实维护旅游者合法权益

投诉无门是旅游消费安全的主要威胁之一。为助力摆脱投诉调解工作困境，文化和旅游部办公厅、司法部办公厅于 2021 年 6 月 11 日发布《关于开

---

① 周清、黄靖：《我省连续 5 年举办"多彩贵州满意旅游痛客行"活动 游客变痛客 痛点变抓手》，《贵州日报》2022 年 2 月 11 日。
② 《借"春雷行动"之东风，整治旅游行业之乱象——会理市市场监管局城北所持续整治旅游市场乱象》，网易，https://www.163.com/dy/article/H0SFMNT10512BOIV.html，2022 年 2 月 23 日。

展旅游投诉调解与仲裁衔接试点工作的通知》，指出在部分符合要求的地区进行试点工作，构建旅游投诉纠纷仲裁平台，对旅游投诉处理与仲裁衔接制度具有重要现实意义。借由创建旅游投诉纠纷仲裁平台，明晰旅游投诉纠纷仲裁平台工作任务，编制旅游仲裁员名册、构建旅游纠纷处理专家库，以此拓宽受理范围，避免诉讼时间冗长和高昂费用成本，从而提升旅游投诉调解工作效率及权威。[①]

三　2022年中国旅游安全形势展望

（一）影响2022年中国旅游安全的因素分析

1.人员因素：多元旅游主体风险因素将持续影响我国旅游安全

2021年，我国旅游安全问题引致因素复杂，众多旅游安全事故由旅游主体缺乏安全意识、安全行为导致，对我国旅游安全形成严峻挑战。首先，景区管理者安全意识薄弱。景区管理人员在工作中容易因为疏忽、思想麻痹大意，抱有侥幸心理，对安全隐患重视不够，从而引发安全事故。其次，旅游者安全防范意识不足，缺乏灵活应对能力。旅游者离开惯常居住环境进行旅游活动，对周围环境产生新鲜感，在旅游安全意识方面掉以轻心，忽视潜在安全风险。此外，游客在旅游活动过程中过于兴奋，高估自身应对能力，不遵守景区规定及相关管理人员的指挥，开展具有挑战性且高危的旅游活动而引致旅游安全事故。2021年，我国发生了多起"驴友"探险、私自闯入未开发区域等引发的安全事故。最后，旅游从业人员素质也引发了安全问题。综上，人员因素仍将是2022年旅游业平稳发展的重要影响因素。

2.环境因素：以新冠肺炎疫情为主的多元环境风险将带来严峻挑战

旅游活动常常受外界环境因素影响发生安全事故，以"疫情"为主的

[①] 《文化和旅游部办公厅　司法部办公厅关于开展旅游投诉调解与仲裁衔接试点工作的通知》，文化和旅游部官网，http://zwgk.mct.gov.cn/zfxxgkml/scgl/202106/t20210622_925866.html，2021年6月11日。

外在环境因素对旅游安全产生明显影响。首先，2022 年仍将受重大突发公共卫生事件等外在环境因素的影响。2021 年多地疫情散点式频发导致旅游市场在间歇暂停和恢复增长间徘徊。如南京德尔塔变种病毒暴发正值暑期，出游人数多，波及范围广，在短短 11 天内本土确诊病例新增 296 例，全国出现 4 个高风险地区和 91 个中风险地区，暑期旅游旺季被迫结束，游客们不得不取消原有的旅游计划，旅游安全事件数量剧增。为避免疫情通过旅游活动传播，实现精准防控，2021 年 8 月 5 日，文化和旅游部办公厅印发《关于积极应对新冠肺炎疫情进一步加强跨省旅游管理工作的通知》，提出对出现中高风险地区的省（区、市），立即暂停旅行社及在线旅游企业经营该省（区、市）跨省团队旅游及"机票+酒店"业务。其次，不可抗风险因素的影响。自然灾害给景区安全管理带来严重威胁，而当前许多景区对自然灾害的应对能力非常薄弱。2021 年 5 月 27 日，甘肃黄河石林景区山地越野赛遇天气突变，21 人遇难；10 月 2 日，陕西太白山公园景区出现大风降温，寒风凛冽，索道运力不足导致数百名游客滞留山顶。这些环境风险因素均暴露了景区在灾害面前应对能力缺乏、安全保障不到位等问题，将持续影响2022 年旅游行业的稳定运行与游客的生命安全。

3. 设施设备因素：旅游设施设备安全隐患亟待重视与排查

设施设备风险指设施设备设计不合理或质量不过关或旅游从业人员对设施设备的操作专业程度不足。首先，设施设备故障及不足。据不完全统计，2021 年设备设施故障引发的安全事故达 20 多起。其原因主要在于许多景区的设施设备老化、配套不齐全、产品质量不合格、维护不及时以及景区游步道、护栏等不安全。还有部分景区开发探险旅游产品，但相关配套设施未能跟上。其次，设施设备缺乏维修保养。旅游旺季，各类设施设备经常超负荷运行，景区没有对其进行定期维护和更新，不能及时发现安全隐患，从而引发安全事故。因此，2022 年，旅游业需要加强设施安全隐患排查工作，提前制定应急预案，并且加强设施设备前中后期的管理工作，保障游客的生命及财产安全。

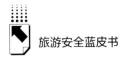

4. 管理因素：旅游安全管理制度与机制仍须完善

旅游安全事件发生后，如何实施紧急应对和救援对于旅游安全治理非常重要。首先，从安全应急来看，许多景区存在旅游安全应急及救援能力不足等问题，因此旅游安全事件发生后不能采取及时有效的行动和措施，造成更为严重的生命和财产损失。其次，完备的安全管理制度能够保障游客拥有优质的旅游体验，但景区履行管理职能时，常因管理机制存在缺陷引发安全事故，主要体现在政府主管部门和旅游经营单位两个方面。一方面，旅游业综合性强，面临的安全风险复杂多变，牵涉部门众多，容易出现权责不清、监督力度不足、实施效果不佳等问题。另一方面，景区缺乏规范的制度支撑，无法保障工作的有序进行，旅游旺季景区往往应对不及、现场管理不善，容易发生打架、拥挤等事故。因此，亟须通过完善旅游安全管理制度与机制，保障 2022 年旅游业稳定健康发展。

（二）2022年中国旅游安全态势展望

1. 旅游景区限流和预约将常态化、精细化

新冠肺炎疫情背景下，广大城乡居民对预约出游的接受度和适应度不断提高，"无预约，不出游"已成旅游消费新选择，也对景区和线上平台预约能力提出更大考验。中国旅游研究院 2021 年游客行为专项调查数据显示，58.7%的受访者表示经常使用在线平台进行旅游预约，35.2%的受访者表示有时使用，常态化、高频化旅游预约成为主流模式。预约旅游不仅是疫情防控背景下的应急之举，更是旅游精细化管理和高质量发展的长期要求。2022年，景区将继续采取限流和预约措施，更加注重游客体验程度的同时，也可根据游客数量和信息有针对性地进行活动管控，让景区景点更加有序、安全，促进旅游公共卫生安全管理更加精准、细化。如西溪湿地在疫情期间，门票"无纸化"成为加快入园速度、减少接触、减少排队的利器。

2. 新冠肺炎疫情下旅游公共卫生风险防范更加智慧化

"无人服务""虚拟现实""智能导览""数据监测"成为各大旅游企业和景区智慧旅游建设的基本要求。扫码导览、"码"上预约、社交电商、实

名认证等无接触旅游服务使安全响应更及时；客流分析、文旅舆情、虚拟景点、复苏指数、入口 AI 体温自动识别等数字化工具使安全管理更精准。2022 年，借助智慧旅游平台，更多旅游公共卫生智能化设备投入使用，再加上直升机等先进设备投入紧急救援、现代科学技术精准定位与追踪行踪等，旅游公共卫生安全的风险预防与应急救援机制将更加完善，未来旅游公共卫生风险预防与应急救援的及时性、精准性、智能性将获得质的飞跃。

3. 旅游安全管理将更加制度化与体系化

完备的安全管理制度是旅游安全事件预防及管控的重要保障。2021 年 3 月 1 日起《文化和旅游部立法工作规定》正式施行，此举进一步规范了文化和旅游部立法工作，保障旅游工作有法可依，完善旅游制度的建设，提高旅游相关立法效率。随着立法工作的完善，2022 年 1 月 1 日起正式施行《文化和旅游市场信用管理规定》，该规定相关条文较好地保护了旅游市场主体、旅游从业人员和旅游消费者的合法权益，以信用为基础进行监管，有效规避涉旅纠纷、欺诈等社会安全事件，提升现代治理能力。随着《中华人民共和国旅游法》《旅游安全管理办法》《在线旅游经营服务管理暂行规定》《旅行社条例》《导游管理办法》等法律条例的贯彻落实，涉旅安全管理制度体系在逐步完善。

4. 技术、交通与旅游将进一步融合发展

2021 年 9 月 22 日，国务院通过了《交通运输领域新型基础设施建设行动方案（2021—2025 年）》，该方案中"智慧"成为关键词，将运用 5G 网络应用、云数据中心建设、智慧港口、无人化作业等技术打造智慧公路重点工程、智慧航道重点工程、智慧港口重点工程和智慧枢纽重点工程。在疫情防控常态化下，运用互联网大数据分析游客地理位置，精准找到密接人员，保证游客的出行安全，为游客提供更加智慧安全的出行方式，游客也将共享到安全成果。因此，交通运输行业将向与旅游业进行深度融合的方向迈进，科学化研判、规范化提升、智能化管控将同步发力，为旅客提供更安全、更便捷、更舒适的旅游交通产品服务。

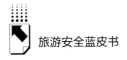

5. 安全预警将在旅游业平稳发展中发挥重要作用

疫情防控常态化至今，以疫情预警为主的风险预警已经成为旅游安全防范工作的主要内容，其预警信息发布主体以各级文旅行政主管部门、各级卫健委和各级景区为主，预警信息涵盖了限流、分流及游客个人防护等相关细节，有效降低了疫情引发旅游健康风险的概率。此外，《山西省文化和旅游突发事件应急预案》明确了人员密集场所、高风险项目、特种设备、消防安全、公共卫生、食品安全、道路交通、气象预警的监测。《宁夏回族自治区文化和旅游厅突发事件应急预案》根据文化和旅游突发事件等级划分标准，建立了四级预警机制。此外，西湖风景区花港管理处推出集人脸识别、自动跟踪、电子围栏等功能于一体的"综合智控平台"，预警涵盖野导游识别、违停提示、不文明行为提醒等内容，极大降低了人力投入，成为可靠的"护游使者"。西溪国家湿地公园利用毫秒级响应的人脸识别技术，试点游客口罩佩戴监测报警系统，对未佩戴口罩、不规范戴口罩游客给予提醒。因此，融合新兴技术的智慧预警将为旅游安全发展保驾护航。

6. 新兴的高风险娱乐项目是旅游安全防控的重难点

2021年我国发生的旅游娱乐场安全事件中，滑雪、漂流、滑翔等新兴高风险项目所占比重较高，且带来的伤害性较大。这些项目的安全性往往没有经过严谨的评估，在建设和运营中也缺乏严格的标准，导致建设质量和管理水平难以得到保证。2022年，新兴高风险娱乐项目的安全防控工作不容忽视。如与传统的旅游娱乐项目相比，冰雪娱乐项目的风险较大，游客可能因对冰雪旅游项目了解较少、对气候及身体状况评估不准确、身体部位防护不足等发生伤亡事件。此外，更多游客采取周边游、自驾游、自助游、山地户外运动、自组织野营等旅游休闲模式，旅游活动形式更加多元化，选择非常规的旅游目的地的游客更多，相关安全隐患复杂化。因此，2022年新兴高风险娱乐项目仍是旅游安全防控的重点与难点，亟须得到重视与关注。

四 结束语

2021 年，我国旅游安全管理工作在《中华人民共和国安全生产法》《中华人民共和国突发事件应对法》《中华人民共和国旅游法》《旅游安全管理办法》《旅行社条例》《安全生产事故报告和调查处理条例》等政策文件的指导下，各级政府和旅游主管部门对涉旅自然灾害事件、公共卫生事件、事故灾难事件、社会安全事件进行了风险防范与危机化解，在旅游突发事件的安全预防与预备、安全预警与监测、安全生产与监管、安全应急与处置等方面取得了一定进展。2022 年，各地各级政府和旅游主管部门将科学部署旅游安全管理的各项工作，统筹推进旅游安全管控与旅游业高质量发展，完善旅游安全管理体制机制，推进旅游景区智慧限流和预约，加强旅游安全生产预警与监督，实现技术、交通与旅游深度融合发展，促进旅游业持续健康发展。

专题报告
Special Reports

产业安全篇

B.2
2021~2022年中国旅游住宿业的
安全形势分析与展望

陈雪琼 田晓丽 王雷君*

摘　要： 在疫情防控常态化环境下，2021年的旅游住宿业得到了国家政策的大力扶持，通过自救及自身调整，逐步向绿色化、数字化、多业态化转变，这使得我国旅游住宿业安全突发事件总数较2020年有所下降，事故灾难与社会安全事件仍是主要构成部分；淡旺季两极分化显著，8月和12月是全年旅游住宿业安全事件发生的主高峰和次高峰；住宿业的公共卫生问题引起较为广泛的关注。展望2022年旅游住宿业安全形势，应进一步加强疫情防控、制定危机管理机制、增加智能化应用、落实到

* 陈雪琼，华侨大学旅游学院教授、硕士生导师，主要研究方向为旅游服务与管理。田晓丽、王雷君，硕士研究生，研究方向为旅游企业管理。

位奖惩措施。

关键词： 旅游住宿业　安全突发事件　旅游安全

2021年，我国旅游住宿业处于恢复发展时期，整体经营环境有所改善，但疫情带来的负面影响依旧严重。为了调查2021年疫情对旅游住宿业的影响程度，本研究在中国各大知名网站逐条搜索与酒店、民宿、客栈等有关的住宿业安全报道，共检索到有用信息339条。结合相关搜索结果和报道内容，分析2021年我国旅游住宿业安全事件的特征及出现原因，以期提出有针对性的管理建议，并对2022年的安全形势进行展望。

一　2021年中国旅游住宿业安全的总体形势

2021年，新冠肺炎疫情得到较为有效的控制，除部分地区受疫情反复性和境外输入案例影响外，大部分地区旅游住宿业已回到正常轨道，民宿业跨省游阶段性减少，本地游和周边游逐渐增加。从旅游住宿业安全突发事件类型来看（见表1），和2020年相比，2021年整体事件总数有较大程度的下降。刑事治安案件依旧是发生频率最高的安全事件，职业危害发生率最低。2021年疫情较为稳定并且对于吸毒事件加大了打击力度，所以社会安全事件中的刑事治安案件较2020年大幅减少，减少了49件。从时空分布结构来看，各省份都不可避免地发生了或多或少的住宿业安全事件，且时间上分布较广，除了个别月份较为集中外，其他月份并没有出现空白现象，这些事件不仅影响了企业声誉，还降低了顾客对住宿业的信任度。

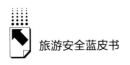

表1　2020～2021年旅游住宿业安全突发事件数量

单位：起

事件类型	亚类	2021年	2020年
事故灾难	消防事故	31	41
	设施事故	65	56
	施工事故	4	6
	小计	100	103
公共卫生事件	食物中毒	21	6
	突发疾病与死亡	9	4
	精神安全问题	21	39
	职业危害	1	1
	小计	52	50
社会安全事件	刑事治安案件	137	186
	人员冲突	7	12
	非正常伤亡	35	42
	小计	179	240
自然灾害		8	18
总计		339	411

资料来源：根据门户网站资料整理。

二　2021年旅游住宿业安全的概况与特征

（一）旅游住宿业安全突发事件种类

1. 事故灾难

事故灾难由2020年的103起下降到2021年的100起，总体数量上有所降低，但比例有所上升，说明和其他事件类型相比，事故灾难在整体布局上相对有所改变，设施事故发生率依旧最高，且和上年相比有较大程度的上升，设备故障类型多样，门口、浴室危险系数相对较高。2021年10月4日下午，两个小孩在酒店旋转门玩耍时被夹伤，其中一名8岁的小女孩右耳险被撕落。① 消防事故

---

① 《揪心！蚌埠两个小娃娃在旋转门玩耍时，其中一名女娃遭到旋转门的猛烈撞击……》，网易网，https://www.163.com/dy/article/GO5JIB6G0517CT27.html，2021年11月6日。

在事故灾难中占比为31%，较上一年略有下降，但依旧是事故灾难的主要构成部分。其发生原因包括任用了没有资质和证照的施工人员，且存在操作不当现象以及设施老旧引发火灾。2021年9月3日，南宁一酒店楼顶突然起火，由于起火位置较高，不时有物体从高空坠落，造成了严重的安全威胁。①

2. 公共卫生事件

公共卫生事件由2020年的50起上升到2021年的52起，其中食物中毒占比大幅度提升，以顾客受惊吓为主要表现形式的精神安全问题有所减少。随着科技进步，摄像头不断在改进，出现了微型针孔摄像头，并且购买渠道多样，不受监管，所以酒店或民宿摄像头事件逐年增加。2021年9月6日，河南周口某酒店，一对情侣在宾馆入住一夜后，发现空调处有针孔摄像头亮着绿灯，女生吓得直接蹲下。② 此外，食物中毒事件较2020年略有增加，这可能与人们安全意识提高、对食品卫生事件关注度提升有关。

3. 社会安全事件

和往年一样，社会安全事件一直是高发事件种类，占总数的52.8%。虽然我国法律体系已经越来越完善，但酒店在治安管理方面依旧存在一定漏洞，公民普遍参与到扫黑除恶中，增加了黄赌毒等违法犯罪行为的举报率，也增加了此类事件的报道。从事件类型上看，社会安全事件各类型占比与前两年大致相同，刑事治安案件占比最大，非正常伤亡次之，人员冲突占比最小，占比分别为76.5%、19.6%、3.9%。刑事治安案件表现形式多样，如打架斗殴、嫖娼、赌博、吸毒、偷盗、杀人和抢劫等。由于旅游住宿业具有来访者复杂性和场所隐蔽性，防控难度较大。同时，旅游住宿业的人员高流动性也为黄赌毒等违法犯罪行为提供了便利性。2021年11

---

① 《官方通报南宁一酒店楼顶起火：明火已扑灭无人员被困》，新浪网，https：//k.sina.com.cn/article_1048717800_m3e8229e803301gu6x.html？sudaref=www.so.com&display=0&retcode=0，2021年9月3日。

② 《情侣入住酒店一夜后，发现针孔摄像头，酒店：怀疑是他们自己装的》，腾讯网，https：//new.qq.com/omn/20210908/20210908A00K6D00.html，2021年9月8日。

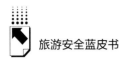

月6日，安徽省合肥市锦绣派出所对辖区酒店进行突击检查，当场抓获赌博违法嫌疑人9人。①

4. 自然灾害

自然灾害主要发生在地理位置较为特殊的地区，发生形式多样，但主要由自然而非人为引起。2021年自然灾害事件较2020年有所减少。和上年相比，2021年关注度最高的自然灾害是河南强降雨，持续的降雨导致省内多家酒店被毁，其中郑州一家酒店300多人被困。②

（二）旅游住宿业安全突发事件的特征

1. 旅游住宿业安全突发事件在时间分布上具有不均衡性

2021年我国旅游住宿业安全突发事件在时间分布上呈现不均衡性。事件发生高峰期主要在5月、8月、9月、10月和12月，占比均在9%以上，淡旺季两极分化显著。其中，第三季度安全突发事件共计101起，占全年安全突发事件的29.8%，8月和12月是全年旅游住宿业安全事件的高发和次高发月份。

2. 旅游住宿业安全事件的类型结构变化显著

与2020年相比，事故灾难与社会安全事件仍是住宿业安全突发事件的主要构成，但社会安全事件和事故灾难数量均有所下降。其中，社会安全事件从2020年的240起下降到2021年的179起；消防事故、施工事故与上年相比，数量均有所下降，设施事故数量略有上升；公共卫生事件数量较上年有所上升，食物中毒事件和突发疾病与死亡事件明显增加，主要表现为食物中毒和突发疾病。2021年4月13日，一名巴基斯坦籍男子在西安某酒店隔离期间突发急病，隔离医学点的工作人员及时进行救治；③ 和上年相比，自

---

① 《酒店包房设赌，合肥警方现场抓获9人》，凤凰网，http：//ah. ifeng. com/c/8AwcHyXVJ0F，2021年11月8日。

② 《河南强降雨！郑州：一酒店300多人被困，消防员救援｜正点财经》，好看视频，https：//haokan. baidu. com/v？ vid＝18176950521866758703，2021年7月21日。

③ 《外籍男子隔离期生病，陕西女医生这波操作666！网友：厉害了！》，陕西新闻广播，https：//xw. qq. com/cmsid/20210415A0520W00，2021年4月15日。

然灾害事件大幅度减少，数量不足上年的一半。

3. 常规不安全因素占主要地位，公共卫生问题引起广泛关注

旅游住宿业安全突发事件主要由企业管理不善、员工及顾客安全认知不足、相关部门监管不到位、犯罪分子屡教不改等因素引起。疫情在提高人们安全意识的同时也加大了管理部门对旅游住宿业安全卫生的检查力度。尽管如此，食物中毒事件依旧层出不穷，甚至出现了大幅度增多的现象，由2020年的6起增加至2021年的21起。究其原因可能与2021年疫情处于恢复期，人们对疫情的恐惧心理开始减弱，旅游住宿业逐步恢复营业有关，也与疫情导致的食材供应链较薄弱有一定关系。

（三）旅游住宿业安全管理主要进展

1. 旅游住宿业行业标准不断完善，安全监管力度不断加大

2021年2月25日，文化和旅游部发布了《关于发布旅游行业标准〈旅游民宿基本要求与评价〉第1号修改单的公告》，进一步强化了安全、卫生、消防等方面的要求，明确了三星级、四星级、五星级旅游民宿的划分条件。[①] 2021年3月12日，国家颁布的《中华人民共和国国民经济和社会发展第十四个五年规划和2035年远景目标纲要》重点强调：加强健康教育和健康知识普及，树立良好饮食风尚，制止餐饮浪费行为，开展控烟限酒行动，坚决革除滥食野生动物等陋习，推广分餐公筷、垃圾分类投放等生活习惯。[②] 这一政策的颁布更有利于安全卫生知识普及，降低公共卫生事件发生率。

2. 各省市对旅游住宿业的政策扶持力度和引导力度不断加大

受疫情反复影响，2021年旅游住宿业高开低走。发改委、财政部、文

---

① 《文化和旅游部关于发布旅游行业标准〈旅游民宿基本要求与评价〉第1号修改单的公告》，文化和旅游部官网，http://zwgk.mct.gov.cn/zfxxgkml/hybz/202102/t20210226_ 921876.html，2021年2月25日。

② 《中华人民共和国国民经济和社会发展第十四个五年规划和2035年远景目标纲要》，中华人民共和国人民政府官网，http://www.gov.cn/xinwen/2021-03/13/content_ 5592681.htm，2021年3月13日。

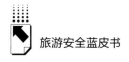

旅部等部门陆续出台了一系列扶持政策,帮助企业纾困解难。山东省为全省企业提供扶持政策,包括贷款政策、文旅融合政策;[1] 河南省为满足企业需求,帮助企业实现振兴,出台了多项涉及财政、金融的政策,为了便于企业理解,还专门对相关政策进行解读。[2] 甚至一些省市认识到当今时代,逃避体验已经逐渐成为游客外出住宿的一种动机,日常的喧嚣加重了人们的疲惫感,也增强了人们的出游倾向,民宿和传统酒店相比,整体氛围更加静谧,鼓励民宿发展成为部分省市的政策之一。

3. 共享经济背景下新的住宿业发展业态开始出现

疫情防控背景下,线上营销陆续兴起,多家住宿企业或餐饮企业率先在网上与客户进行互动,通过云参观客房、云体验客房,甚至开发网络小程序邀请顾客进行虚拟入住体验,这些操作不但提起了游客的兴趣,还抑制了人员流动,降低了病毒扩散率。同时,疫情的出现也提高了住宿业管理者和顾客的责任感,不少企业纷纷推出可持续发展政策,推动企业向生态化发展。另外,疫情加重了个体小微企业的生存压力,不少企业开始寻找新的生机,企业间的合作频率陆续提高。[3] 民宿行业洞悉短途消费者的需求,加强自身品质化和年轻化,借助与"动画IP""影视IP"的融合,还有与新业态"剧本杀IP""电竞IP"的融合,渐渐向集群化、连锁化与品牌化发展。

三 2021年影响中国旅游住宿业安全的主要因素

(一)旅游住宿业外部因素

1. 疫情持续反复

2021年上半年旅游住宿业稳健回暖。下半年受疫情影响,旅游住宿业

---

① 《加强金融支持文化和旅游产业高质量发展的若干措施》,山东省文化和旅游厅,http://whhly. shandong. gov. cn/art/2021/9/6/art_ 100579_ 10293104. html,2021年9月6日。

② 《服务"万人助万企"九项措施》,河南省工业和信息化厅,http://gxt. henan. gov. cn/2021/08-09/2198648. html,2021年8月9日。

③ 《中国餐饮榜样116人年度声音》,凤凰网,https://foodnwine. ifeng. com/c/8Ds3RHRgA53,2022年2月23日。

住宿率降低，防疫压力加大，再次陷入了动荡。为了缩减成本，部分旅游住宿企业低薪招聘员工，并且降低原有员工的待遇，这就导致员工在工作中不专业、不细致，出现卫生不达标事件和隐私安全事件。另外，疫情影响下人们精神压力大，容易滋生矛盾，所以自杀事件所占比例仍然较高。

2. 监管存在缺位

2007年印发的《住宿业卫生规范》明确提及，客房内环境应干净、整洁，摆放的物品无灰尘、无污渍；床上用品应做到一客一换；补充杯具、食具应注意手部卫生，防止污染。2010年，商务部出台了《关于加快住宿业发展的指导意见》，提出加快出台《饭店业服务质量评价体系》，然而至今尚未有相关文件出台，相应的处罚制度亦未建立。如酒店消毒毛巾的监管主体尚未商定。若只有制度规范，但是监管欠缺，则很容易埋下安全隐患。

（二）旅游住宿业内部因素

1. 用人不够规范

部分旅游住宿企业在施工人员没有电焊工证照和动火证的前提下，依旧进行施工作业，最终导致消防事故的发生。由于前台、保安、清洁等部门员工的工作失误，客人的隐私安全遭到威胁，对旅游住宿企业的品牌造成显著负面影响。另外，疫情导致住宿企业更难招聘到专心、有责任心的员工，员工工作质量低，这就使得卫生状况得不到保障，卫生不达标问题频发。

2. 应急反应速度慢

旅游业一直是综合性、风险性强的敏感行业，对旅游住宿企业来说，建立完善的应急预案有利于在危机到来时从容应对。但是部分旅游住宿企业没有重视预案，在危机发生后没有及时控制，导致事态愈演愈烈，损失加剧。2021年5月1日，由于人为纵火，吉林一家如家酒店火势较大，造成10人死亡，35人受伤。[1]

---

[1]《如家酒店遭纵火》，新浪网，http：//news.sina.com.cn/o/2011－05－04/025322400 482.shtml，2021年5月4日。

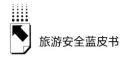

3. 规章制度落实不到位

2021 年食物中毒事件在数量上较上一年明显增加，一些旅游住宿企业为了增加盈利，在超出自身接待能力的情况下，菜品的采购、储存和消毒杀毒没有按照相关规章制度来执行，甚至有些不具备餐饮业经营资质的企业擅自经营导致食物中毒的发生，而且大部分食物中毒发生在宴席上，影响人数多，波及范围广。

4. 设施设备缺乏维修保养

一些旅游住宿企业为了节约成本，减少了对设施设备更新维护的投入，致使设施设备变成了潜在的危险物，诱发了安全事件。电线短路造成火灾、电梯故障造成人员被困、管道系统故障造成一氧化碳中毒、玻璃破碎造成人员受伤等事件说明了设施设备维修保养的必要性，事情发生之后的补救比发生之前积极的维护花费更大。2021 年 5 月 25 日，一酒店 3 名住客一氧化碳中毒，其中 1 人死亡、2 人在接受治疗。①

（三）顾客自身因素

顾客自身安全意识欠缺也是很多安全事件发生的原因。一些顾客在旅游住宿企业明确挂着提示牌的地方忽略了警示，有些儿童的父母没有尽到监护责任、大额现金随身携带、盲目相信"五折价"的存在，等都给安全事件发生提供了诱因。黄赌毒事件仍然占很高的比重，顾客自身抵制不了诱惑，以酒店作为黄赌毒的掩护，不仅危害顾客自身，而且对旅游住宿企业的形象造成不利影响。

四 2022年中国旅游住宿业安全形势展望及管理建议

（一）形势展望

1. 疫情防控常态化

疫情已经在全球肆虐了两年多，各行业均受到了冲击。旅游住宿业作为

---

① 《徐州经开区通报：酒店中毒事故系一氧化碳所致》，人民网，http://js.People.com.cn/n2/2021/0525/c360303-34744470.html，2021 年 5 月 25 日。

劳动密集型行业遭到了很大打击。虽然各省的政策支持和引导力度不断加大，但是疫情的反复性这一特征势必使得旅游住宿业在未来需要做到疫情防控常态化，需要更加注重公共卫生，增强生态文明意识，严格执行相关政策措施，为打好疫情防控战做好准备。

2. 科技应用广泛

在疫情发生之后，有一些旅游住宿企业为了突破劳动力和成本的限制，已经开始应用人工智能推进无接触式服务，如大数据、聊天机器人、虚拟助手等会第一时间了解到客人需求并给予及时的反馈，让酒店不仅具有人情味，而且提高了效率。关于房间卫生得不到保障和私制房卡等安全问题，一些旅游住宿企业开始让员工工作时携带记录仪、将房间的智能锁与手机二维码或住宿登记系统信息进行绑定。民宿与一些大牌生活类 IP 合作，打造智能化民宿，不仅提高了效率，而且优化了消费者的住宿体验。未来通过高科技更大范围的使用，让旅游住宿业实现智能化管理，相应地减少安全事件的发生。

3. 网络监督日常化

疫情的发生让人们花费更多的时间在网络上工作和社交，并且互联网普及率已超 70%，人们在网络上可以时刻了解正在发生的事情，所以旅游住宿企业的安全问题一旦被报道出来，客人会对涉事旅游企业进行讨论，并使发生的事情传播得更广，也会监督后续的行为，影响力巨大，不利于旅游住宿企业的形象塑造，所以需要重视网络舆情的力量。网络监督使旅游住宿企业更加重视公共安全问题，随着互联网的发展，网络监督发生的频率会越来越高。

（二）管理建议

1. 强化企业疫情防控

新冠肺炎疫情逐渐呈现多点、不定时散发的特点，旅游住宿企业需要采取适当的措施来应对疫情。首先，严格执行疫情期间的规章制度，每日的健康登记、区域消毒、体温测量、佩戴口罩等防范措施需要认真落实。其次，

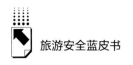

将安全工作的完成情况计入绩效考核，让员工化压力为动力，主动积极地投入到工作中，为客人提供更安全舒适的环境。

2. 积极落实奖惩措施

首先，通过培训或与相关职能部门合作进行安全宣传，增强员工的安全意识，可以让员工对客人做到安全提醒。其次，将安全事件责任到人，制定相应的惩罚措施，可以督促员工在工作当中遵守相关章程。最重要的是，可以对安全意识较强并且有体现安全意识的表现的员工进行鼓励和表扬，可以是物质或者是精神上的奖励，使其起到表率作用，有利于员工对此产生积极情绪，并参与到安全建设中。

3. 制定危机管理机制

在危机发生时，有效的应急预案可以大幅度减少危害，但是一些旅游住宿企业没有制定和明确危机管理机制，导致未能预见危险或危险发生后没有采取有效的措施。建议旅游住宿企业将各种常见的安全事故进行汇编，并对应自己企业的情况制定解决措施，进行适当的演练，这样可以提高事故的响应速度，降低负面影响。

4. 增加智能应用

智能技术在很多领域得到应用，同样也可以造福旅游住宿企业，如可以用人脸识别技术或手机移动终端实现智能开锁、利用机器人检查设施设备并进行安全巡查，这样既节省了人力又提高了工作效率，建议有一定规模的旅游住宿企业考虑增加智能化的应用。

5. 增强顾客安全意识

首先，旅游企业应该开展一些安全主题活动，如讲座或科普活动，不仅可以提高企业员工的安全意识，同时面向顾客，增强其安全意识。其次，旅游企业与公安部门合作，加大普法力度，也可以利用互联网进行案例宣传，让更多的人了解到常见的安全隐患，潜移默化地将安全意识植根于心中。最后，对于以旅游住宿企业作为掩护进行黄赌毒活动的，鼓励旅游企业及群众进行举报，可对举报者适当进行奖励，并对黄赌毒行为进行严厉打击。

B.3

2021~2022年中国旅游餐饮业的
安全形势分析与展望

汪京强　张　弛　吴敬源　郭岩碧*

摘　要： 2021年我国旅游业实现有序恢复，旅游餐饮业逐步恢复生机。疫情常态化防控阶段，仍然出现了个别中高风险地区，对当地旅游餐饮业产生了阶段性冲击。餐饮外卖业务仍然呈现迅猛发展态势；旅游餐饮安全态势较好；旅游食品卫生安全事件类型与设施安全事件类型占比较高，且事故原因较为复杂。回首2021年，旅游餐饮业安全形势较2020年有了明显改善，事故总量明显减少。展望2022年，旅游餐饮安全中的外卖卫生安全以及进口冷链食品运输安全依旧是社会各界关注的重点；智慧餐饮安全系统仍为旅游餐饮业高速发展的技术保障。同时，社会各界要进一步增强疫情防范意识，重点防范餐饮风险。

关键词： 旅游餐饮业　餐饮业安全　外卖卫生安全　食品安全

2020年，受新冠肺炎疫情影响，旅游餐饮业陷入危机。严峻的行业形势推动了外卖、餐饮直播等线上产品的迅速发展，也带来了新的餐饮安全形势。2021年，新冠肺炎疫情在国内得到了有效控制，国内的旅游餐饮业重新焕发生机，虽然偶有个别地区发生疫情，动态清零的整体形势下，全国旅

* 汪京强，华侨大学旅游学院教授级高级实验师、硕士生导师，主要研究方向为神经旅游实验学、酒店管理、餐饮管理、旅游实践教学等。张弛、吴敬源、郭岩碧，华侨大学旅游学院硕士研究生，研究方向为旅游企业管理。

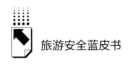

游餐饮业仍在有序复苏。

以"设施安全""违规违建""食物卫生""食品造假""人员冲突""火灾爆炸""外卖餐饮安全"等为关键词在百度、网易、新浪、腾讯、搜狐以及各地方网站对 2021 年我国发生的旅游餐饮安全事件进行搜索，搜索日期截至 2021 年 12 月 31 日，共搜索到 19 个省（自治区、直辖市）共 42 个案例。相较于 2020 年的 175 个案例，事件总量有了明显减少。本研究分析了 2021 年我国旅游餐饮安全事件的类型、分布与特点，影响旅游餐饮安全的主要因素以及旅游餐饮安全管理的主要进展，并且有针对性地提出了 2022 年旅游餐饮安全管理建议。

一 2021年旅游餐饮业安全总体形势

2021 年中国旅游餐饮业总体形势转好，个别地区偶遭疫情冲击，但总体仍然呈现复苏态势，外卖仍然是当下旅游餐饮业发展的重要一环。同上年一致，旅游餐饮业安全事件虽依旧集中在食品卫生方面，但外卖安全事件，尤其是人员冲突方面的事件都更为突出。2021 年，旅游餐饮业安全事件同上年相比大幅减少，说明疫情影响下，社会各类群体均对餐饮安全更为重视。尽管新冠肺炎疫苗的接种较大程度上降低了疫情的传播风险，但餐饮安全防范意识仍然不容松懈，需要各类社会群体及各部门继续加强重视。

二 2021年中国旅游餐饮安全事件类型分布与特点

（一）旅游餐饮安全事件内容分析

将收集的旅游餐饮安全事件具体新闻文本进行清洗，剔除无关及重复内容后，进行分词处理，得到高频词表（见表 1），并在此基础上对其予以可视化展现，形成词云图（见图 1）。

表1　2021年旅游餐饮安全事件高频词

高频词	词频	高频词	词频	高频词	词频	高频词	词频
游客	22	店员	6	奶茶	4	浴缸	3
酒店	20	原因	6	土豆	4	观光	3
人员	18	项目	5	小时	4	小龙坎	3
景区	13	问题	5	分钟	4	保质期	3
门店	12	家属	5	吊桥	4	兰州	3
上海	12	员工	5	骑手	4	下山	3
过期	12	开展	5	测评	4	别墅	3
顾客	10	马桶	5	升级	4	健康	3
事故	10	时间	5	消防	4	湖北	3
卫生	10	网友	5	排队	4	湖南	3
食品	9	存在	5	厕所	4	政府	3
下午	8	标签	5	插队	3	干净	3
受伤	8	饮品	5	身亡	3	投资	3
安全	8	救援	5	游乐场	3	河南	3
调查	7	导致	4	餐饮	3	动物园	3
事件	7	检验	4	监控	3	保安	3
吉野家	7	高空	4	监管	3	毛巾	3
索道	7	制作	4	医院	3	故障	3
有限公司	7	现场	4	野生	3	广场	3
设施	7	停业	4	宾馆	3	运营	3
市场	6	断裂	4	老板	3	北京	3
曝光	6	门票	4	影城	3	吧台	3
游乐	6	枕套	4	瑞金	3	处理	3
使用	6	冲突	4	电梯	3	抽样	3

　　"门店""酒店""景区"等词反映了旅游餐饮安全事件的常见发生场所；"卫生"等词反映了旅游餐饮安全事件的常见发生形式；"过期"反映了旅游餐饮安全事件的常见起因；"受伤""医院""救援""身亡"等词反映了旅游

图 1　2021 年旅游餐饮安全事件高频词词云图

餐饮安全事件的常见后果。2021 年"酒店"在旅游餐饮安全高频词中位居第二，这反映出旅游业迅速发展的同时，酒店卫生问题也不容忽视。此外，"游客""景区""门店"等词排位较前，反映出因疫情得到控制，旅游业逐渐恢复，存在的问题也逐渐浮现，应加强对旅游业的监管；"冲突"等词反映出旅游餐饮业应急培训不到位，服务素质较低。

（二）旅游餐饮安全事件分布特征

1. 时间分布特征

2021 年旅游餐饮安全事件时间分布较均衡。受新冠肺炎疫情冲击，随着旅游业和餐饮业的逐渐恢复，2 月春节假期以及 9 月、10 月旅游旺季的旅游餐饮安全事件最多。12 月旅游餐饮安全事件相对较少，这是因为随着年底新冠肺炎疫情的反弹，旅游业和餐饮业受到打击。

2. 空间分布特征

从空间分布来看，2021 年全国共 19 个省（自治区、直辖市）发生了旅游餐饮安全事件（见表 2）。其中，北京、上海居首位，均发生 5 起，广西、江苏、山东、河南次之，均发生 3 起，旅游餐饮安全事件呈现地域分布较广且东多西少的特点。从地域来看，华东地区旅游餐饮安全事件较多（17起），华中、华北地区次之（均为 7 起），这与各地旅游业、餐饮业发展水平同步。

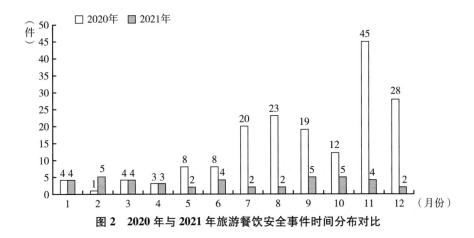

图2　2020年与2021年旅游餐饮安全事件时间分布对比

表2　2021年旅游餐饮安全事件地域分布

地域	省份	数量(起)	地域	省份	数量(起)
东北	辽宁	1	华南	海南	1
				广西	3
华东	江苏	3	西北	甘肃	2
	山东	3	西南	云南	2
	安徽	2			
	福建	2		贵州	1
	浙江	1			
	上海	5		西藏	1
	江西	1			
华中	湖北	2	华北	北京	5
	河南	3			
	湖南	2		河北	2

3. 事件类型分布特征

参照国家旅游局编撰的《旅游安全知识总论》中的安全事故类别，可将旅游餐饮安全事件归为事故灾难、公共卫生事件、社会安全事件和网络餐饮购物安全事件四大类，又细分为设施安全事件、违规违建事件、食品卫生事件等共十类（见图3）。

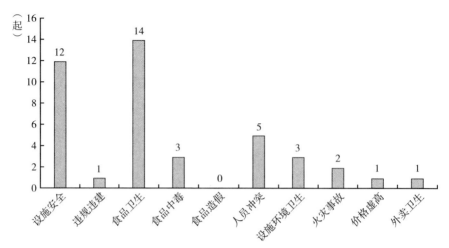

图3　2021年旅游餐饮安全事件类型分布

（1）事故灾难

事故灾难占2021年旅游餐饮安全事件总量的35.7%，主要包括火灾事故、设施安全事件以及违规违建事件。

①火灾事故。2021年共收集到2起火灾事故，具体原因包括油锅起火、玩火等。其中1起事故造成百万资产流失。

②设施安全事件。餐饮设施安全事件发生原因较多，包括设备老化、设备不合格、操作不当等，设施安全通常属于安全隐患，应当完善设施设备管理制度，定期维护设施设备，及时清理清洗。使用前进行系统培训避免操作不当引发事故。

③违规违建事件。近年来，突发的违规违建事件增多，引起国家高度重视和社会的恐慌。2021年7月12日15时33分许，江苏省苏州市吴江区四季开源酒店辅房发生坍塌，事故发生后，江苏省消防救援总队共投入500余名消防救援人员在现场紧张施救。经全力搜救，失联人员已全部救出，共搜寻出被困人员23人。其中，1人无伤已回家，5名受伤人员经救治生命体征平稳，17人遇难。①

---

① 《致17人遇难的苏州四季开源酒店"7·12"重大坍塌事故原因公布》，中国青年报，https：//baijiahao. baidu. com/s？id＝1722459012691342410&wfr＝spider&for＝pc，2022年1月20日。

（2）公共卫生事件

2021年餐饮公共卫生事件包括食品卫生事件、食物中毒事件、设施环境卫生事件，占总量的47.6%，成为监管的重点。其中，食品卫生事件占总量的33.3%，占餐饮公共卫生事件的70.0%。

①食品卫生事件。食品卫生事件频繁发生，是社会一直重视的问题，但国家管控力度不足。2021年11月12日，浦东新区市场监管局对上海国际主题乐园有限公司（上海迪士尼关联公司）做出罚款7万元的行政处罚决定，[①] 原因是2021年6月20日，当事人在"皇家宴会厅"餐厅内出售给消费者的一份蛋糕上附有异物。[②]

②食物中毒事件。2021年食物中毒事件有3起，占总量的7.1%，未出现死亡案例。2021年11月23日，河南新乡市封丘县赵岗镇戚城中学30多名学生吃过"营养午餐"后，呕吐腹泻，疑似食物中毒。面对家长们为什么不换掉供餐公司的质疑，校长表示，供餐公司是教育局招标确定的，换不了。[③]

③设施环境卫生事件。餐饮设施卫生是餐饮卫生的保障，影响消费者的健康。消费者进餐时最关心的是食品是否卫生安全，对餐厅食品、环境等要求较高。

（3）社会安全事件

2021年餐饮社会安全事件包括人员冲突事件、价格虚高事件。

①人员冲突事件。餐饮业人员冲突事件包括供需两方即商家或员工与顾客之间发生冲突、顾客之间发生冲突等。2021年共收集到人员冲突事件5起，占总量的11.9%。如2021年12月3日，湖南长沙一行6人到长沙一湘菜馆吃饭，因菜品过辣，其中一名男子接连打了数个喷嚏，他们纷纷觉得这

---

① 《上海国际主题乐园有限公司涉嫌生产经营混有异物的食品案》，上海市市场监督管理局，http：//fw. scjgj. sh. gov. cn/shaic/punish！detail. action？uuid = 2c9bf29c7d07a6ac017d48603eac5992，2021年11月2日。

② 《刚被罚不到一个月，迪士尼又"翻车"：餐厅出售蛋糕有异物！》，腾讯网，https：//new. qq. com/omn/20211117/20211117A09DMY00. html，2021年11月17日。

③ 《你的孩子在学校吃的好吗？一学校30名学生"食物中毒"，校长痛哭：招标的没法换！》，腾讯网，https：//new. qq. com/omn/20211129/20211129A06PU700. html，2021年11月29日。

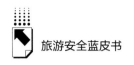

菜辣到根本吃不了，剩了太多，打喷嚏男子情绪激动，找到服务员要求菜品免单，得到服务员赠送果汁解辣的处理结果后，扬言"是觉得我吃不起一个饮料吗"并大摔杯子，服务员被吓到手抖，随后男子一行扬长而去，餐馆为了其他顾客的用餐体验并未阻拦。①

②价格虚高事件。餐饮业受疫情影响最大，随着疫情得到有效控制，餐饮业也开始复工复产，旅游餐饮价格虚高问题仍时有发生。但部分消费者对于涨价行为表示可以接受，毕竟受疫情影响餐饮业遭受巨大损失，也有更多消费者表示不接受，消费者因疫情影响在家休息或失业，收入不稳定，对涨价产生不满。

（4）网络餐饮购物安全事件

餐饮业网络购物安全事件主要包括外卖卫生事件。受新冠肺炎疫情影响，为减少面对面接触，避免交叉感染，外卖行业大火，弊端也随之显现，即外卖卫生安全事件随之而来。2021年11月29日夜间，如果不是电梯监控"有图有真相"，"已将外卖吃掉"的当事业主恐怕至今都不会相信，自己点的那份"美味"麻辣烫竟被外卖员增加了一道如此恶心的"工序"。接到当事人的报警后，当地警方及时采取行动，在查明案情的基础上，对涉事外卖员处以行政拘留14天的处罚。②

（三）旅游餐饮安全事件特点

1.餐饮安全事件总量大幅减少

通过对2012~2021年中国旅游餐饮安全事件的统计可知，与2012年相比，2021年旅游餐饮安全事件减少77.3%，与2020年相比减少76.0%。2021年全国各地疫情间歇性爆发，导致大量餐饮门店歇业或倒闭，疫情期间国家对食品安全管控严格，致使餐饮安全事件相对减少。

---

① 《男子吃湘菜太辣打喷嚏要求餐馆免单》，微博，https：//m.weibo.cn/status/4710632375
191965？，2021年12月4日。
② 《外卖员"尿"外卖，极端个案再敲外卖食品安全警钟》，腾讯新闻，https：//new.
qq.com/omn/20211202/20211202A09ROG00.html，2021年12月2日。

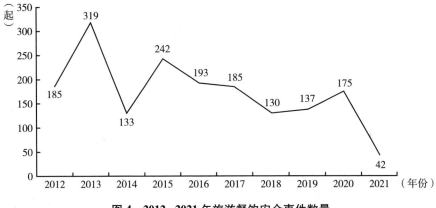

图4　2012~2021年旅游餐饮安全事件数量

2. 餐饮安全事件危害性不减

设施安全、违规违建、火灾事故具有突发性，安全问题会造成旅游者经济与名誉损失，生命受到威胁，也可能造成社会财产损失，甚至会危害国家形象和声誉。由于安全事件危害极大，须加强日常检查与管控，防患于未然。

三　影响旅游餐饮安全的主要因素

新冠肺炎疫情已持续两年多，给各行各业尤其是旅游餐饮业带来深远的负面效应。本研究从新冠肺炎疫情层面、政府层面、经营者层面及消费者层面分别对影响旅游餐饮安全的主要因素进行归纳总结。

（一）疫情

国内新冠肺炎疫情虽大体趋于稳定，但局部地区受零散疫情影响仍会限制社交距离，依旧采取关闭旅游和娱乐设施、限制餐厅堂食等措施。这使得旅游餐饮业的经营稳定性、营业收入等关键指标大幅度下降，运营、销售成本大幅度提高，进而导致部分旅游餐饮企业在食品原材料采购、冷链/物流运输等环节的支持资金减少，最终在这些环节中降低控制及审核标准进而带来餐饮安全问

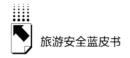

题。此外，国内进口冷链食品核酸阳性检出率明显增高，[①] 疫情的存在导致许多消费者不愿意进行集体堂食，转向更为安全方便的外卖，许多餐饮企业也将经营模式重点集中在线上。因此，当前影响旅游餐饮安全的关键因素是食品原材料采购、冷链/物流运输以及接触式外卖。基于此，保证食品原材料安全、冷链/运输环节安全及食品配送环节安全已成为保障旅游餐饮安全的重要工作。

（二）政府监管

当前，在所有餐饮企业中，品牌餐饮只占约 7%，中小型个体旅游餐饮企业仍是市场主体。[②] 基于旅游餐饮企业数量大、规模较小的特点，无证经营者及流动性商家比比皆是，使得政府对其监管难以全面覆盖，甚至有时需多个政府部门联合进行监管。此外，较为紧缺的监管预算、餐饮安全检测技术的单一化、不完善的食品安全管理标准及缺乏相关监管人才也给政府高效监管餐饮安全带来了巨大挑战。综上所述，政府应当高度重视餐饮安全问题，增加监管资金，引入高新监管技术及人才，完善餐饮安全监管体系。同时，健全及优化餐饮安全法律系统，加大法律惩戒措施的力度并严格按照相关法律执行监管行为以进一步保障旅客餐饮安全，提升城市形象。

（三）经营者

由于旅游餐饮企业基数大、规模小，相关从业人员流动性较强，市场竞争强烈。部分中小型旅游餐饮企业食品加工环境较差，对员工食品安全培训不到位，部分企业还存在缺乏安全意识及餐饮安全知识等现象，甚至有部分企业为降低运营成本而采购低质量或不合格的食品原材料，聘请无资格证书员工，这些都提高了餐饮风险。因此，需要进一步普及相关从业人员的餐饮安全知识及安全意识，严格规范餐饮企业的食品安全检测及经营流程。

---

① 《大连第三次冷链感染、北京出现快递阳性："物传人"又重出江湖?》，腾讯网，https：//new.qq.com/omn/20211122/20211122A01UPJ00.html，2021 年 11 月 22 日。

② 李明敏：《关于如何解决餐饮业食品安全问题的研究》，《北京印刷学院学报》2021 年第 S2期，第 10~12 页。

（四）消费者

在餐饮安全问题中，消费者是最容易被忽视的关键因素之一。在食品安全管理中，消费者的餐饮安全意识尤为重要。然而，大多数消费者安全意识淡薄、维权意识较差。大量消费者在进入旅游目的地后就将餐饮安全问题抛给餐饮企业，95%及以上的消费者对食品添加剂没有相关鉴别知识，甚至部分消费者对其在食品中所发挥的负面作用呈现不关心态度。[①] 不仅如此，部分消费者对于食品价格的敏感程度较高，更倾向于以价格为标准选择食品，而对其来源渠道、有无经过严格的食品安全检测程序不闻不问。[②] 此外，较为高昂的维权成本也阻碍了消费者维权。因此，应当大力向广大消费者群体普及餐饮安全知识，帮助其树立餐饮安全观。同时降低维权成本，鼓励消费者对不安全食品进行举报。

四 2022年中国旅游餐饮安全管理主要进展

（一）政府积极完善食品安全管理办法

为进一步健全食品安全管理体系，各地政府大量颁布食品安全管理相关文件。为应对新冠肺炎疫情中的冷链等"物传人"现象，国务院应对新型冠状病毒肺炎疫情联防联控机制综合组于 2022 年 1 月 30 日印发了《冷链食品生产经营新冠病毒防控技术指南（第二版）》和《冷链食品生产经营过程新冠病毒防控消毒技术指南（第二版）》[③]，进一步贯彻落实"外防输

---

① 胡双双：《食品安全管理问题研究与进展分析》，《现代食品》2021 年第 23 期，第 127~129 页。

② 黎英坚、苏比努尔·吐逊、邱鑫、韦梅、曼德日瓦：《食品安全管理问题研究——以宁夏银川市西夏区为例》，《食品安全导刊》2021 年第 25 期，第 15~17+19 页。

③ 《关于印发冷链食品生产经营新冠病毒防控技术指南（第二版）和冷链食品生产经营过程新冠病毒防控消毒技术指南（第二版）的通知》，食品安全标准与监测评估司官网，http://www.nhc.gov.cn/sps/s7892/202201/67127551c7424e8fa89ef3f42bf11978.shtml，2022 年 1 月 30 日。

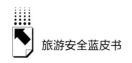

入、内防反弹"和"人物同防"疫情防控策略。各地政府也正不断地对食品安全管理标准进行完善及优化。内蒙古自治区卫生健康委于 2022 年 2 月 4 日起征集关于 2022 年度食品安全地方标准立项建议①。此外，文化和旅游部办公厅发布的《关于统筹做好乡村旅游常态化疫情防控和加快市场复苏有关工作的通知》也提出了以"公筷公勺 文明健康"为主题，开展乡村旅游"公筷公勺"行动，营造安全健康卫生放心的用餐环境。② 目前，各地政府都在积极响应疫情期间的食品安全问题，出台了多部新冠肺炎疫情背景下的食品安全防控相关指南及文件，为全面部署食品质量的提升策略、全方位规范食品安全的标准奠定了基础。

（二）各地市场监督管理局多举措加强餐饮行业食品安全监管

为进一步加大食品安全监管力度，各地市场监督管理局正积极监督食品安全管理问题。北京市市场监督管理局发布的行政处罚决定书（京朝市监处罚〔2022〕192 号）显示，盒马网络科技有限公司望京分公司违反《食品安全法》被罚没 60754.8 元。此外，上海市市场监督管理局发布的行政处罚决定书（沪市监浦处〔2022〕152021002890 号）显示，上海盒马网络科技有限公司生产经营其他不符合法律、法规或者食品安全标准的食品、食品添加剂，罚款 5 万元。四川省渠县也在"春雷行动 2022"中积极执法，立案查处超市销售超过保质期的食品，守护食品安全。各地市场监督管理局网站大量公开发布食品安全管理的监管动态及处罚条例，大力强化食品安全治理。

（三）数字化进一步优化餐饮安全监督

各地政府联合餐饮企业开发数字化防疫餐饮管理系统以运用数字化技术

---

① 《内蒙古自治区卫生健康委关于征集 2022 年度食品安全地方标准立项建议的通知》，内蒙古自治区卫生健康委员会官网，http://wjw.nmg.gov.cn/zfxxgk/fdzzgknr/wjzt/202201/t20220130_ 2002568.html，2022 年 2 月 4 日。
② 《文化和旅游部办公厅关于统筹做好乡村旅游常态化疫情防控和加快市场复苏有关工作的通知》，中华人民共和国中央人民政府官网，http://www.gov.cn/zhengce/zhengceku/2020-07/18/content_ 5527982.htm，2020 年 7 月 17 日。

践行"应管尽管、应检尽检、应溯尽溯、应视尽视、应驻尽驻"的工作要求，全方位严格高效执行餐饮原材料供应链全链条跟踪及餐饮制作环节的全面管控，保证疫情期间各地区食品安全。2022年1月30日，浙江上线"防疫餐饮在线"，运用数字化技术，围绕集中隔离点，建设"商家管理""食材管理""厨房管理"和"集中供餐配送管理"四个应用场景，对"三区"餐饮安全闭环管理，以保障杭州疫情防控集中隔离点、封控区和管控区食品安全。[①] 同时，许多餐饮企业也运用数字化技术建设餐饮安全管理系统，各地市场监督管理局也运用高新技术管控食品安全。与高新技术企业合作开发餐饮安全投诉系统供广大市民监督、投诉和举报有关餐饮安全的事件，形成市民与政府共同监督餐饮安全的治理格局，进一步提升食品安全管控效率。

五　2022年旅游餐饮业安全形势展望与管理建议

（一）2022年旅游餐饮业安全形势展望

1. 大数据等餐饮业科技含量与质量将继续成为发展重点

目前，中国餐饮业发展迅速，新型食品以及食品售卖渠道不断产生与进步，传统的监管形式与之产生匹配差值，应进一步加快大数据发展，继续深化大数据在餐饮安全治理方面的应用。[②]

2. 运输冷链仍旧为餐饮监管的重点

同药品一样，餐饮业许多类型食品需要调动全世界的物资进行流通，在目前国内疫情稳定、国外疫情依旧严峻的情况下，运输冷链尤其是国际冷链的监管仍然是餐饮业的工作重点。同时，国内依然存在个别阶段性局部疫情，因此，国内冷链运输也需要继续进行严格监管。[③]

---

① 《浙江紧急上线"防疫餐饮在线"实现"三区"餐饮安全闭环管理》，中国食品安全网，https://www.cfsn.cn/front/web/site.newshow? newsid=72455，2022年1月30日。

② 熊先兰、黄颖：《新时代中国食品安全战略的框架构想和实践路径》，《消费经济》2022年1月13日网络首发，第1~13页。

③ 王启飞、程梦丽、张毅：《区块链技术赋能食药安全监管机制研究——基于"鄂冷链"的案例分析》，《电子政务》2021年第11期，第92~102页。

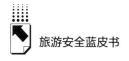

3.政府监管效率的提升是实施食品安全战略的根本保障

2022年，在疫情尚未完全过去但得到了有效控制后，基于疫情基本稳定的现状，不可避免地会有部分社会群体产生对于餐饮安全的松懈心态，政府应当进一步提高监管效率，不断完善监管手段将成为实施食品安全战略的根本保障。①

4.网络食品安全治理将不断完善

疫情的持续影响将继续加速订餐平台尤其是外卖的发展，同时，越来越多的消费者在旅游之后，会选择在网络上订购旅游目的地的食品，网络食品消费的快速发展，使得对于该类食品的监管将不断完善。②

（二）2022年旅游餐饮业安全管理建议

1.加强在食品安全纠纷中对于消费者权益的保障

在国内旅游餐饮业不断发展的同时，消费者往往在食品安全纠纷中处于弱势地位。虽然政府加大了监管力度，消费者权益保护水平有所提升，但仍然未能根本改变现状。往往在遇到食品安全纠纷时，消费者的维权成本较高。社交媒体的快速发展，使得消费者权益保护不断得到加强，但从根本上应引起政府的进一步重视并加强法律法规建设。③

2.提高政府的监管效率，科技赋能

在不断提高政府监管力度的同时，还须兼顾监管效率。餐饮形式与食品样式不断推陈出新，政府应当不断提高监管效率，扩大监管覆盖范围。餐饮安全治理可尝试运用区块链等新型科学技术进行指导，④ 同时应当不断改进与优化食品监管内容。⑤

---

① 李太平、薄慧敏、聂文静：《中国食品安全监督抽检效率评价研究——基于政绩考核压力下的抽检批次分配视角》，《宏观质量研究》2021年第6期，第86~98页。
② 张锋：《网络食品安全治理机制完善研究》，《兰州学刊》2021年第10期，第124~132页。
③ 张森：《食品安全纠纷中消费者权益的保障》，《法制博览》2022年第3期，第71~73页。
④ 王启飞、程梦丽、张毅：《区块链技术赋能食药安全监管机制研究——基于"鄂冷链"的案例分析》，《电子政务》2021年第11期，第92~102页。
⑤ 冯婷婷、汪超、张郁、李扬、石勇：《我国食品安全监管研究的文献计量及可视化分析》，《食品安全质量检测学报》2022年第2期，第641~649页。

3. 不断优化食品产业链供应

优化和稳定产业链与供应链是保障经济发展的重要措施。加快多种科技融入食品产业链，例如 5G、人机物全面互联、智能化物流等，在保障供应链安全稳定的前提下，不断关注餐饮业安全发展需求，提高供给方的供给效率。①

4. 加强对于旅游餐饮从业人员的疫情防控监管

受疫情持续影响，旅游餐饮业的安全形势应当受到持续关注。旅游餐饮从业人员是旅游餐饮业的一线人员，对于该群体的防疫监控不容松懈，以确保旅游餐饮业的人员安全因素可控性。

5. 进一步提高消费者的餐饮安全意识

针对消费者餐饮安全意识较为薄弱以及消费者的相关安全知识不足的情况，应当不断对消费者进行培训并开展其他形式的知识普及活动，提高其对于旅游餐饮安全事件及其他问题的关注度，充分发挥消费者的监管作用。

---

① 魏益民：《新冠疫情背景下优化食品产业链供应链刍议》，《粮油食品科技》2022 年第 1 期，第 101~104 页。

B.4

2021~2022年中国旅游交通业的安全形势分析与展望

施亚岚 梁文悦 黄诗棋*

摘 要: 2021年,疫情防控局势基本稳定,时有波动,国内旅游交通安全处于稳中向好的态势,交通运输系统持续稳定、高质量发展。民航交通安全形势稳定,但铁路、水运交通安全事故时有发生,旅游道路交通安全事故、旅游景区内部交通事故仍须高度关注。旅游交通安全事故的诱因复杂多变,驾驶人员、交通设施、恶劣天气均可导致事故发生。旅游交通安全在基础设施建设、安全防疫、客运监管、技术革新等方面取得重要进展。2022年,伴随智慧安全出行、交旅融合、出境旅游的影响,应持续加大重点道路系统基础设施投入力度,提高道路、旅游及相关部门管理效率,确保旅游交通产品安全性。

关键词: 旅游交通业 交通事故 交通安全形势

一 2021年中国旅游交通业安全的总体形势

2021年,疫情防控总体局势稳定。相比2020年,除公路运输外,水运、铁路和民航三大运输系统客运量呈现增长的趋势。公路方面,据中华

---

* 施亚岚,华侨大学旅游学院副教授,主要研究方向为旅游规划与开发、旅游环境管理。梁文悦、黄诗棋,华侨大学旅游学院硕士研究生,主要研究方向为旅游规划与开发、旅游碳中和。

人民共和国交通运输部统计，2021年我国公路自年初累计旅客客运量达到50.87亿人次，相比2020年降低了26.2%；就水路而言，旅客客运量自年初累计达1.63亿人次，同比增长9.0%；就铁路而言，旅客发送量自年初累计达26.12亿人次，比上年同比增长18.5%。[①]就民航而言，2021年1～10月，全国旅客运输量累计达39060.6万人，比上年同期增长21.4%。[②]2021年，在疫情常态化防控背景下，交通运输各项工作稳步恢复。铁路、民航客运量占营业性客运量比重较2020年提高9.6个百分点。全国36个中心城市完成公共交通客运量529.5亿人次，同比增长19.9%。[①]在基础设施投入力度加大、客运结构持续调整的基础上，我国交通运输业健康持续发展。

《"十四五"现代综合交通运输体系发展规划》明确2021年为"十四五"开局之年，我国力争打造交通强国，交通运输作为国民经济的基础性、先导性、战略性产业，充分发挥了支撑引领作用，实现了总体稳定运行、重点领域精准发力。在产业战略指引下，旅游交通安全工作持续推进，旅游交通安全事故呈现以下特征。首先，旅游交通事故以境内为主，航空交通运输系统总体形势较为稳定，水路、铁路交通安全事故时有发生，重大及重大以上交通安全事故主要集中在公路运输系统。其次，旅游道路交通安全事故以自驾游事故和旅游大巴车事故为主；呈现明显的季节性。事故诱发因素复杂多样，主要包括驾驶人员安全意识薄弱、道路建设不规范、车辆失维等。最后，景区内部交通事故发生频次高，危害性大。此类事故大多由设施建设不规范导致，如高空索道、玻璃滑道、热气球、滑雪场滑道等特色交通设施易发生此类事故。交通运输部及地方相关部门应采取预防为主、多种措施同步落实的方针政策。通过提前防治、安全提醒、有效引导、追责到人、严惩严罚等全力保障交通安全运营，推动旅游交通健康发展。

---

① 中华人民共和国交通运输部网站，http：//www.mot.gov.cn/。
② 中国民用航空局网站，http：//www.caac.gov.cn/。

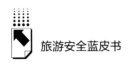

二 2021年旅游交通安全特征

(一)2021年旅游交通安全的基本特点

1.旅游道路交通安全事故高发,旅游大巴与自驾车安全亮红灯

2021年,道路交通安全事故接连不断,是旅游交通事故的高发区域。国际旅行持续受到新冠肺炎疫情影响,出入境旅游基本处于停滞状态,而境内道路安全事故多集中在寒暑假、"五一"假期及国庆黄金周等游客出游的高峰期;旅游交通安全事故主体多为旅游大巴、自驾车。5月2日,一辆自驾车在假期返程途中遭遇大货车追尾,事故造成1人死亡、3人严重受伤。[①] 10月4日,一辆载有10名旅客的旅游客车与大货车相撞,造成客车内乘务员重伤。[②] 4月17日,桂林市象山区发生一起旅游大巴冲撞限高栏的交通事故,造成1人死亡、6人受伤。[③] 7月24日,在四川甘孜州泸定县红石公园内,一辆自驾游车辆翻入河床,造成2人死亡、4人受伤的惨剧,司机操作不当或成事故发生的主要原因。[④] 7月26日,G22青兰高速公路甘肃平凉泾川段发生一起特大旅游交通安全事故。[⑤] 驾驶员雨天超速行驶以及行李仓超载造成车辆侧翻导致13人死亡、44人受伤,同时还发现事故车辆承包经营人利用假行驶证、严重失实的检测报告等材料非法套取车辆《道路运输证》,编造虚假包车备案信息违规获取旅游包车标志牌开展包车客运。

---

① 《痛心!五一出游 淄博一家四口遭遇严重车祸》,齐鲁网,http://v.iqilu.com/nkpd/rxcct/2021/0508/4908745.html,2021年5月8日。

② 《有人受伤!陆川一客车与大货车相撞……》,腾讯网,https://xw.qq.com/cmsid/20211118A03LPJ00,2021年11月18日。

③ 《桂林一旅游大巴撞上限高栏被"削顶",致1人死6人伤!现场触目惊心……》,搜狐网,https://www.sohu.com/a/461521996_652974,2021年4月18日。

④ 《一家6口,自驾海螺沟坠落河床致2死4伤!可惜!》,搜狐网,https://www.sohu.com/a/509965727_120099883,2021年12月19日。

⑤ 《甘肃"7·26"事故致13死44伤!》,腾讯网,https://new.qq.com/omn/20220125/20220125A003A700.html,2021年7月26日。

表1　2021年道路重大及特大交通安全事故

日期	地点	交通工具	事故类型	伤亡情况	事故原因
2021.01.02	广西梧州	小型客车	车祸	2人死亡 3人受伤	撞车
2021.03.16	台湾宜兰县	旅游大巴	车祸	6人死亡 39人受伤	刹车失灵
2021.04.17	广西桂林	旅游大巴	车祸	1人死亡 6人受伤	撞限高栏
2021.04.23	阿坝州松潘县	旅游大巴	车祸	11人重伤 13人轻伤	车辆侧翻
2021.05.01	重庆	小型汽车	车祸	4人死亡 1人受伤	撞车
2021.05.02	江苏徐州	自驾车	车祸	1人死亡 3人受伤	货车追尾
2021.05.03	浙江湖州	小型汽车	车祸	6人死亡 3人受伤	撞车
2021.05.04	江苏徐州	自驾车	车祸	9人受伤	车辆坠桥
2021.07.10	福建宁德	旅游客车	车祸	27人受伤	客车侧翻
2021.07.10	贵州铜仁	旅游大巴	车祸	24人受伤	撞车
2021.07.24	四川甘孜	自驾车	车祸	2人死亡 4人受伤	坠入河床
2021.07.24	内蒙古赤峰市	小型汽车	车祸	2人死亡	醉酒超速驾驶
2021.07.26	甘肃平凉泾川	旅游客车	车祸	13人死亡 44人受伤	车辆失控侧翻
2021.08.01	青海海南州	自驾车	车祸	3人死亡	撞车
2021.08.14	云南昆明	小型汽车	车祸	6人死亡	多车相撞
2021.08.19	海口	越野车	车祸	1人死亡 1人受伤	撞车
2021.08.21	109国道	手拉房车	车祸	1人死亡	车辆失控
2021.08.24	四川甘孜	自驾车	车祸	4人死亡	坠江
2021.09.20	江西南昌	自驾车	车祸	3人死亡 1人受伤	翻入小溪

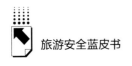
续表

日期	地点	交通工具	事故类型	伤亡情况	事故原因
2021.10.06	汕昆 G78 高速公路	小型汽车	车祸	1 人死亡 1 人受伤	撞防护栏
2021.11.09	海南临高	旅游大巴	车祸	10 人受伤	土方车追尾
2021.12.02	安徽潜山	旅游大巴	车祸	8 人死亡 3 人受伤	撞车

注：《道路交通事故处理办法》规定重大交通安全事故标准：指一次造成死亡 1 至 2 人，或者重伤 3 人以上 10 人以下，或者财产损失 3 万元以上不足 6 万元的事故；特大交通安全事故标准：指一次造成死亡 3 人及以上，或者重伤 11 人及以上，或者死亡 1 人，同时重伤 8 人以上，或者死亡 2 人，同时重伤 5 人以上，或者财产损失 6 万元及以上的事故。

2. 铁路运输总体稳定，水路交通安全仍须警惕

2021 年底，我国铁路营业里程由 2020 年的 14.63 万公里突破至 15 万公里，其中高铁超过 4 万公里，运输保障能力进一步增强。全国铁路未发生特别重大、重大事故，较大事故数量增加，铁路安全警钟仍须敲响。6 月 4 日，兰新铁路（甘肃金昌境内）发生列车与铁路施工人员相撞事故，9 人遇难。① 近年来导致铁路安全事故的主要因素包括水害防洪、营业线施工、行车设备故障、脱轨和出轨现象。因此，提高铁路安全系统的性能、加大铁路安全监测力度、加大对铁路应急技术设备的投入对维持铁路运输安全稳定十分重要。

水路交通由于容易受到天气突变等不可抗力影响，安全事故也时有发生。9 月 16 日，在江门珠海交界赤鼻岛附近海面发生一起游艇侧翻事故，导致 6 名游客落水失散。② 事故主要由海面突遇狂风所致。除天气原因以外，涉旅水路交通监管不足也是水路事故发生的主因。2022 年 2 月 7 日，海南万宁就发生了一起游艇侧翻事故，造成两名游客死亡，码头商户表示当

---

① 《兰新线事故致 9 死 兰州铁路：作业人员侵入上行路线》，中华网，https：//news.china.com/social/1007/20210604/39643072.html，2021 年 6 月 4 日。

② 《野游有风险 千万别冒险》，江门市人民政府网，http：//www.jiangmen.gov.cn/home/zwyw/content/post_ 2434296.html，2021 年 10 月 5 日。

地存在未取得经营资质就私自携带游客出海的现象。[①]

3. 民航运输业稳健复苏，航空安全纪录创新高

2021年，国内航空客运业务量已恢复到新冠肺炎疫情前水平的68%，但国外疫情形势严峻，国际航空旅行需求锐减，因此，国际业务量仅为疫情前的28%。尽管全球航空旅游需求尚未回到疫情前水平，但是仍发生了多起商业航班空难，造成100多人死亡。《2021年民航行业发展统计公报》显示，民航运输总周转量、运输飞行小时和运输起飞架次分别恢复到上年同期的76.3%、88.9%和94.5%。全行业完成旅客运输41777.82万人次，恢复到上年同期的63.3%。我国民航业在积极复苏的同时，仍保持超高的航空安全水平。截至2021年12月底，中国民航安全飞行136个月。两项主要安全指标持续为零，即我国民航运输航空百万架次重大事故率滚动值为0和亿客公里死亡人数十年滚动值为0。同时，我国民航实现18年空防安全零责任事故纪录。

4. 旅游景区内部交通事故频发，诱发因素复杂多样

2021年，旅游景区内部交通安全事故频发。景区内的高空索道、玻璃滑道、热气球、滑雪场滑道等设施既有交通设施的作用，同时也是娱乐项目。然而，此类设施的安全隐患复杂多样，提高了景区内部事故发生率。景区内部交通事故诱发因素包括极端环境、设施设备问题、工作人员操作不当、游客防范意识低、景区管理不到位等。4月22日，重庆涪陵区红酒小镇景区因电压不稳定，索道项目突然停运。[②] 7月12日，浙江湖州安吉县云上草原景区因设施设置区域不当，滑翔伞与缆车相撞，致游客从高空坠落。[③]

---

① 《13名游客落水2人遇难！万宁无资质游艇侧翻，组织者私自带人出海》，网易网，https：//www.163.com/dy/article/GVMOQOD005436PQM.html，2022年2月8日。

② 《重庆一景区索道停电游客悬空，景区：电压不平稳，游客不理解》，搜狐网，https：//www.sohu.com/a/462579250_114778，2021年4月23日。

③ 《惊险一幕！一景区滑翔伞与缆车相撞致人坠落》，上海热线，https：//news.e23.cn/wanxiang/2021-07-14/2021071400244.html，2021年7月14日。

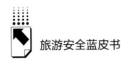
（二）旅游交通安全管理的主要进展

1. 先进科技赋能交通，推动交通高质量安全发展

为加快建设科技强国、交通强国的战略部署，2021 年 2 月 24 日中共中央、国务院印发了《国家综合立体交通网规划纲要》，强调至 2035 年，我国将基本建成便捷顺畅、经济高效、绿色集约、智能先进、安全可靠的现代化高质量国家综合立体交通网，提升安全保障能力，提高交通基础设施安全水平，完善交通运输应急保障体系，在优化国家综合交通布局的同时提高我国交通安全水平。8 月 25 日由交通部、科学技术部联合发布的《关于科技创新驱动加快建设交通强国的意见》指出须强化新一代信息技术、工业机器人、新能源、新材料等技术集成应用，促进新信息技术、先进制造技术、安全绿色技术与交通运输融合发展。9 月 23 日交通运输部印发的《交通运输领域新型基础设施建设行动方案（2021—2025 年）》中也多次提到加强交通科技创新建设，如通过"AI+交通"优化交通的机动性、道路的通行能力，在很大程度上保证道路交通的安全。

2. 加强节假日出行高峰监管，鼓励旅客错峰出行

2021 年，国内新冠肺炎疫情得到缓解，国内旅游业有所复苏。节假日居民集中出行流量过大，是旅游交通安全事故频发的主因。为了避免疫情蔓延与减小交通压力，多部门鼓励人们尽量错峰出行，并针对错峰出行出台了一系列优惠政策。6 月 15 日，交通运输部、国家发展改革委、财政部印发《全面推广高速公路差异化收费实施方案》，此方案通过实施差异化收费策略，均衡路网交通流量分布，提高区域路网整体运行效率，解决道路交通拥堵问题，实现推动错峰出行和安全出行的目标。此外，多地区多措并举保障交通运行，例如杭州市全道路将分时段、分车种实施客、货车错峰通行措施；广州白云山景区开通周末、节假日专线。①

---

① 《白云山西门首条周末、节假日专线正式开通》，广州日报，https：//baijiahao.baidu.com/s？id＝16940985331240169458wfr＝spider&for＝pc，2021 年 3 月 13 日。

3.重视旅游客运安全，加强旅游包车、组团监管

2021年，在旅游交通安全事故中旅游大巴事故的占比并不低，事故发生的背后暗含着旅游客运监管不到位、旅行社安全管理不规范等不良因素。为了降低客运事故发生率、提高旅游业安全发展水平，1月22日由交通运输部办公厅、公安部办公厅、商务部办公厅、文化和旅游部办公厅、应急管理部办公厅、市场监管总局办公厅联合印发了《关于进一步加强和改进旅游客运安全管理工作的指导意见》，要求形成旅游客运事前、事中、事后全链条及旅行社、旅游包车企业等全要素安全监管机制。实施旅行社用车"五不租"制度，定期清理存量"黑企业""黑车"，加强执法，以达到提高旅游客运安全水平的最终目的。12月17日，公安部新制定了《道路交通安全违法行为记分管理办法》，新规中多次针对旅游客运汽车提出管理要求，这表明了政府对旅游交通安全的重视。

三 2021年影响我国旅游交通安全的主要因素

1.驾驶人员驾驶技术与意识缺位

2021年发生的多起交通安全事故中，酿成悲剧的主要原因是驾驶员行驶操作不当及人们安全意识淡薄。由于自驾游中司机的驾驶技术水平参差不齐、旅游包车司机安全意识缺位，道路交通事故无法杜绝。例如，9月20日，江西南昌5名游客一同自驾出游，在前往南昌怪石岭景区途中由于操作不慎，车辆突然失控翻入小溪中，造成3人死亡、1人受伤的悲剧。[1]

2.景区交通设施存在安全隐患

近年来，为满足大众个性化的旅游需求，景区内推出了不少游乐项目，增添了许多网红设施。景区在迎接巨大客流量的同时，其安全监管也备受考验，稍有不慎，景区意外事故就会发生。2021年10月19日，河南林州景区

---

[1] 《痛心！南昌一家5口中秋自驾游，因导航误入村道翻车坠沟，2个幼子和奶奶遇难》，搜狐网，https://www.sohu.com/a/491276633_100261872，2021年9月23日。

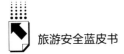
内一名游客游玩索道滑行项目时，因滑索钢丝断裂坠湖身亡。[1] 此外，景区内的游览车辆和观光车安全隐患也逐渐显露。6月12日，眉县太白山森林公园内游览公共车辆发生侧翻事故，导致3人死亡、多人受伤；[2] 9月1日，沈阳市沈北新区稻梦空间景区一辆观光小火车发生侧翻，造成多名乘客跌落。[3]

3. 恶劣天气预判不足

在恶劣天气的影响下，各类交通安全事故难以避免。2021年4月1日，在共和县原109国道橡皮山一辆旅游大巴由于突降暴雪，车辆与旅游公司失联，多名游客被困在橡皮山中。[4] 7月12日，河北秦皇岛一辆旅游大巴因突降暴雨熄火，36名游客被困在车中。[5] 6月16日，泉州市晋江市海上风力突然变大，造成海上摩托艇骑乘人员溺亡事故。[6] 为了最大限度避免由恶劣天气造成的交通安全事故，相关部门应该做好天气的预测工作，必要的情况下可发布封锁道路交通、禁止出海等禁令。

四 2022年旅游交通业安全形势展望与管理对策研究

（一）2022年旅游交通业安全形势展望

1. 新技术注入新活力，共享智慧安全出行方式

2021年9月22日，国务院通过了《交通运输领域新型基础设施建设行

---

① 《景区滑索钢丝断裂女子坠湖身亡，河南林州回应：项目负责人已被刑拘》，极目新闻，https：//baijiahao. baidu. com/s？id＝1714038679541424998&wfr＝spider&for＝pc，2021年10月19日。

② 《陕西太白山景区车辆侧翻致3死7伤》，腾讯新闻，https：//new. qq. com/omn/20210613/20210613A02HBA00. html，2021年6月13日。

③ 《沈阳一景区观光火车发生侧翻：16人跌落稻田，有人轻微擦伤》，澎湃网，https：//www. thepaper. cn/newsDetail_ forward_ 14309009，2021年9月1日。

④ 《旅游大巴因暴雪被困橡皮山，警察铲雪5小时营救》，澎湃网，https：//www. thepaper. cn/newsDetail_ forward_ 12033598，2021年4月2日。

⑤ 《旅游大巴高速熄火，36名乘客被困大雨中》，北青网，https：//t. ynet. cn/baijia/31097207. html，2021年7月12日。

⑥ 《泉州一对男女海上玩摩托艇失联，两人不幸溺亡》，九派新闻，https：//baijiahao. baidu. com/s？id＝1702887760066692959&wfr＝spider&for＝pc，2021年6月18日。

动方案（2021—2025 年）》，智慧交通成为关键趋势，将运用 5G 网络应用、云数据中心建设、智慧港口、无人化作业等打造智慧公路重点工程、智慧航道重点工程、智慧港口重点工程和智慧枢纽重点工程。2022 年是实施"十四五"规划的关键一年，也是各项战略部署和各项工程项目投入建设的关键时期。在常态化疫情防控下，各大火车站、高铁站和机场将进一步运用智能设施设备，运用互联网大数据分析技术，不断升级疫情防控措施，保障旅客健康安全出行。旅游交通利用新技术，提供了更加智慧安全的出行方式，游客也将共享安全成果。

2. 交通旅游深度融合，安全防控需求升级

随着游客出行方式愈发多元化，加之一些偏远地区和乡村旅游点仍存在交通基础设施不健全、交通信息不对称问题，旅游交通安全情况也变得复杂多样。《交通强国建设纲要》《关于促进交通运输与旅游融合发展的若干意见》提出推动旅游专列、旅游航道、旅游风景道等发展；自驾游时代，公路服务区成为"交通+旅游"深度融合新热点；2022 年旅游交通供给将不断优化，交通旅游深度融合发展的新产物和新产品将越来越多元与普及，这便需要更加重视旅游交通安全，着力强化安全保障，推进交旅融合新产品制定新的标准和规定。交通运输行业正向与旅游业进行深度融合的方向迈进，科学研判、规范提升、智能管控将同步发力，为旅客提供更安全、更便捷、更舒适的旅游交通产品服务。

3. 出境旅游不确定性增加，不稳定因素增多

中国旅游研究院国际研究所发布的《中国出境旅游发展年度报告2021》指出，未来出境旅游的恢复和发展，取决于多重因素的综合作用，2022 年出境旅游发展面临的环境严峻复杂，存在很大不确定性。但是通过调查发现 2022 年人们对休闲旅行的需求超过疫情前实际出行水平。因此，我国旅游交通业应持续关注国内交通安全，政府部门要对出境旅游工作及应对国际交通安全随时做好准备，做好全方位的复苏及应急预案。

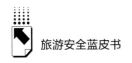
（二）2022年旅游交通业安全管理对策研究

1. 加大基础设施投入力度，改善交通环境，发展智慧交通

"五一"、国庆和中秋是游客出游高峰期，是交通事故高发期，也是考验交通道路基础设施运转效率的关键时期。首先，推动基础设施布局完善立体互联，建立综合交通大数据平台，运输服务便捷舒适集约高效，安全保障完善可靠反应快速，大力发展智慧交通。其次，节假日高密集游客流的风险防范与智能化安全管控尤为重要，在高流量路段建立智慧管控体系，确保重点区域快速报警、快速施救。各景区和文旅场所严格执行线上预约、线下登记制度，景区每日接待游客量按照最大承载量进行限流。最后，在"交通+旅游"时代，加强对重点旅游城市旅游道路的建设，尤其是对旅游大道、旅游观光道路和"最后一公里"的建设，重点改善旅游交通环境和薄弱环节。

2. 落实多元主体安全责任，强化宣传手段，加大惩罚力度

健全组织，强化管理，增大巡查和监管力度，落实安全生产责任制，政府部门、道路负责人、景区经营者、游客和相关人员既是监督者又是被监督者，应严格落实自身安全责任。首先，针对政府部门，相关人员要强化监督的职能，确保假行驶证、假包车现象消失，要积极做好自驾车旅游的引导和服务；针对道路部门，应对道路的质量严格把关，定期检查；针对景区，应对景区运营的设施设备随时抽查、开展风险评估，严格监管景区内部道路交通标志的设置，调整或停运设置不规范的项目；游客应严格遵守交通法规，不触碰红线。其次，通过媒体及时发布交通预警信息，宣传交通安全知识。最后，加大惩罚力度，敦促相关人员和游客自觉做到知法、守法。

3. 确保旅游交通产品安全性，树立风险意识，消除不安全因素

交通与旅游融合发展是旅游产业发展的大势所趋，铁路旅游产品、精品旅游公路产品、水上旅游产品、低空飞行旅游产品、交通文化旅游产品等将占据一席之地。这便要求旅游业者提供的旅游交通产品和旅游交通服务符合国家标准或者行业标准；新业态、新项目应尽快推进标准及导则的编制与实施；对可能危及旅游者安全的旅游产品或者服务，要向旅游者做出真实的说明和明确的警示，并采取切实可行的防范措施。强化旅游景区内的特种旅游活动、特色旅游交通方面的产品设计、地点选择、项目安排、场所安全系数、安全保障措施，大力保障涉旅交通安全。

参考文献

［1］《"十四五"现代综合交通运输体系发展规划》，国发〔2021〕27号，2021年12月。

［2］《全面推广高速公路差异化收费实施方案》，交公路函〔2021〕228号，2021年6月。

［3］《道路交通安全违法行为记分管理办法》，公安部令〔2021〕163号，2021年12月。

［4］《交通运输领域新型基础设施建设行动方案（2021—2025年）》，交规划发〔2021〕82号，2021年8月。

［5］《数字交通"十四五"发展规划》，交规划发〔2021〕102号，2021年12月。

B.5
2021～2022年中国旅游景区的
安全形势分析与展望

黄安民　殷紫燕*

摘　要： 安全是旅游业的生命线，旅游景区安全管理对于保持旅游业健康发展至关重要。随着旅游业快速发展和游客需求多样化，旅游新业态、新项目不断涌现，旅游景区安全影响因素更加复杂多样，且防疫常态化背景下景区安全治理与监管形势严峻。本文以收集的2021年141起旅游景区安全事件为基础，分析了2021年旅游景区安全事件的概况、特征及形成原因，并对2022年我国旅游景区安全形势进行展望并提出针对性管理建议，以期为我国旅游景区安全综合治理提供参考与借鉴。

关键词： 旅游景区安全　防疫安全　游乐设施安全　智慧安全管理

一　2021年中国旅游景区安全的总体形势

本研究以"旅游安全事故""旅游溺水""旅游受伤""旅游摔倒""旅游中毒""旅游斗殴"等为关键词，在文化和旅游部等政府部门网站及中国旅游新闻网、人民网、百度、搜狐、新浪等影响力大、实效性强的网络平台上共收集到2021年景区安全事件141起。其中，轻微及一般事故139起，

---

* 黄安民，华侨大学旅游学院教授，博士生导师，旅游规划与景区发展研究中心主任，主要研究方向为旅游与休闲、景区管理、区域旅游发展战略。殷紫燕，华侨大学旅游学院博士研究生。

重特大事故2起，共死亡75人。

从时间分布来看，景区安全事件具有明显的集中分布特征，基本与春节、"五一"假期、暑假及"十一"假期等节假日时间吻合。从空间分布来看，景区安全事件呈现集中分布、散点发生的特征。事件类型呈现多样化、发生环节呈现集中化。此外，2021年各类网红景点及项目安全事故频发，众多免费景区及公共旅游区安全保障不到位，老人、儿童及女性等社会弱势群体多为安全事件主体。

通过分析发现，2021年旅游景区安全事件的发生原因主要包括景区管理者及游客安全意识薄弱；突发自然灾害，景区应对能力差；景区娱乐安保设施设备故障；景区人员混杂，社会治安问题多发；景区安全事件应急管理及救援能力不足五个方面。在景区安全管理上，2021年安全管控重点仍以常态化防疫为主。伴随着"无界安保智慧指挥系统"和杭州西湖"应用四维地理坐标系统"上线，旅游景区智慧安全管理逐渐成熟。

二 2021年中国旅游景区安全事件的概况及特点

（一）旅游景区安全事件的分布概况

1. 旅游景区安全事件的时间分布特征

从时间分布特征看，2021年旅游景区安全事件集中分布于2月、5月、6月、7月、8月和10月。其中，2月最多，达26起，上述几个多发月份分别与春节、"五一"假期、暑假及"十一"假期吻合，与2020年时间分布大体一致。受疫情影响，2020年2月旅游人次急剧下降，旅游安全事件发生频率最低，但2021年2月旅游安全事件最多。这从侧面说明2021年旅游得到缓慢恢复，旅游安全问题逐步多发。2月景区安全事件类型主要为冰雪项目事故。冰雪旅游项目大多属于高危运动项目，春节期间，西安红会医院就收治了十几位因滑雪受伤骨折的患者。此外，张家口云顶滑雪场一名游客摔伤身亡。由此可见，春节期间旅游已经逐渐成为广大人民群众的选择，冰雪旅游项目尤其受到欢迎，但也极易引发安全事故，须特别重视。

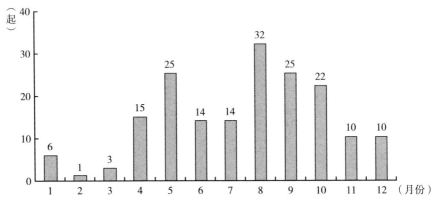

图1　2020年中国旅游景区安全事件的月份分布

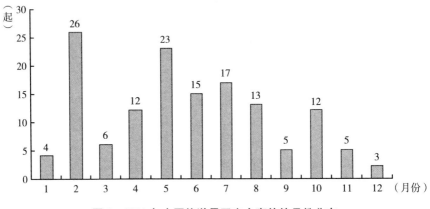

图2　2021年中国旅游景区安全事件的月份分布

2.旅游景区安全事件的空间分布特征

从空间分布特征看，2021年我国旅游景区安全事件遍布27个省级行政单位，空间分布范围较广，且呈现区域差异性。从省份来看，旅游安全事件最多发的省份是四川省和浙江省，均达13起。湖南省属于旅游安全事件次高发省份，达12起。河南省以11起安全事件位列第四。旅游安全事件空间分布主要受旅游资源禀赋、地理位置等影响。从区域视角来看，主要集中于西南、华东、华南及华中地区；西北、东北地区旅游安全事件较少，但随着旅游开发及游客的个性化需求增多，这些地区也不容忽视。

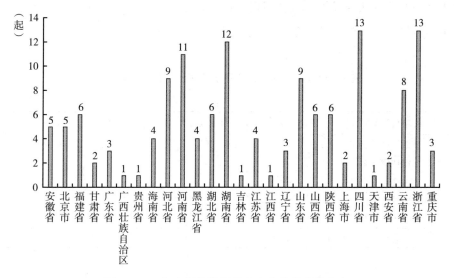

图3　2021年中国旅游景区安全事件的省份分布

3. 旅游景区安全事件的事故类型分布特征

从事故类型看，事故灾难占据主体，高达112起，占79.43%；其次为社会安全事件，达27起，占19.15%；再次为自然灾害和公共卫生事件，共仅占1.42%。从旅游安全事件的性质来看，旅游游览安全事件为126起，占89.36%，主要为游客迷路、受伤被困、游客溺水、设施故障以及身体不适或突发疾病。其次为旅游交通安全事件，占5.67%，多为旅游景区内观光车发生意外。旅游生产安全事件发生4起，为高空坠落、操作失误等。旅游餐饮和住宿安全事件较少，分别为2起和1起，包括采摘野生蘑菇中毒和取暖二氧化碳中毒等。

4. 旅游景区安全事件的景区类型分布特征

从事件发生的景区类型看，水域风光类景区发生50起安全事件，居第一位，占比高达35.46%；其次为建筑与设施类45起，占31.91%；地文景观类发生 36 起，占 25.53%；其他依次为生物景观类 6 起、人文活动类 1 起。其他不明类型景区事件 3 起。由此可见，建筑与设施类、地文景观类和水域风光类景区成为我国旅游安全事件多发的主要景区类型。此外，随着近年来旅游业的快速发展，玻璃栈道、网红桥、主题乐园等逐渐增多，该类旅游项目易发生设施故障，危害性大，亟待强化安全监管。

表 1　2021 年中国旅游景区安全事件的事故类型分布

单位：起

事故类型	自然灾害	事故灾难	公共卫生事件	社会安全事件
旅游游览安全	1	101	—	24
旅游住宿安全	—	1	—	—
旅游交通安全	—	6	—	2
旅游餐饮事件	—	—	1	1
旅游生产安全	—	4	—	—
合计	1	112	1	27

（二）旅游景区安全事件的发生特点

1. 各类网红景点及项目安全事故频发

随着旅游产业的蓬勃发展及游客需求的多样化，各类新兴旅游项目层出不穷，"玻璃栈道""网红桥"等几乎成为各大景点的标配。据不完全统计，全国玻璃栈道滑道、吊桥、观景平台有 1000 多个。但繁荣背后也隐藏着危机，由于缺乏建设标准、管理不善，相关伤亡事故频频发生。在收集的 141 起安全事件中仅在"玻璃栈道"和"网红桥"发生的就达到 7 起。另外，西溪湿地网红项目"摇摇锅"喷火，致 5 名游客烧伤，[1] 浙江一景区滑翔伞与缆车相撞致 2 人坠落，[2] 此类安全事故比比皆是。由此可以看出，新兴网

---

① 《西溪湿地网红项目"摇摇锅"喷火，致 5 名游客烧伤》，中国旅游报，https：// baijiahao. baidu. com/s？id＝1713956923273313456&wfr＝spider&for＝pc，2021 年 10 月 18 日。

② 《浙江一景区滑翔伞与缆车相撞致 2 人坠落》，九派新闻，https：//baijiahao. baidu. com/s？ id＝1705270142845899130&wfr＝spider&for＝pc，2021 年 7 月 14 日。

红项目安全监管亟须重视，相关政策标准制定刻不容缓。

2. 众多免费景区及公共旅游区安全保障不到位

随着全域旅游政策的推进及人民群众对旅游需求的旺盛，除具有国家认定的 A 级旅游景区外，各乡村地区、城郊接合地区及其他具有旅游资源禀赋的地区旅游业也得到迅速发展，由于缺乏科学管理与经营主体，这种景区往往在安全上得不到保障。旅游者安全意识不强也引发众多旅游安全事故。其中，以滨海公共浴场最为典型，这类景区往往无边界，且安全监管不到位。2021 年 10 月，琼海市博鳌镇道纪酒店附近海域一名游客下海游泳溺水，一名群众施救，不幸双双溺亡，家属称该片海域是酒店私属海滩，海滩入口区域并无安全提示牌，酒店无任何施救措施，存在安全漏洞。① 由此可以看出，众多免费景区及公共旅游区经营主体亟须明确，安全管理亟待加强。

3. 老人、儿童及女性等社会弱势群体多为安全事故主体

老人、儿童和女性作为社会中相对弱势的群体在旅游过程中极易发生安全事故。其中，老人和儿童在景区摔倒、受伤、溺水和走失等安全事件屡见不鲜。2021 年国庆假期，申城各大景区客流如织，警方维持景区秩序之余，也"捡"到了许多走失的"人类幼崽"，他们大多是因人流密集，与父母走散。② 此外，"云南丘北通报女游客被景区保安打伤"③ "女子在景区游玩遭工作人员调戏，4 名家人被殴打 2 人住院"④ "情侣在九寨沟旅游时遭 6 人围殴，报警后只有 3 人受罚，当事人不满"⑤ 等事件表明女性的安全在旅游过程中安全也极易受到威胁。

---

① 《事发琼海！一游客下海游泳溺水，群众施救，不幸双双溺亡》，腾讯网，https：// new. qq. com/rain/a/20211004A0A9N400，2021 年 10 月 4 日。

② 《假期申城各大景区接连丢失"人类幼崽"，警方助力全部寻回》，新民网，http：// shanghai. xinmin. cn/xmsq/2021/10/03/32038218. html，2021 年 10 月 3 日。

③ 《云南丘北通报"女游客被景区保安打伤"：游客获赔已和解》，新浪网，http：// k. sina. com. cn/article_ 5044281310_ m12ca99fde02001lceu. html，2021 年 6 月 15 日。

④ 《女子在景区游玩遭工作人员调戏，4 名家人被殴打 2 人住院》，中原新闻网，https：// baijiahao. baidu. com/s？ id＝1692663000036498135&wfr＝spider&for＝pc，2021 年 2 月 25 日。

⑤ 《情侣在九寨沟旅游时遭 6 人围殴，报警后只有 3 人受罚，当事人不满》，搜狐网，https：//www. sohu. com/a/464059542_ 531924，2021 年 5 月 2 日。

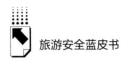

（三）旅游景区安全管理的主要进展

1. 安全管控以防疫安全为主，涉及安全培训、应急演练和冰雪旅游安全等多方面

政府发布的景区安全相关管控措施仍以防疫安全为首，2021年3月对《旅游景区恢复开放疫情防控措施指南》进行了修订，并于8月和10月等时间段多次发布从严从紧抓好文化和旅游行业疫情防控工作的紧急通知，要求严防疫情通过文化和旅游途径传播扩散。4月19日，文化和旅游部办公厅发布《关于进一步做好A级旅游景区安全工作的通知》，要求各地进一步加强A级旅游景区安全管理，除在疫情防控方面的要求外，还重点强调了要抓好隐患排查治理和安全培训、应急演练。2021年2月和11月文化和旅游部联合其他部门印发了关于冰雪旅游发展的规划与国家级滑雪旅游度假地认定相关文件，这表明国家已在冰雪旅游景区建设标准化及安全监管上发力。此外，国家旅游安全相关政策文件还涉及了市场信用管理和文明旅游等多个方面。

表2　2021年中国旅游景区安全管理相关通知和规范性文件

颁布时间	通知/规范性文件
2021年2月8日	《文化和旅游部　国家发展改革委　国家体育总局　关于印发〈冰雪旅游发展行动计划（2021—2023年）〉的通知》（文旅资源发〔2021〕12号）
2021年3月17日	《文化和旅游部资源开发司关于印发〈旅游景区恢复开放疫情防控措施指南（2021年3月修订版）〉的通知》（资源函〔2021〕59号）
2021年3月31日	《文化和旅游部办公厅关于做好2021年文明旅游工作的通知》（办市场发〔2021〕60号）
2021年4月19日	《文化和旅游部办公厅发布〈关于进一步做好A级旅游景区安全工作的通知〉》
2021年4月29日	《文化和旅游部发布〈"十四五"文化和旅游发展规划〉》
2021年8月3日	《文化和旅游部办公厅关于全面加强当前疫情防控工作的紧急通知》
2021年10月23日	《文化和旅游部办公厅关于从严从紧抓好文化和旅游行业疫情防控工作的紧急通知》（文旅发电〔2021〕276号）

颁布时间	通知/规范性文件
2021 年 11 月 11 日	《文化和旅游市场信用管理规定》(中华人民共和国文化和旅游部令　第 7 号)
2021 年 11 月 18 日	《文化和旅游部办公厅　国家体育总局办公厅关于开展国家级滑雪旅游度假地认定工作的通知》(办资源发〔2021〕207 号)

资料来源：中国政府网、文化和旅游部官网。

2.智慧景区安全管理逐步推行

伪满皇宫博物院上线的"无界安保智慧指挥系统"是基于信息技术（IT）和军事指挥与控制（C2）理论，凭借"两个中心一张图"，将指挥体系与信息化技术高效合一，并通过安全网格化、信息集中化、指挥扁平化管理，全方位、立体化整合防护资源。不仅将员工囊括在系统内，还可直接联络院外公安、交警、城管等单位申请协助管理，开创了局部区域安保目标明确、责任小组部门跨界、院内岗位互补的安保无界融合新局面，为全国文化和旅游安全工作提供了优质示范与解决方案。

杭州作为世界级著名旅游城市，风景优美，有着江、河、湖、山交融的自然环境。但连绵的群山也给景区安全管理增加了不少难度，2022 年 2 月景区公安联合大云物联推出的四维地理坐标系统，通过智慧景区建设提升景区安全管理水平，促进景区安全管理再升级。通过景区四维地理坐标系统的建设，实现西湖风景名胜区内宝石山山林四维整体防控。

三　2021年中国旅游景区安全事件的形成原因

（一）景区管理者及游客安全意识薄弱

部分景区管理者与工作人员对景区安全重视度不高，工作过程中抱有侥幸心理，或在节假日抽调缺乏工作经验的临时员工上岗，致使旅游安全事故发生。2021 年 7 月一名女孩在水上乐园泳池中溺水身亡无人发现，而园方

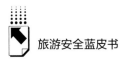

回答为"暴风雨来临，救生员和游客一起跑了"。① 可以看出部分景区存在工作人员缺乏责任感和安全意识的问题。游客方面也存在游前准备不足与旅游过程中安全意识缺乏等问题。很多游客缺乏自我保护和自救准备就盲目开展高危探险类旅游活动，在游览过程中特立独行不愿听从工作人员安排，不遵守相关制度，从而导致旅游安全事故发生。2021年就发生了多起由"驴友"探险、私自闯入未开发区域等引发的安全事故。

（二）突发自然灾害，景区应对能力差

大部分景区除文化资源外多依赖山体、水体和生物等自然资源，由于环境的特殊性和脆弱性，自然灾害引发的旅游景区安全事故频发，而景区在应对自然灾害时能力不足，甚至有些景区缺乏管理。例如，甘肃黄河石林景区山地越野赛遇天气突变，21人遇难，② 暴露了景区在自然灾害面前应对能力缺乏、安全保障不到位等问题。

（三）景区娱乐及安保设施设备故障及不足

据不完全统计，2021年，由设备设施故障引发的安全事故超20起。其原因主要在于许多景区的设备设施老化、配套不齐全、产品质量不合格、维护不及时以及景区游览步道、护栏等设备设施不安全等。还有部分景区开发探险旅游产品，但相关配套设施未能跟上。例如，四川德阳一名女游客挑战极限项目高空走绳索时被吓晕而半挂在空中，又疑因女子身体过重，工作人员未抓牢，好掉入河中。③

---

① 《女孩水上乐园泳池中溺水身亡无人发现，园方：暴风雨来临，救生员和游客一起跑了》，九派新闻，https：//baijiahao. baidu. com/s？id＝1706675956824804801&wfr＝spider&for＝pc，2021年7月30日。

② 《21人遇难 一场越野赛为何酿成一场严重事故》，人民咨询，https：//baijiahao. baidu. com/s？id＝1700595669669014367&wfr＝spider&for＝pc，2021年5月24日。

③ 《女游客挑战高空走钢索吓晕悬挂半空，被救时掉落水中》，极目新闻，https：//baijiahao. baidu. com/s？id＝1691939953972708605&wfr＝spider&for＝pc，2021年2月17日。

（四）景区人员混杂，社会治安问题多发

旅游活动具有异地性和聚集性，旅游景区人员混杂，易发生摩擦冲突，从而引发众多社会治安问题，给游客带来严重创伤。据不完全统计，2021年旅游景区社会安全事件较上年大幅增多，达27件。事故主要涉及景区偷盗、打架斗殴和拥挤滞留等多个样态。2021年6月，山东泰山景区游客爆满致严重拥堵，数千游客喊口号冲闸口。① 这暴露了景区在控制景区承载力及人流管控方面的不足，留下安全隐患。值得注意的是，许多网红景点人员密集，游客手机丢失事件多发。

（五）景区安全事件应急管理及救援能力不足

旅游安全事件发生后，如何紧急应对和救援至关重要。但从目前来看，许多景区存在旅游安全应急及救援能力不足等问题。旅游安全事件发生后如不能采取及时有效的行动和措施，或将造成更为严重的生命和财产损失。如，2021年10月，游客在海南酒店"私属海滩"溺亡，家属称"酒店无任何施救措施"。②

四　2022年中国旅游景区安全
形势展望与管理建议

（一）形势展望

1. 旅游景区景点疫情防控仍是重点

虽新冠肺炎疫情有所缓解，众多旅游景区实现复工复产，但2022年旅

---

① 《泰山景区游客拥堵景区致歉　大量游客拥堵滞留秩序混乱喊口号冲闸机　泰山景区发文致歉》，人民咨询，https://baijiahao.baidu.com/s? id = 1702593612094122739&wfr = spider&for = pc，2021年6月15日。

② 《事发琼海！一游客下海游泳溺水，群众施救，不幸双双溺亡》，腾讯网，https://new.qq.com/rain/a/20211004A0A9N400，2021年10月4日。

游景区仍要重点抓好疫情防控工作。旅游景区要严格执行疫情防控相关措施与要求，逐步有序复工复产，以提升服务质量和保障游客安全为己任，做好旅游景区消毒与安全排查，合理限制旅游景区接待游客数量，全面落实门票预约制度，引导游客错峰游览，保持安全游览距离。

2. 景区智慧安全管理逐渐成熟

疫情防控常态化背景下，旅游景区的重启离不开科技的支持。2021年4月，文化和旅游部印发《"十四五"文化和旅游科技创新规划》，提出开展文化和旅游行业监管技术研究，强化大数据技术在"互联网+监管"中的运用，强调科技在景区安全监管中的重要性。西溪湿地在疫情期间，门票"无纸化"有效助力游客快速入园、减少接触、减少排队。除了门票无纸化，西溪还着力于智慧导览、智慧管控等平台的建设，推进智慧旅游发展，提升景区管理和服务信息化水平。武夷山景区也实施了智慧安全管理，引入了智慧化旅游安全设备，通过物联网、互联网等智能技术监测景区流量。

3. 综合治理游乐设施安全问题势在必行

从事故案例来看，由景区游乐设施故障、操作失误等引发的旅游安全事件急剧增多。随着玻璃栈道、各类滑道、高空蹦极、热气球和蹦床馆等游乐设施的推陈出新，生产技术缺乏保障，监管难度不断增大，更有部分游乐网红项目在技术不成熟或质量不达标的情况下就投入使用。各类游乐设施生产制造标准、运营操作规定等相关文件亟待研究出台，游乐设施安全亟待多部门联合共建协同共治机制。

（二）管理建议

1. 强化重点领域监管，坚决防范和有效遏制涉旅事故的发生

一是突出重点，加强节假日、夜间等重点时段，旅游景区住宿和餐饮等重点环节，网红项目和游乐园等重要设施设备，旅游节庆等重大活动及探险、蹦极等高风险项目的安全监管。二是强化重点热门旅游景区和网红打卡地安全监管。落实好限量预约和错峰出行要求，针对集聚和拥挤等安全问题做好应急预案，加大安保人员巡逻与监管力度，做好秩序管控与人员疏导工

作，维护景区良好游览秩序。三是加强城市休闲和短途周边游安全管理。重点关注城市旅游交通疏导、夜间旅游和周边乡村旅游安全保障等问题。四是严厉打击涉景区违法犯罪。加大旅游景区安保力度，及时调解旅游过程中的冲突与纠纷，严格处理违法犯罪案件。

2. 增强突发事件应对能力，完善救援联动机制

加强景区各类突发安全事件风险防范和应对能力，完善景区应对自然灾害、事故灾难、社会安全和公共卫生事件的预案，建立应急救援队伍，完善紧急救援联动机制，定期举办对管理人员和员工的安全培训，加强各类安全演练。游览过程中，完善景区标识标牌建设，加强对游客的引导与提醒，增强游客安全意识。

3. 加快出台各类游乐设施相关安全标准与规范

国家有关部门应及时出台相关公共政策，统一行业标准，对各类传统和新兴游乐设施的建设、运营及管理提出明确的规范，避免出现设备类别难以界定形成的管理真空。各地主管部门要加强监管，必须对各类游乐设施的质量与安全性重新进行评估和论证，对于存在安全隐患的，要暂停运营、勒令整改；对于不符合安全标准的，要停止运营、予以拆除。

4. 完善免费景区及公共旅游区安全监管

各相关部门要积极组织对海边、山边、水边、城市公园、网红打卡地等"三边一园一地"和群众易聚集区域开展风险隐患大起底、大排查，做到"一地一册、一企一册、一景一册"，落实主体责任。同时，对临水临崖等危险区域开展风险评估，确定高、中、低风险等级，分类分级制定安全防范制度，督促落实设立危险区域警示栏（牌）、加固安全护栏、设置硬质隔离、封停危险区域等措施。

5. 推进景区智慧安全管控

强化智慧引领，创新科技应用，着力构建智慧景区"安全网"。在安全管理工作中积极运用热点感应、人像识别、越界报警、无人机巡查、防拥挤踩踏系统、救生机器人等新技术。在主要风险节点、游客聚集区、重要路段建立视频实时监控系统，且与气象、交通等部门建立连接。

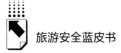

6. 实施旅游景区安全网格化管理

建立健全安全责任制度，对各地旅行社、星级饭店、A 级旅游景区加密网格化安全管理，排查隐患，彻底整治，坚决防范和遏制"涉旅"安全事件发生。加密督查网格，实行安全隐患排查的日台账、周台账、月台账报表制度，建立旅游企业安全档案，督促指导各地旅游系统安全隐患大排查、大整改工作。在旅游旺季、汛期、节假日等重点时段严格实行值班监测，加强督察调度、监督指导。

B.6

2021～2022年中国旅游购物的
安全形势分析与展望[*]

陈秋萍　刘紫娟　王文强[**]

摘　要： 新冠肺炎疫情背景下，我国旅游购物安全形势仍十分严峻。2021
年全年旅游购物安全事件激增，在我国共收集到443起旅游购物
投诉案例，较2020年增加103.21%。其中，国内旅游购物投诉
数量翻倍，跨境旅游购物安全事件锐减。疫情起伏影响事件发
生，清明、暑假与"十一"黄金周仍是购物安全事件高发期，
西部地区成为购物安全事件高发区，旅游购物典型投诉类型与往
年类似，而免税店提货问题成投诉热点。旅游购物安全管理在强
化旅游质量监督、整治旅游行业乱象、加强导游审核培训、开启
"互联网+监管"、构建现代旅游治理体系等方面取得了进展。展
望2022年，我国局部地区仍存在偶发疫情的可能，境外疫情输
入压力依然较大，旅游市场的复苏在整体乐观中存在不确定因
素，预计未来我国旅游购物安全事件可能呈现小幅减少的趋势。
在疫情防控常态化背景下，可从打破旅游购物利益链条、鼓励民
众参与旅游购物市场监管、将购物管理纳入旅游提质增效、营造
智慧旅游购物环境、建立旅游购物舆情管理制度五个方面着手，
减少旅游购物安全事件的发生。

---

[*] 基金项目：福建省社会科学项目"侨乡文旅融合与经济转型升级的路径与机制研究"
（FJ2020B121）。

[**] 陈秋萍，华侨大学旅游学院副教授，研究方向为旅游人力资源管理。刘紫娟，华侨大学旅游
学院2020级硕士研究生。王文强，华侨大学旅游学院2021级硕士研究生。

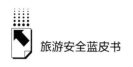
关键词： 旅游购物　新冠肺炎疫情　旅游购物投诉

一　2021年旅游购物安全的总体形势

2021年以来，新冠肺炎疫情在中国已得到基本控制，只是在局部地区存在小规模反复现象，中国已步入疫情常态化防控阶段。根据国内旅游抽样调查统计，2021年中国国内旅游人数达32.5亿人次，比上年同期增长12.8%，国内旅游收入为29191亿元，比上年同期增长31.0%。[①] 2021年中国旅游业在出游人数与旅游收入方面较2020年有一定起色，旅游购物安全事件数量呈现抬头趋势。本研究借助网络搜索方式，在人民网留言板、新华网、微博官网、微信公众号等网站平台，以及文化和旅游部、各省市区文化和旅游厅（局）、315中国消费者协会官网，以"旅游购物安全""旅游购物投诉""旅游+购物欺诈""旅游+强制消费"等为关键词进行搜索，共搜集到2021年国内游、出境游、入境游的购物安全事件437起、6起、0起，占比分别为98.65%、1.35%和0%，总数较2020年增加225起。整体而言，2021年我国旅游购物安全形势不容乐观，伴随着旅游经济的回暖，国内旅游购物投诉显著增加，国内旅游购物安全事件的增幅高达115.27%；各国采取的限制性防疫措施使跨境旅游人数锐减，跨境旅游的购物安全事件受疫情管控政策影响急剧减少。

二　2021年旅游购物安全的概况与特点

（一）旅游购物安全概况

1.旅游购物投诉量翻倍

相较2020年，2021年国内旅游购物投诉量翻倍，从203起增加至437

---

① 《中华人民共和国2021年国民经济和社会发展统计公报》，国家统计局官网，http://www.stats.gov.cn/tjsj/zxfb/202202/t20220227_1827960.html，2022年2月28日。

起，增幅达115.27%。随着投诉渠道日渐多元化，旅游纠纷愈加频发，这可能与旅游业回暖有关，疫情转好使得旅游需求急速释放。其中，青海成为2021年旅游购物安全事件新晋高发地，共87起，西藏、云南、四川次之。青海省的疫情防控情况较好，全省全年接待游客量同比增长了20.7%，[①] 成为青海省旅游购物安全事件增多的重要原因。新冠肺炎疫情起伏，出入境从严管制，这使得出入境旅游安全事件数量降幅明显，2021年出、入境旅游安全事件分别为6起和0起。

2. 疫情起伏影响旅游安全事件发生

疫情反复"抬头"，使得旅游业一时高歌猛进、一时被迫停摆。[②] 2021年旅游购物安全事件高发期与节假日交叠现象依旧凸显，和2020年类似，旅游市场随疫情反复而起伏。因此，旅游购物安全事件的发生时间也深受疫情起伏时间影响。上半年，旅游购物安全事件共计228起，同比增长418%，其中发生于4月的事件多达74起；下半年，旅游购物安全事件共计215起，与上半年相当，发生于7月的事件多达104起，占全年总数的23.48%。

3. 典型投诉类型依旧突出

诱导购物、价格虚高、购物欺诈是旅游购物投诉事件的三个主要诱因，三类事件占比分别为35.67%、20.77%、11.51%，共计301起。除强制购物、虚假宣传、合同纠纷外，其他类型投诉相比2020年均有所增多。此外，旅游购物投诉的商品类型还增加了书籍和玩偶两类，生活用品类商品也出现多样化的特点，随着旅游者文化消费的增多，旅游购物商品种类趋于多元化，可能出现购物陷阱的商品类别相应增加。

---

① 《2021年我省实现旅游总收入349.9亿元 同比增长20.7%》，潇湘晨报，https：//baijiahao. baidu. com/s? id = 1724838911527465738&wfr = spider&for = pc，2022年2月15日。

② 《受疫情持续影响"走走停停"的旅游业还撑得住吗?》，中国青年报，https：//baijiahao. baidu. com/s? id = 1712110856060136051&wfr = spider&for = pc，2021年9月28日。

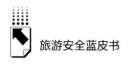

（二）旅游购物安全事件的特征

1. 国内旅游购物安全事件总量显著提升

2021 年国内旅游业务逐渐回暖，旅游经济呈现阶梯型复苏。[①] 旅游人次显著攀升，旅游购物安全事件也随之增加。2021 年共收集旅游购物安全事件 443 起，较 2020 年增加 225 起，增加一倍有余，创下近五年新高。但在 2021 年众多的购物安全事件中，出入境游案例共有 6 例，只占 1.35%，为近年来最低。

表 1　2019~2021 旅游市场购物安全事件

市场		国内游	出境游	入境游	合计
2019 年	数量（起）	151	25	2	178
	占比（%）	84.83	14.04	1.12	100
2020 年	数量（起）	203	14	1	218
	占比（%）	93.12	6.42	0.46	100
2021 年	数量（起）	437	6	0	443
	占比（%）	98.65	1.35	0	100

数据来源：http://Liuyan.people.com.cn/。

2. 国内旅游购物安全事件类型丰富

2021 年国内旅游购物安全事件类型多样，以诱导购物、价格虚高和购物欺诈为主，商家和导游合伙诱骗旅游者消费已经成为旅游购物的一大"痛点"，部分商家不仅在价格上造假，其商品的质保问题也成了旅游购物安全隐患，三无产品、假冒伪劣产品层出不穷，商家利用消费者商品知识盲区进行购物欺诈。除此之外，部分购物安全事件中还出现了合同造假、售后推诿甚至人身伤害的现象，严重损害了国内旅游形象。

[①] 《2021 年旅游经济运行分析与 2022 年发展预测》，文化和旅游部官网，https://www.mct.gov.cn/whzx/zsdw/zglyyjy/202201/t20220112_930388.html，2022 年 1 月 12 日。

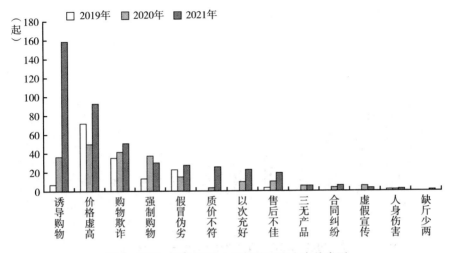

图1　2019~2021年国内旅游购物安全事件类型

数据来源：http://Liuyan.people.com.cn/。

3. 西部地区为旅游购物安全事件高发区域

2021年，国内旅游购物安全事件发生最多的三个省份均在我国西部地区，分别是青海、西藏、云南，约有51.95%的旅游购物安全事件发生在这三个省份，其中发生在云南省的事件数量多年来高居不下，云南已成为国内旅游购物敏感地区。另外，在四川、贵州等西部省份，旅游购物安全事件也屡见不鲜，因此，西部地区已成为我国国内旅游购物安全事件的聚集区域，应引起足够的重视。

4. 旅游购物安全事件高峰时段波动

不同于2020年7月、10月的顶峰时期，2021年国内旅游购物安全事件主要集中在4月、7月、10月，这三个月份发生的安全事件占全部事件的54.69%，其中7月购物安全事件多达104起，而6月和8月也分别达到了53起和12起，这反映出我国夏季受骗人次显著提升，购物风险也随之增大。下半年国庆长假期间旅游购物安全事件数量大幅增加，国内旅游市场秩序接受考验。

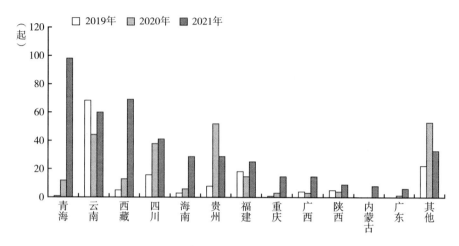

图 2　2019~2021 年国内旅游购物安全事件地区分布

资料来源：http：//Liuyan. people. com. cn/。

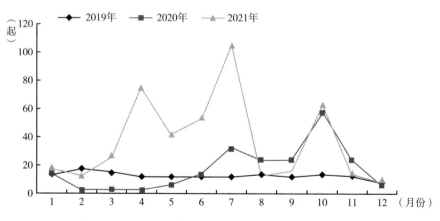

图 3　2019~2021 年国内旅游购物安全事件月份分布

资料来源：http：//Liuyan. people. com. cn/。

5. 投诉商品以玉器首饰为主

2021 年发生的旅游购物安全事件中，"诱导购物"类型的安全事件占 35. 66%，列居首位，导游、商家通过编造故事、夸大等手段诱骗旅游者，而商家所售卖的商品普遍在现场无法判断真伪优劣，如玉器首饰、药材等，其中玉器首饰是旅游者上当受骗的最常见品类。2021年发生的443起购物安全事件中，玉器首饰就占据了252起，售卖假冒伪劣玉器首饰成为旅游购物安全事件发生的重要原因之一。

6. 免税店提货问题成投诉热点

自离岛购物免税新政实施以来，海南免税店购物持续火热，逐渐成为海南"新名片"。[①] 2021年共收集到海南地区旅游购物投诉30起，其中针对商品提货问题的投诉27起，占投诉事件的90%，三亚地区此类问题最为突出，免税品种类主要集中于化妆品和电子产品。海南免税店在投诉数量上占比极大，在投诉内容上反映了海南地区免税店发货缓慢、售后推诿、退货陷阱、提货拖延、手续繁杂等问题，给旅游者在海南的旅游体验带来了较为负面的影响。

（三）旅游购物安全管理的主要进展

1. 强化旅游质量监督，提高旅游服务水平

为保障旅游者合法权益、整顿旅游市场秩序，文化和旅游部于2021年5月21日出台了《文化和旅游部关于加强旅游服务质量监管提升旅游服务质量的指导意见》，提出要明确旅游服务主体责任、巩固游客服务基础、积极推动旅游信用体系建设发展、加强旅游服务质量监管等具体指导意见。如要求相关企业健全对旅游购物商品的无理由退货制度，以此保障游客旅游购物合法权益；加大对自主知识产权产品的保护力度，依法依规惩治侵权假冒旅游服务品牌行为；加强旅游服务质量数据采集及共享工作，打造旅游服务质量大数据分析平台；建立以信用为基础的全新监管机制，全面推行信用分级分类监督管理，进一步完善失信名录管理制度，创建信用修复机制。[②] 贵州于2021年7月16日发布《关于新时代加快完善社会主义市场经济体制的

---

① 《海南离岛免税购物持续火热》，财税海南，https：//www.caishuihn.com/gs/1994.html，2022年1月15日。

② 《文化和旅游部关于加强旅游服务质量监管提升旅游服务质量的指导意见》，文化和旅游部官网，http：//zwgk.mct.gov.cn/zfxxgkml/scgl/202105/t20210521_924680.html，2021年5月21日。

实施意见》。① 2021 年 9 月，文化和旅游部印发《关于做好 2021 年中秋节、国庆节文化和旅游假日市场工作的通知》，② 有利于维持国庆假期国内旅游秩序。

2. 加快处理旅游投诉速度，切实维护旅游者合法权益

投诉无门是旅游消费者购物安全的主要威胁之一。为助力摆脱投诉调解工作困境，文化和旅游部办公厅、司法部办公厅于 2021 年 6 月 11 日发布《关于开展旅游投诉调解与仲裁衔接试点工作的通知》，指出在部分符合要求的地区进行试点工作，构建旅游投诉纠纷仲裁平台，这一举措对于旅游投诉处理与仲裁衔接制度具有重要现实意义。借由创建旅游投诉纠纷仲裁平台，明晰旅游投诉纠纷仲裁平台工作任务，编制旅游仲裁员名册、构建旅游纠纷处理专家库，以拓宽受理范围，避免诉讼时间冗长和高昂费用成本，从而提升旅游投诉调解工作的效率及权威性。③

3. 开启"互联网+监管"，构建并增强预警体系

《"十四五"文化和旅游市场发展规划》提出，全面启动"互联网+监管"工程，助力推进监管能力现代化。效仿文化和旅游市场风险监测预警体系，统一行业监督、灵活经营、信用信息等基础数据，迅速辨别、剖析风险类型，第一时间形成响应处理，及时发布风险提示信息，研判预警苗头性、区域性、行业性风险，提高风险预判和科学决策能力。同时，开展在线旅游产业链监管行动，创建以在线旅游平台企业为核心的产业链监督管理制度，优化网络巡视、情况通告、约谈警示等相关制度，完善在线旅游产品及旅游服务标准建构，管控在线旅游市场秩序。④

① 《中共贵州省委、贵州省人民政府关于新时代加快完善社会主义市场经济体制的实施意见》，搜狐网，https：//www.sohu.com/a/480527032_121106902，2021 年 7 月 30 日。
② 《关于做好 2021 年中秋节、国庆节文化和旅游假日市场工作的通知》，文化和旅游部官网，https：//www.mct.gov.cn/whzx/whyw/202110/t20211007_928156.htm，2021 年 9 月 16 日。
③ 《文化和旅游部办公厅 司法部办公厅 关于开展旅游投诉调解与仲裁衔接试点工作的通知》，文化和旅游部官网，http：//zwgk.mct.gov.cn/zfxxgkml/scgl/202106/t20210622_925866.html，2021 年 6 月 11 日。
④ 《文化和旅游部关于印发〈"十四五"文化和旅游市场发展规划〉的通知》，文化和旅游部官网，http：//www.gov.cn/zhengce/zhengceku/2021-07/10/content_5623979.htm，2021 年 5 月 17 日。

4. 整治旅游行业乱象，构建现代旅游治理体系

为加强市场秩序整顿，贵州先后发布了《关于开展未经许可经营旅行社业务和非法旅游购物专项整治行动的通知》《关于加强旅游购物场所经营管理的通知》《贵州省旅游市场专项整治工作方案》，严厉阻击扰乱旅游市场秩序的不法行为，维护消费者权益，改善贵州旅游形象，提升游客满意度。2022年1月底，2021年举办的"多彩贵州满意旅游痛客行"活动圆满落幕，活动收集问题660条，涉及文化旅游行业管理、公共基础设施、企业责任、从业人员服务及安全生产等方面，有效改善了贵州省旅游服务质量，旅游投诉案件明显减少，为游客营造了一个满意的旅游环境。与此同时，贵州政府为整治旅游市场，召开了专项电视电话会议，提出以强硬态度，决心消灭"不合理低价游"、欺诈消费等旅游购物违法违规现象，坚决保护贵州旅游业一方净土。[1] 除贵州地区外，云南[2]、甘肃[3]等地也积极响应号召，陆续出台相关政策。如四川开展"春雷行动2021"，对重点旅游市场展开秩序整治检查行动，优化旅游市场购物环境。重拳出击旅游购物场所虚假宣传、商标专用权侵用、劣质产品、隐瞒价格、价格虚高、商业腐败和欺骗游客购物等违法犯罪行为，坚决铲除旅游违法交易土壤。[4]

5. 加强导游审核培训、引导消费者积极维权

为治理导游"变相诱导"等问题，《导游人员管理条例》《导游管理办法》等法律法规相继出台，在相关管理规定中明确指出在保障导游合法权益的同时要加强导游人员培训管理，积极弘扬导游先进案例，优化导游执业环境。文化和旅游部于2021年发布《加强导游队伍建设和管理工作行动方

---

[1] 周清、黄靖：《我省连续5年举办"多彩贵州满意旅游痛客行"活动 游客变痛客 痛点变抓手》，《贵州日报》2022年2月11日。

[2] 《云南出台18条措施促进旅游产业转型升级，推动旅游产业健康发展》，云南省人民政府官网 http：//yn. gov.cn/ztgg/yqfk/zcfk/202005/t20200519_ 204290. html，2020年5月19日。

[3] 《甘肃省"十四五"文化和旅游发展规划》，甘肃省文化和旅游厅官网，http：//wlt. gansu. gov. cn/wlt/c108571/202111/1900655. shtml，2021年11月29日。

[4] 《借"春雷行动"之东风，整治旅游行业之乱象——会理市市场监管局城北所持续整治旅游市场乱象》，网易，https：//www.163. com/dy/article/H0SFMNT10512BOIV. html，2022年2月23日。

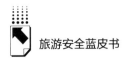
案》，明确提出以游客评价为导向的导游激励机制。[①] 此外，政府部门还开展了旅游投诉调解与仲裁试点、优化交易规则等一系列工作，以改善旅游者维权环境，促进导游行业健康稳定发展，开创旅游购物信用时代。

三　2021年旅游购物安全事件成因分析

旅游购物安全事件起因多样，并且在单一事件上呈现多因素特点，如导游、商家及相关利益者合作诱骗，旅游者冲动消费，商品质保问题层出，等等。此外，受疫情影响，部分旅游者消费观念发生改变，致使旅游购物安全事件消费金额显著上升。

（一）旅游者个体因素

1.旅游者冲动、盲目购物屡增不减

冲动消费、盲目从众的个体因素导致游客在旅游购物过程中难以进行理性判断。在2021年观测到的旅游购物安全事件中，"诱导购物"类占比35.66%，在所有类型中居首位。这在一定程度上说明了旅游者在特定环境中购物心理容易被他人引导，旅游者自身由于信息不对称、时间紧凑等一时难以识破骗局，在他人鼓吹的情境之下容易一时兴起，产生冲动、盲目的购物行为。旅游过程中，旅游者受限于自身观念及薄弱的心理，使得利益所得者乘虚而入。在脱离旅游场景后，旅游者意识到消费勉强，或发现商品出现问题，从而产生后悔、愤怒心理。

2.旅游者防范意识、防骗知识薄弱

诱导购物、购物欺诈等旅游购物安全事件的发生，从侧面反映出旅游者在购物过程中的防诱骗意识仍须加强。从"低团费"开始，旅行社对行程安排、购物次数等条例进行隐瞒宣传，而旅游者在旅游过程中缺乏《旅游

[①] 《加强导游队伍建设和管理工作行动方案》，文化和旅游部官网，http://www.gov.cn/zhengce/zhengceku/2021-06/12/content_5617358.htm，2021年6月10日。

法》《消费者权益保护法》等法律知识，最终导致旅游者在旅游购物过程中发生被诱骗事件，并在随后的维权中举步维艰。

（二）旅游环境因素

1. 地方行业"潜规则"层出不穷

一直以来，旅游购物安全事件呈现鲜明的地域性特点。部分国内热门旅游地在诱骗、强制旅游者消费购物方面已经形成"成熟"的利益团伙，在销售商品过程中捏造事实、虚假宣传。而旅游者初来乍到，事先并未对其进行详细了解，再加上信息不透明、部分商家失信等原因，旅游者在面对这样的典型情境时仍然会落入陷阱。

2. 旅行社、商家形成利益链条

商家售卖商品、导游收回扣的利益链条屡受诟病，部分地区还出现了出租车司机、私家车载客诱导购物的现象。旅行社将购物次数标注在不显眼的附加条款中、导游诱导或强迫游客购物、商家不提供发票、售卖三无产品等手段使得旅行社、导游和商家从中牟利，蒙在鼓里的旅游者缺乏经验与鉴别能力，给了不法分子可乘之机。

3. 监管力度保持强化、信用制度稳定运行

通过构建多元化监管主体、多样性监管手段和多层次监管策略，对旅游市场进行法治化管控。[①] 为推动文化和旅游信用市场发展，文化和旅游部办公厅通过了《文化和旅游市场信用管理规定》，并要求于2021年发展一批信用经济示范点。[②] 在此基础上构建公共信用服务体系，严格把控对失信主体的认定及管理措施，做到信息公开、共享，使旅游者在消费时更为放心地进行预付费，避免消费者在购物过程中上当受骗。

[①] 印伟：《旅游市场监管法治化路径——以回应性监管为视角》，《社会科学家》2021年第10期，第46~51页。

[②] 《文化和旅游市场信用管理规定》，文化和旅游部官网，http://www.gov.cn/zhengce/zhengceku/2021-11/16/content_5651192.htm，2021年10月25日。

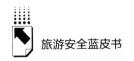

四 2022年旅游购物安全事件的展望与管理建议

在疫情防控常态化背景下，2022年我国旅游市场的复苏在整体乐观中存在不确定因素，预计旅游经济呈阶梯型复苏、波动式回暖态势，旅游购物安全形势不容乐观。以诚信为基础的良好沟通是旅游行业危机管理的关键。调整经营预期，重新梳理旅游业态，对内完善和优化管理制度，对外做好市场调研，整合优质旅游资源，加强行业合作和产品研发，设计更具市场竞争力的旅游产品。① 旅游企业只有坚定信心，齐心协力，展现行业良好的社会责任感和担当，树立正面的社会形象，才能逐步恢复旅游者的信心，推动旅游购物业的复苏。

（一）2022年旅游购物安全事件的新形势

随着消费升级需求的增长，"低密度+高质量"将成为国内旅游新常态，② 为我国旅游业发展注入新活力。长期来看，旅游已经成为民众的生活方式，并不会因为疫情的冲击而改变。如今，文化娱乐、休闲养生、研学旅游、亲子旅游成为新的热点，精神层面的消费需求也日益增加，愈来愈多的旅游消费者开始重视服务的高质量，个性化旅游、小众旅游蔚然成风。旅游者需求与消费方式的改变给旅游购物安全形势带来新挑战，随着旅游消费需求人群呈现年轻化特征，这一群体的商品鉴别能力高，2022年国内游购物安全事件较2021年可能呈现小幅减少的趋势。当世界各国疫情的控制情况显著改观时，我国的出境游与入境游可能逐渐恢复。因此，2022年我国出境游与入境游的安全事件数量可能呈现与上年持平或略微上升的趋势。

（二）旅游购物安全事件的管理建议

在疫情持续与消费升级的背景下，旅游市场呈现由量向质转化的特点，

---

① 《王昆欣：从危机管理的角度看旅游业如何应对疫情事件》，环球网，https：//baijiahao. baidu. com/s? id=1657252604460905239&wfr=spider&for=pc，2020年1月31日。
② 《"低密度+高质量"成为旅游新常态》，人民网，http：//travel. people. com. cn/n1/2020/0515/c41570-31710128. html，2020年5月15日。

旅游管理部门可从打破旅游购物利益链条、鼓励民众参与旅游购物市场监管、将购物管理纳入旅游提质增效、营造智慧旅游购物环境、建立旅游购物舆情管理制度五个方面着手，减少旅游购物安全事件的发生。

1. 打破旅游购物利益链条

新冠肺炎疫情以来，旅行社大面积关门歇业，团队旅游方式萎缩，我国旅游行业传统的"以导游为核心的旅游利益链"正逐步被瓦解。[①] 另外，旅游主管部门强拳出击，也有利于斩断灰色利益链条。云南省旅游发展委员会的经验值得推广，一方面，取消了旅游定点购物，将旅游购物企业统一归类为社会普通商品零售企业，以此来对相关企业进行协调统一管理；另一方面，重点监视商家诱导购物，严厉查处购物商店针对旅游者的欺诈消费现象，旅游购物安全事件在一定程度上得到控制。

2. 鼓励民众参与旅游购物市场监管

只有通过优化景区购物中心监督管理制度，设置专业部门对景区购物场所进行严格监管，严抓价格、品质、售后服务等环节，多管齐下，严厉查处、打击景区假冒伪劣商品，拓展顾客投诉渠道，提高投诉处理效率，才能营造一个值得消费者信赖的景区购物氛围。部分旅游购物点规模小，店员人数少，工作场所隐蔽，通常选址在村庄、民宿等不容易被发现的地方。如能设置一款旅游举报 App，搭建全国统一的旅游举报平台，设立投诉奖励机制，将网民、社会团体、民间团体参与网络监管的积极性调动起来，对违规的旅游购物经营行为进行重点排查与监控，将有助于遏制强制、诱导购物的发生。

3. 将购物管理纳入旅游提质增效

在我国旅游业复苏过程中，消费升级趋势明显，旅游者关注商品与服务的质量与体验，应注重发展旅游的新业态与新模式，促进线上消费健康发展，顺应品牌品质消费需求。通过以案说法、理性分析等多种方式，深入持

---

① 《"导游核心"旅游利益链模式面临崩解》，人民资讯，https：//baijiahao.baidu.com/s？id=1699215152628642493&wfr=spider&for=pc，2021 年 5 月 9 日。

续开展旅游品质宣传，强化旅游者的品质意识，积极引导旅游者树立客观理性的消费观念，帮助旅游者识别、抵制零负团费等。[①] 旅游企业将高品质的购物环节纳入旅游线路，优化商品价格结构，合理制定商品价格，用富有地方特色、物有所值的商品吸引旅游者，不仅能够增加旅游收入，而且有利于提升旅游者的购物热情与消费体验。

4. 营造智慧旅游购物环境

针对旅游者个体冲动消费以及缺乏专业的鉴别知识与能力等情况，可借助智慧旅游设施营造相对安全的购物环境。首先，通过网络营销平台，运用新型的社交软件对景区商品进行分享与推广，传播鉴别商品真假与好坏的知识与技巧，帮助旅游者准确识别优质商品。其次，要求商家出示诚信二维码，旅游者通过扫描二维码了解企业的诚信指数与口碑评价，反馈购物的满意程度以及进行购物投诉与维权。最后，对于珠宝玉器等价格昂贵的商品，企业需要出示相应的鉴定报告。通过设置电子二维码讲解的方式，让旅游者充分了解商品的内在价值与实际用途。如果旅游者遭受购物欺诈等，可以连带鉴定机构一同投诉。

5. 建立旅游购物舆情管理制度

成立旅游购物舆情领导小组，完善旅游购物舆情应对预案，加强旅游购物舆情应对预案动态管理。对收到的与旅游购物相关的舆情，要及时分类处理。对于建设性的意见和建议，应该及时公开吸收采纳的情况。对群众反映的问题，调查之后及时公布处置情况。对公众不理解、认识模糊的情况，应及时发布权威信息。将虚假不实信息等涉嫌违法的线索移交公安机关、网络监管部门依法进行查处，并及时做出回应。对重大旅游购物舆情，有关部门要按照政府信息公开与政务公开的规定，及时全面调查舆情反映的情况，第一时间形成调查报告和处置意见，并尽快公布有关信息，防止顾客继续上当受骗。

---

① 杨云欢：《日照市旅游市场秩序现状与提升研究》，曲阜师范大学硕士学位论文，2020年。

B.7
2021~2022年中国旅游娱乐业的安全形势分析与展望

林美珍　王彦文　张子淳*

摘　要： 2021年，我国旅游娱乐业安全总体形势与2020年大致相似。双休日、暑假和国庆依然是安全事件的高发时段；华北和华东地区是安全事件的高发区域；儿童和青少年是安全事件伤害的主要群体。与2020年不同，滑雪场的安全事件数量有所增加，高空项目取代水上项目成为安全事件高发的项目类型。2021年我国旅游娱乐业安全形势仍面临严峻挑战，须重视新兴高风险游乐项目的管理，重点关注需求增长明显但安全事件频发的冰雪项目。

关键词： 旅游安全事件　旅游娱乐业　高风险游乐项目

一　2021年中国旅游娱乐业安全总体发展态势

相较于2020年，2021年疫情控制情况显著改善，旅游市场回暖，相应地，2021年旅游娱乐业安全事件数量较上一年有所增加，双休日和国庆这两个时段的安全事件数量增幅显著，分别为33.33%和85.71%，娱乐业较发达的华东地区的安全事件数是华北地区（安全事件次高发地区）的近两倍。伴随旅游娱乐项目的多元化发展，特别是冰雪旅游项目、高空旅游项目

---

* 林美珍，华侨大学旅游学院教授、硕士生导师，主要研究方向为旅游企业管理。王彦文、张子淳，华侨大学旅游学院硕士研究生。

的兴起，旅游娱乐业呈现传统旅游项目与新兴旅游项目安全事件同步增多的态势。此外，虽然儿童和青少年依然是事件伤害的主要群体，但总体上相关安全事件数有所下降。

二 2021年中国旅游娱乐业安全事件的概况与特点

本研究通过百度等主流搜索引擎与新华网、网易新闻、搜狐新闻、腾讯新闻、人民网等知名门户网站，以"旅游娱乐场所""游乐园""主题公园""动物园""游乐设施""水上乐园""漂流/索道/玻璃栈道""滑雪""快艇游船"并结合"安全""事件""事故"为关键词，对2021年1~12月发生在我国境内的旅游娱乐业安全事件进行搜索，最终共筛选出38起旅游娱乐业安全事件案例，并以此为基础资料进行统计分析。

（一）旅游娱乐业安全事件的时间分布特点

2021年1~12月，旅游娱乐场所安全事件集中发生在10月（7起）和8月（5起），总计12起，占事件总数的31.58%。节假日期间（仅包含国家法定节假日）共发生安全事件11起，占事件总数的28.95%。如图1所示，与2020年相比，2021年旅游娱乐业安全事件发生的高峰时段同样为下半年，尤其在8月、10月安全事件发生率最高。此外，就安全事件在一周内的分布来看（见图2），与2020年相比，2021年旅游娱乐业安全事件仍然以周六（13起）和周日（7起）居多，共20起，占事件总数的52.63%，表明双休日依旧是旅游娱乐业安全事件的高发时段。

（二）旅游娱乐业安全事件的空间分布特点

从安全事件发生的地域来看，2021年全国共20个省（自治区、直辖市）发生旅游娱乐业安全事件（见图3），事件发生较多的省份主要是河北省（4起）、湖北省（3起）、浙江省（3起）和广东省（3起），共13起，占事件总数的34.21%。将2020年与2021年旅游娱乐业安全事件省份分布

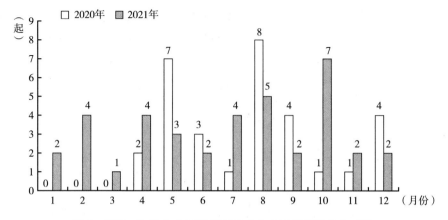

图1　2020~2021年中国旅游娱乐业安全事件月份分布对比

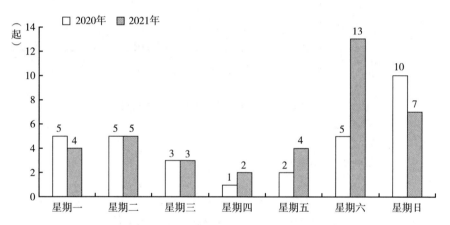

图2　2020~2021年中国旅游娱乐业安全事件一周分布对比

进行对比可知，数据波动较大的省份有广东省和河南省，与2020年相比，广东省的安全事件数量增加3起，而河南省则减少3起，其余各省份安全事件的数量波动较小。此外，就事件发生区域的分布来看（见图4），2021年旅游娱乐业安全事件主要集中在华东地区（12起）、华北地区（7起）、东北地区（6起）和华中地区（6起），共31起，占事件总数的81.58%。相比2020年，2021年华东地区超越华中地区成为安全事件发生频率最高的区域。

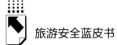
自然资源依赖型的旅游娱乐项目需要借助一定的自然资源开展娱乐活动，因此此类事件发生地也呈现地域差异。滑雪场的安全事故发生地均位于北方（河北2起、黑龙江2起、吉林1起），同样，水上乐园的安全事故发生地多位于南方（江西和广西）。而游乐园、公园等场所受地域环境的限制较低，因此安全事故发生区域较为分散。

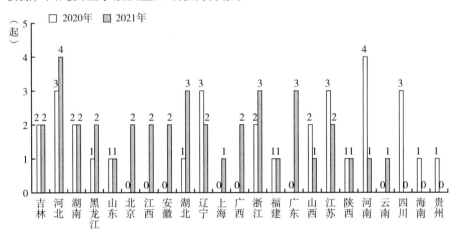

图3 2020~2021年中国旅游娱乐业安全事件省份分布对比

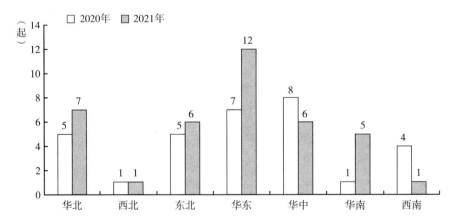

图4 2020~2021年中国旅游娱乐业安全事件区域分布对比

（三）旅游娱乐业安全事件的发生场所特点

2021年，旅游娱乐业安全事件的类型主要包括事件灾难和自然灾害，其中，事件灾难31起、自然灾害7起。与2020年相比，游乐场依然是娱乐业安全事件发生的主要场所（见图5），滑雪场随冬奥的来临逐渐兴起，安全事件数量也在增加。由此可见，相关部门和管理者应重视对滑雪项目的安全管理，做好安全管控，制定安全管理制度，加强工作人员与游客的安全防护知识培训。漂流、蹦床等项目安全事件数量相比2020年有所减少。

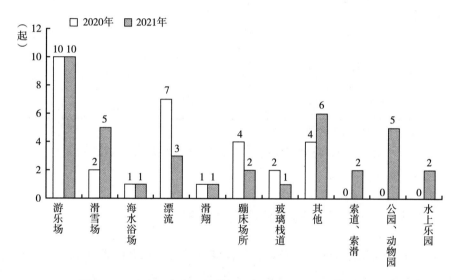

图5　2020~2021年中国旅游娱乐业安全事件发生场所对比

（四）旅游娱乐场所安全事件类型分布

2021年，可以将旅游娱乐业安全事件划分为6类（包括高空项目、高速项目、水上项目、探险项目、一般项目和其他）。如图6所示，发生安全事件最多的是高空项目，共14起，占事件总数的36.84%，其次是水上项目和一般项目（蹦床、滑梯等），分别为10起和7起。与2020年相比，高空项目发生安全事件的数量上升明显，增加 8 起，而其他项目发生的安全事件数量基本与 2020 年持平。从伤亡情况来看，在 2021 年发生的旅游娱乐业安全事件中，造成游客死亡的安全事件有 10 起，造成游客受伤的安全事件有 18 起，共计 28 起，占事件总数的 73.68%。在所有娱乐业安全事件项目类型中，死亡率最高的是水上项目。水上项目属于高风险娱乐项目，因此，需要重视相关的安全管理问题，加强相应的防护措施。

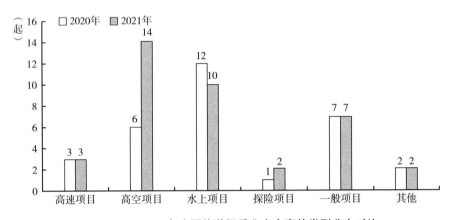

图 6　2020~2021 年中国旅游娱乐业安全事件类型分布对比

（五）旅游娱乐业安全事件伤害主体的特点

由于儿童和青少年安全意识比较薄弱且缺乏自我保护能力，因此，这两类群体是旅游娱乐业安全事件的主要伤害主体。2021 年涉及儿童和青少年群体的旅游娱乐业安全事件共 11 起，占事件总数的 28.95%。游乐场、蹦床等场所设施设备不完善、针对儿童和青少年的安全防护不到位等因素，导致该群体在参加旅游娱乐活动的过程中受到伤害。该群体危险识别能力低、忽视相关安全须知和注意事项，常到非正规娱乐场所活动或在场所内私自开展旅游活动，违反安全管理规则也是造成伤害的重要原因。2 月 17 日，黑龙江哈尔滨一对姐弟在野外一非正规滑雪场滑雪时叠坐在充气圈上撞树受伤。姐弟二人采用叠坐的方式，坐着充气圈从坡顶滑下，因坡底有个凸起较高的雪堆，充气圈碰到雪堆飞了起来，二人头部重重撞在树干上，因二人均未戴护具，受伤严重。①

三 影响旅游娱乐场所安全的主要因素

（一）自然灾害因素

由突发性洪涝、台风、地震等自然灾害引起的旅游娱乐场所安全事件虽然数量较少，但仍不容忽视。2021 年 8 月 17 日，福建省福州市芙蓉溪因突降大雨，溪水暴涨导致 13 名游客被困在"天使之泪"景点；② 10 月 2 日，陕西太白山公园景区出现大风降温，寒风凛冽，索道运力不足导致数百名游客滞留山顶。③ 不可控的自然灾害因素往往具有突发性和危害的广泛性等特征，因此相关部门应做好自然灾害预警和自然灾害突发的应急救援工作，从而将伤害最小化。

（二）安全保障制度的不健全

旅游娱乐场所经营者为了赚取更多的利润往往忽视安全制度规范，缺乏安全监管手段和安保设施设备，从而引发旅游娱乐场所安全事件。2021 年 1 月 4 日，云顶滑雪场与万龙滑雪场的连接雪道上有一根裸露的电缆。当日正午，一名游客被这根电缆绊倒后头部受伤，后不治身亡。④ 该旅游娱乐场所经营者没有排查经营场所存在的安全隐患，未能尽到自身义务。7 月 10 日，

---

① 《哈尔滨姐弟俩玩滑雪圈意外撞树俩人头部被撞伤情严重》，千龙网，http：//china. qianlong. com/2021/0224/5450634. shtml，2021 年 2 月 24 日。

② 《事发福州！13 人被困！雨夜紧急救援》，福州新闻网，http：//news. fznews. com. cn/dsxw/ 20210818/611c99acae021. shtml，2021 年 8 月 18 日。

③ 《陕西数百名游客寒风中滞留山顶，排队超 2 小时，头戴塑料袋御寒》，腾讯网，https：// new. qq. com/omn/20211004/20211004A01ZET00. html，2021 年 10 月 4 日。

④ 《滑雪场现"致命电缆"：冰雪运动事故频发谁来监管？》，法人网，http：//www. farennews. com/ originalnews/content/2021-01/15/content_ 8407740. html，2021 年 1 月 15 日。

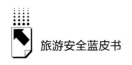

浙江杭州桐庐县雅鲁漂流景区内，多艘橡皮艇撞到一起，有游客直接翻倒落水，场面一度混乱。① 该景区管理人员没有意识到游客量大可能引发的互相碰撞的风险。

（三）设施设备存在安全隐患

设施设备故障是引发旅游娱乐场所安全事件的最常见因素之一。自然灾害因素和人为因素都有可能引发游乐设施设备故障。2021 年发生的 38 起安全事件中，设施设备故障引起的安全事件共 12 起。2 月 13 日，湖南省邵阳市邵阳县五峰铺镇弄子景区大型游乐设施"高空飞翔"运行时发生机械故障，导致 16 人受伤，其中 3 人伤势较重;② 2 月 17 日，黑龙江哈尔滨阿城区上京国际滑雪场缆车突发故障造成缆车悬停在半空，19 名游客被困，其中 3 人受轻伤;③ 10 月 16 日，河南省濮阳市女子李某在万泉湖景区玩滑索项目"飞渡威亚"时，因钢丝断裂不幸坠入湖中死亡。④ 旅游娱乐场所对于设施设备的维护不足是设施设备发生故障的主要原因。

（四）旅游者安全意识和自救能力欠缺

旅游者在游乐过程中往往注重追求娱乐和刺激而忽视了游玩过程的安全性，在面临安全事件时又缺乏基本的自救能力从而导致伤亡。2021 年 10 月 23 日在北京野生动物园自驾游览区内，一名游客突然擅自下车，且不顾工作人员的劝阻，冲向了虎群，并不断用语言、动作挑衅 11 只白虎。⑤ 此外，

---

① 《浙江一景区回应多艘漂流艇侧翻：游客互相推拉所致，多人轻微擦伤》，网易新闻，https://3g.163.com/dy/article/GEL9GRRG053469LG.html，2021 年 7 月 11 日。
② 《突发！16 人受伤！3 人较重！》，搜狐网，https://www.sohu.com/a/450797271_ 355692，2021 年 2 月 14 日。
③ 《哈尔滨一滑雪场缆车故障悬停半空，19 名被困游客全部获救》，澎湃网，https://www.thepaper.cn/newsDetail_ forward_ 11359961，2021 年 2 月 17 日。
④ 《景区网红项目出事了！26 岁女子坠湖身亡，结婚才半年》，搜狐网，https://www.sohu.com/a/496037021_ 121123807，2021 年 10 月 19 日。
⑤ 《游客擅自下车挑衅 11 只白虎，已被刑拘！律师解读动物园是否担责》，腾讯网，https://new.qq.com/omn/20211026/20211026A0CNNW00.html，2021 年 10 月 23 日。

青少年天性活泼，好奇心重，缺乏足够的自我保护能力，再加上其监护人缺乏安全意识疏于看管，其往往成为旅游娱乐场所安全事件的主要受害者。10月6日，南宁市民洪先生一家到市内一家水上乐园游玩，5岁的儿子溺水近4分钟后才被周围游客发现。①

（五）企业培训不到位，工作人员责任意识和安全意识不足

旅游娱乐企业相关培训和安全演练工作不到位，缺少员工安全应对的相关考核制度，对安全隐患疏忽大意，导致工作人员的责任意识和安全意识不足也是引发安全事件的重要原因之一。工作人员的专业素质和敬业态度是游客安全的保障。4月17日，游客王女士在江西南昌铜源峡旅游景点体验景区"铜源飞仙"威亚项目时，因项目操作人员处置失当，王女士被吊半空中，额头撞上铁塔，缝了40多针。②

四　2022年中国旅游娱乐业安全形势展望与管理建议

（一）2022年旅游娱乐业安全形势展望

1. 双休日、暑假和国庆仍是旅游娱乐业安全事件防范的重要时段

为了缓解工作和生活的压力，旅游者往往会选择在双休日和节假日参与娱乐项目。因此该时段客流量大，从而导致旅游娱乐场所秩序维护压力大、设施设备超负荷运转、资源配置不合理等。因此双休日和节假日依旧是事件高发时段，也是旅游娱乐业安全事件防控的重要时期。

---

① 《险！南宁一儿童在水上乐园溺水4分钟才被发现！大脑严重缺氧！园方：家长没看好……》，腾讯网，https://new.qq.com/omn/20211029/20211029A0685H00.html，2021年10月29日。
② 《女子到景区体验网红项目"铜源飞仙"，梦幻旅程差点成毁容噩梦》，腾讯网，https://new.qq.com/omn/20210423/20210423A00LMS00.html，2021年4月23日。

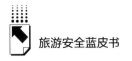

2. 儿童和青少年是安全教育和安全防控工作的重点对象

2021年涉及儿童和青少年的旅游娱乐业安全事件共11起，占事件总数的28.95%。儿童和青少年游客自身安全意识淡薄，安全教育缺乏，往往比成年游客更容易成为事件的受害者。虽然与往年相比有所改善，但实际情况仍不乐观，因此儿童和青少年依旧是2022年旅游娱乐业安全事件防控的重要群体。

3. 游乐场和水上娱乐场所仍是安全事件发生的主要场所

2021年发生在游乐场和水上娱乐项目中的安全事件共计16起（其中游乐场安全事件10起、水上娱乐项目安全事件6起）。像海水浴场、漂流等娱乐活动容易受到一些不可控的自然因素的影响，因此意外事件时有发生且易造成旅游者伤亡。同时游乐场和水上娱乐场所也是旅游者日常到访较多的旅游娱乐场所，对活动场所经营者的安全管理要求较高，如果管理不到位就有可能导致安全事件的发生。2022年，游乐场和水上娱乐场所仍将是旅游安全事件发生的主要场所，要不断加强对这些场所的安全管理和防控。

4. 新兴的高风险娱乐项目是安全防控的重难点

2021年我国发生的旅游娱乐场安全事件中，滑雪、漂流、滑翔等新兴高风险项目所占的比重较高，且带来的伤害性较大。这些项目的安全性往往没有经过严谨的评估，在建设和运营中也缺乏严格的标准，导致建设质量和管理水平难以得到保证。尤其在一些高速和高空项目中，突发的断电短路等更是引发设施设备故障的常见因素。2月16日河北邯郸一家景区的大型游乐设施在运转中不知何故突然停电，造成30余名游客被困高空，幸好消防部门救援及时，游客全部平安脱险。2022年新兴的高风险娱乐项目的安全防控工作不容忽视。

与传统的旅游娱乐项目相比，冰雪娱乐项目的风险较大，游客可能因对冰雪旅游项目了解较少、对气候及身体状况评估不准确、身体部位防护不足等发生伤亡事件。1月23日，长春市庙香山滑雪场发生一起滑雪安全事件，造成1人死亡。

5. 疫情防控工作成为旅游娱乐业的新挑战

2021 年新冠肺炎疫情有所好转，但依然对人们的日常生活产生了广泛的影响，同时对旅游娱乐场所的经营管理也提出了新的挑战。为了尽可能地避免游客通过共用公共设施传播疫情，旅游娱乐场所不仅要对客流量进行合理的管控，更要严格地落实各项疫情防控政策，进一步落实主体责任。在疫情防控常态化背景下，旅游娱乐业经营者应坚持公共卫生事件的常态防控、科学防控、精准防控，严格遵守当地疫情防控要求，坚持人、物、环境同防，不仅要做好场所防控，还要做好人员防控。完善经营场所防控制度和防疫物资储备，加强环境消杀。对于消费者的防护要增设入口检测措施、管控分流措施及安全"一米线"措施。对于员工要加强监控监测和个人卫生防护。此外，总结疫情防控经验，制定公共卫生响应预案，并适时进行疫情防控危机事件演练，以保证旅游娱乐企业应对公共卫生事件的能力。

（二）2022年旅游娱乐业安全管理建议

1. 完善突发事件处置机制

文化与旅游部、地方旅游管理部门应做好自然灾害发生前的监测预警及突发事件出现后的应急救援工作，特别需要关注受自然灾害影响较大的旅游娱乐项目。以冰雪项目为例，伴随 2022 年北京冬奥会与冬残奥会的举办，近几年冰雪娱乐项目将受到越来越多游客，特别是广大青少年游客的喜爱，但安全事故频发，冰雪旅游安全管理工作势在必行。环境风险、人员风险、设施风险是冰雪旅游安全事故的主要引致因素。相关部门和管理人员应有针对性地采取安全防控对策以减少冰雪旅游安全事故的发生。地方文旅部门应及时向旅游者发布气候、道路环境风险预报信息，根据旅游地环境风险评估等级做出冰雪旅游活动建议。旅游娱乐业经营者也应及时关注天气、水文等自然变化，警惕特殊气候的影响，在自然灾害发生时第一时间在各大旅游信息渠道发布紧急警示，做好危险区域警示。旅游娱乐经营企业应增强冰雪旅游者的安全意识教育和风险意识宣传，不断完善旅游者身体部位防护指导、运动指导、医疗服务等。旅游娱乐经营企业还应完善安全防护设施，加强防

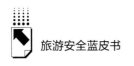

护设施维修与保养，建立设备运行日志。

2. 强化安全保障制度

行业协会、经营者等各方管理者应加强交流，制定健全的安全保障制度。行业内应联系各方意见，行业协会借助协会会议等活动，会集运营方、行业员工代表等交流安全管理经验，探讨旅游娱乐场所安全事件新的发展特点和态势，围绕组织、人员、建设、运营等方面建立健全高水平、全方位的安全保障制度；运营方应加强安全检测和评估，及时修订补充安全保障制度。

3. 创造安全游玩环境

游乐场、沙滩、游泳池等是儿童和青少年到访的重要旅游娱乐场所，因此，旅游管理部门应制定并贯彻落实这些场所的安全标准并加强监管。旅游娱乐业经营者应按照规定加强设施设备维护管理，设置合理的安全警示标志，减少风险源头，使游客能安全放心地体验娱乐项目。建立、完善并落实新兴高风险娱乐项目的运营和维护标准，不仅要在企业内部建立安全规章制度，还要重点防范游乐设施设备故障，建立相应的应对机制，针对不同的情况制定相应应急预案。

4. 增强安全意识与技能

文化和旅游部、地方旅游管理部门以及旅游娱乐经营企业应多方联动，增强旅游者的安全意识和自救能力。文旅部可在旅游高峰期及时发布游客出游提醒，特别是在疫情防控常态化背景下，提醒游客合理安排出游，关注健康防护，增强安全意识。地方旅游管理部门应在主流媒体介绍旅游娱乐企业安全事故案例，借助数字化媒体生动地宣传旅游安全知识。旅游娱乐企业，特别是运营高风险旅游项目的旅游娱乐企业除做好安全警示标识设置和项目安全须知介绍外，还应通过示范、培训等方式，提高旅游者安全技能和自救能力。

5. 全面强化安全监管

相关管理部门应督促旅游娱乐经营企业强化安全监管，采用案例分享、专家宣讲等方式加强员工安全须知培训和安全知识教育，提高员工安全意识；不定期地对员工进行安全演练，增强员工对安全事件的应对能力。旅游娱乐经营企业可将员工的安全培训表现和安全事件应急能力等纳入考核标准，促进员工内化安全知识，身体力行地践行安全规定，从而强化其应对突发安全事件的能力。

2021年我国旅游业的发展仍然受到了新冠肺炎疫情的影响，但旅游娱乐业有序经营，游客的旅游需求也仍在提升，旅游娱乐业安全事件也时有发生。2022年，完善有关的各项法律法规，加强对旅游者的安全教育和对旅游娱乐业经营者的监管及保证游乐设施设备的安全运转仍旧是旅游娱乐业安全管理工作的重中之重。旅游娱乐业公共卫生事件的常态化防控工作仍须进一步加强，冰雪旅游项目安全防控成为一个新的工作重点。

B.8
2021～2022年中国旅行社业的安全形势分析与展望

侯志强　李雪佳*

摘　要： 对旅行社业安全事件的统计分析发现，我国2021年旅行社业的安全形势呈现时间分布集中的特点，寒暑假、黄金周是安全事件高发期；事件类型以旅游合同纠纷为主；在线旅游安全形势严峻。展望2022年，国内旅游在旅游市场扮演的角色日益重要，在线旅游市场竞争激烈，出境旅游市场复苏依然存在较大不确定性。政府应时刻关注国内外疫情形势，根据实际情况对现有预案查漏补缺，消除监管盲区；旅游行业应该进一步完善管理制度，加大在线旅游企业监管力度，引导行业向高质量发展；旅行社应重视对从业人员能力和综合素质的培养，结合高科技对旅游产品进行创新；旅游者也应当及时关注最新疫情防控政策，在旅游过程中严格遵守相关防控规定，强化自身安全意识和维权意识，树立正确的旅游消费理念。

关键词： 旅行社业　旅游合同纠纷　在线旅游市场

一　2021年中国旅行社业安全总体形势

在政府政策引导和全国人民的共同努力下，我国疫情防控形势持续向

---

* 侯志强，华侨大学研究生院副院长、旅游学院教授，博士，研究方向为区域旅游发展与旅游目的地管理。李雪佳，华侨大学旅游学院硕士研究生。

好，被疫情冲击而"整体停摆"的旅游业也开始逐步复苏。文化和旅游部数据显示，2021年国内旅游总人次32.46亿人次，比2020年同期增加3.67亿人次，增长12.8%；国内旅游收入2.92万亿元，比2020年同期增加0.69万亿元，增长31.0%，①旅游经济总体上呈现阶梯型上升态势。旅行社业是旅游业的三大支柱产业之一，旅行社在旅游活动中直接同消费者接触，发挥着信息汇集、人员流调、日程安排、资金结算等重要作用，在旅游过程中承担着较大的安全压力，在整个旅游安全系统中举足轻重。因此，针对随疫情出现的国内旅游新形势和游客新需求，探索旅行社业安全存在的问题具有重要的现实意义。

本研究以"旅游纠纷""旅行社安全""旅游事故""旅游投诉"等为关键词，在人民投诉直通车、旅游315、消费保等消费者权益保障平台进行查询，收集并整理2021年1月1日至12月31日发生的与旅行社相关的安全事件。在删除重复事件后，共检索出相关安全事件2125起。本研究以此为样本，对我国2021年旅行社业的安全形势进行分析，总体形势如下。

（一）安全事件时间分布集中，旺季与节假日效应突出

2021年旅行社安全事件数量与2020年基本持平，5月、7月、8月、10月、12月等节假日和黄金周是安全事件的高发期。受局部地区多点散发疫情影响，2021年旅游行业复苏未达到预期目标。局部地区疫情使得暑假旅游旺季被迫中断，由退款、退订引起的旅游安全事件剧增，进入第四季度后，传染性更强的新冠病毒变种——奥密克戎大范围传播，全球疫情形势更加严峻，国内疫情防控力度随之加大，旅游市场整体处于低迷状态，全年旅游经济复苏进程在下半年出现明显波动。

（二）安全事件类型单一，在线旅游安全形势严峻

2021年由旅游合同纠纷引发的安全事件占据较大比例，且主要集中于

---

① 《2021年度国内旅游数据情况》，文化和旅游部官网，http://zwgk.mct.gov.cn/zfxxgkml/tjxx/202201/t20220124_930626.html，2022年1月24日。

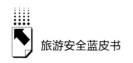

在线旅游企业。由于多地疫情反复，在线旅游业务改退需求暴增，从业人员面对此类突发事件缺乏经验、应对能力差，导致退款难、退款进度慢、退款额度不满意等在线投诉骤然增加。除此之外，还有部分劣质企业不但不采取措施保障消费者合法权益，还趁机借助霸王条款、扣除高额手续费等手段，将突发疫情风险造成的损失转移到消费者头上，导致消费者财产受损，引发了在线旅游企业的信任危机，安全形势十分严峻。

二 2021年旅行社业安全事件的概况与特点

（一）旅行社业安全事件分布情况

1.时间分布概况

本研究对旅行社业安全事件的时间分布情况进行了统计分析（见图1）。从整体分布来看，旅行社业安全事件在时间上呈现多峰型分布，具有波动性、差异性和集中性的特征。从季度分布来看，第三季度的安全事件发生频率最高，其次是第四季度和第二季度。从月份分布来看，5月、7月、8月、10月和12月是旅行社业安全事件的高发月份，均达到了200起以上，其中8月最高，达到291起。

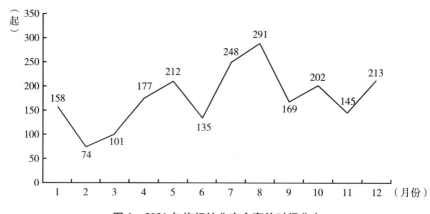

图1　2021年旅行社业安全事件时间分布

2. 空间分布概况

从旅行社业安全事件境内分布（见图2）来看，受我国经济发展及旅游资源分布的影响，2021年旅行社业安全事件的境内发生地主要集中在上海、广东、北京、海南、四川、福建、江苏、山东、浙江等省（市），其中北京、上海、广东更为集中，这与该地区的经济发展水平密切相关，该地区旅游人数较多，且旅游需求量较大，因此旅游安全事件发生的可能性大。而海南、福建、四川、云南等地区由于旅游资源较为丰富，凭借广泛的宣传及推介，这些地区成为国内热门的旅游目的地，相关调查数据显示，行业安全意识淡薄、从业人员安全素质偏低、安全设施设备相对落后是这些地区安全事件频发的主要原因。

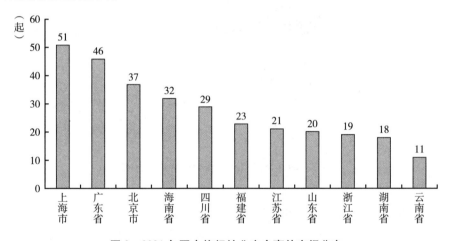

图2　2021年国内旅行社业安全事件空间分布

3. 类型分布概况

本研究将收集到的旅行社业安全事件分为旅游纠纷、旅游服务质量问题、旅游人身安全事件和其他安全事件四种类型。旅游纠纷主要表现为退款进度纠纷、虚假宣传、低价陷阱及旅行社和旅游者之间的合同纠纷，如未按照约定条件及约定时间退款、旅行社实际提供的服务与合同不符、违背合同规定、默认搭售等问题。旅游服务质量问题主要表现为旅行社工作人员及OTA平台客服在服务过程中态度极差或业务失误从而造成旅游者财产损失及满意度下降。旅游人身安全事件是指在旅游过程中，旅游者的生命安全、财产安全受到威胁的事件。其他安全事件是指旅行社的霸王条款、虚假宣传、低价陷阱等问题。根据 2021 年旅行社业安全事件类型统计结果（见图3），旅游纠纷为旅行社业安全事件的主要类型，占 70%，其中，旅游合同问题和退款进度缓慢是引起旅游纠纷的主要原因。除此之外，旅游服务质量问题也是旅行社业安全事件中的主要类型，占比 13%。

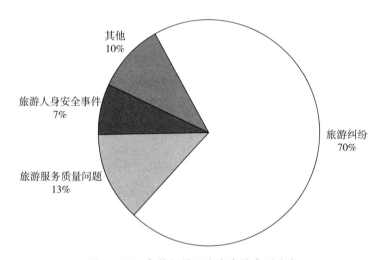

图3　2021年旅行社业安全事件类型分布

4. OTA 安全事件分布概况

随着信息技术的快速发展，手机、平板、笔记本等移动设备已成为人们生活中必不可少的工具。大多数旅游者在出行前都会通过互联网获取旅游目的地的相关信息，并通过手机等移动设备预订机票、车票、酒店、景区门票，在线旅游市场规模日益扩大。但由于在线旅游的市场监管机制不完善等，在线旅游市场中出现了较多安全问题。根据本研究的统计结果（见图4），2021 年 OTA 安全事件主要集中在去哪儿网、飞猪、携程、同程、美团等 7 个在线旅游企业，其中携程安全事件数量最多，占 23%，其次为飞猪和去哪儿网，分别占 21% 和 19%。除了上述提及的主要 OTA 平台外，驴妈妈、途牛也有少量安全事件发生。

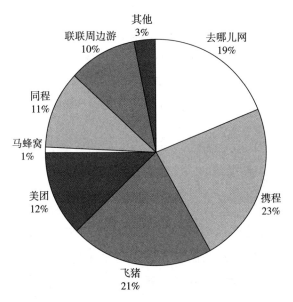

图4 2021年OTA安全事件数量分布

（二）旅行社业安全事件特点

1. 时间分布相对集中，寒暑假、黄金周是安全事件高发期

随着国内疫情日渐平稳，人们积压的出游需求亟待释放，这为国内旅游业的复苏带来了机遇。2021年旅行社业安全事件集中在5月、7月、8月、10月和12月，时间分布相对集中，淡旺季和节假日效应突出。寒暑假和黄金周向来是我国旅游的高峰期，也是旅行社的黄金营业期。据统计，"十一"长假期间，国内出游5.15亿人次，规模恢复到疫情前同期的70%。然而，游客集中出游造成密集的旅游流，旅行社容易超负荷接待，导致服务质量和旅游者的满意度下降，增加了旅游安全事件发生的可能性。除此之外，局部地区疫情反复也是导致旅行社业安全事件增多的重要因素。突发的疫情使得游客们不得不取消原有的旅游计划，剧增的退订需求给旅行社的业务和经营造成了巨大负担，致使旅行社业安全事件数量剧增。

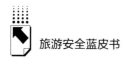

2. 旅游合同纠纷引发的安全问题较为严重

2021 年旅行社业安全事件类型单一集中，旅游纠纷所占的比例高达 70%，其中，旅游合同纠纷占 53%，退款进度纠纷占 7%。由于疫情的突发性及巨大波动性，传统旅行社及 OTA 平台均承担着巨大的退团压力。飞猪平台数据显示，受南京疫情的影响，许多游客选择取消或变更行程，在此期间退订量较平时上涨了十倍之多，退款、行程变更等旅游投诉纠纷均有所增加。

3. 在线旅游企业安全问题依旧突出

在线旅游企业自 2014 年以来呈现蓬勃发展与快速上升态势，我国旅游业已经进入大众化旅游的中高级阶段。随着产品类型和服务形式日趋多元化，在出行前借助在线旅行网站或 App 来浏览目的地热门景点、预订机票和酒店等旅游产品已成为越来越多旅游者的习惯，在线旅游市场规模不断扩大，并因此引发了一系列问题。统计结果显示，2021 年旅行社业安全事件共计 2125 条，其中涉及在线旅行社的安全事件共计 1722 条，占比 81%。综合来看，在线旅游企业的安全问题主要集中在退款进度缓慢、虚假宣传、霸王条款、售后服务不及时、高额退票费等方面，这些问题产生的主要原因有两个：一是突发疫情导致客户改退需求暴增，在线旅游平台在客服方面投入不足，无法应对这类突发情况；二是部分在线旅游企业为谋取自身利益，采取虚假宣传、扣除高额手续费等手段损害消费者的合法权益。同时，在线旅游平台与供应商之间的责任划分不够清晰，对新冠肺炎疫情这样的不可抗因素尚无明确定义，存在相互推诿的情况。

三 影响旅行社业安全的主要因素

（一）外部宏观环境的影响

1. 重大突发公共卫生事件等不可抗因素

2021 年多地疫情散点式频发导致旅游市场在间歇暂停和恢复增长间徘

徊，突发疫情依然是影响旅行社业安全的重要因素。如南京德尔塔变种病毒暴发正值暑期，出游人数多，波及范围广，在短短 11 天内本土确诊病例新增 296 例，全国出现 4 个高风险地区和 91 个中风险地区，[1] 暑期旅游旺季被迫结束，游客们不得不取消原有的旅游计划，旅行社业迎来退单高峰，旅游安全事件数量剧增。

2. 防疫政策辐射影响

为避免新冠病毒通过旅游活动传播，实现精准防控，文化和旅游部办公厅提出了"熔断"机制，强调各地要"从严从紧"落实防疫政策，一旦出现疫情，当地必须在最短时间内，以最快速度暂停旅行社及在线旅游企业的相关业务，直到该地无中高风险地区后才可恢复。据相关数据统计，2021年全国约 25 个省市累计采取"熔断"机制多达 30 余次，[2] 许多地方还出台了"非必要不出省""非必要不出市"等措施。旅游活动的本质在于人员在空间上的流动，这些防疫政策的实施无疑对旅游行业的复苏造成了巨大影响。

3. 境外环境因素影响

虽然我国疫情防控形势持续向好，但境外疫情形势不容乐观。目前，世界各国疫苗普及情况尚不均衡，新的变异病毒不断出现，部分国家确诊病例日益增多，全球疫情防控形势依然严峻，各国对于入境人员的防控要求时紧时松，出境旅游安全无法得到全面保障。

（二）旅行社业及相关行业内部因素的影响

1. 旅行社经营管理模式有待完善

大众旅游时代的到来为旅行社产业的发展提供了丰沃的土壤。然而，我国仍存在相当数量的旅行社只追求经济效益、缺乏专业管理知识和市场洞察

---

① 《本土疫情最新消息：11 天新增 296 例，15 省份拉响警报》，网易网，https://www.163.com/dy/article/GGCPTGPF052596OP.html，2021 年 8 月 2 日。
② 《2021 年中国新冠肺炎疫情发展实录》，百度百科，https://baike.baidu.com/item/2021 年中国新冠肺炎疫情发展实录/55675012，2021 年 12 月 31 日。

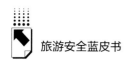

力、管理理念陈旧，导致其内部缺乏科学有效的管理机制，出现旅游产品类型单一、服务质量不高、社会形象较差、信誉较低等问题，严重阻碍了旅游行业的发展。

2. 在线旅游企业市场秩序混乱

市场规模的迅速扩张使得大量企业涌入在线旅游市场，在线旅游企业的发展自2014年以来呈现快速上升态势。由于监管体制不健全、相关法律法规建设存在漏洞等，部分在线旅游企业为追求经济利益而采取捆绑销售、霸王条款、虚假宣传等恶劣手段，损害了消费者的合法权益，扰乱了市场秩序，诱发了在线旅游用户的信任危机。除此之外，由于服务对象和服务内容的多元化，多数在线旅游企业存在"多头管理"问题，安全事件发生后相关部门追责困难，消费者权益难以保障。

3. 旅游行业监管方面存在漏洞

根据相关法律规定，旅游主管部门、工商行政管理部门、产品质量监督部门、交通管理部门等多个部门都可以对旅游市场进行监管。这种碎片化的监管体制导致执法力量过于分散、执法力度降低，旅游市场难以得到有效控制，一旦出现非法设点、买团卖团、低价竞争等违法违规、侵害游客权益的行为，相关部门很难帮助消费者维权。

（三）旅游者及旅行社从业人员影响因素

1. 旅游者缺乏安全意识

随着我国旅游服务和旅游产品的不断丰富和创新，人们不再满足于基础的旅游体验，追求自由、刺激、猎奇等体验的旅游者越来越多。但由于多数旅游者缺乏对旅游目的地安全状况的了解、自身安全意识和自我保护意识不强、维权意识较差等，旅游者在旅游过程中无法快速分辨潜在的危险因素，在安全事件发生之后，也不能迅速采取有效措施以及通过正确的渠道维护自身合法权益。

2. 从业人员综合素质亟待提升

近几年我国旅游业获得飞速发展，部分旅行社为了追求利益最大化，注重从业人员的数量而非质量，导致行业内鱼龙混杂，出现服务意识较差、人员结构不合理等问题。除此之外，旅游业从业人员考核机制发展滞后，大量从业人员缺乏相关知识和专业技能的培训，应对突发事件能力差，无法适应当前旅游业发展的需要。

四 2022年旅行社业安全的趋势展望与管理建议

（一）趋势展望

1. 国内旅游扮演重要角色

自新冠肺炎疫情发生以来，出境游、入境游基本处于停滞状态，国内旅游率先反弹，注重安全、品质的周边游受到游客青睐，各大旅游企业争先推出相关周边游产品，为游客提供多样化选择。除此之外，城市休闲、乡村旅游、红色旅游、亲子研学等细分领域市场潜力不断释放，国内旅游在旅游市场扮演的角色日益重要。

2. 在线旅游市场竞争激烈

在疫情整体可控、局部地区疫情散发的背景下，我国旅游企业积极探寻生存之道。同程、飞猪纷纷上线"低价机票盲盒"活动刺激潜在旅游者进行消费；小红书推出了"Red City 城市计划"，打造线上"种草"、线下体验的旅游新热潮；驴妈妈利用新技术大力推进文旅潮玩 IP 发展，为游客带来新奇而难忘的旅游体验。除此之外，各大在线旅游企业加大了"直播+旅游"的业务布局。不断丰富的旅游产品供给引导了国内旅游市场新需求，推动了旅游行业的复苏。

3. 出境旅游复苏依然困难

2021 年我国各月出境旅游人次依旧在极低水平徘徊，出境旅游依然处于停滞状态。当前全球疫情形势依然严峻，新的变异病毒不断出现，各国在防控过程中的不平衡性日渐突出，疫苗尚未完全普及，游客人身安全无法得到全面保障。出境旅游发展面临的环境依然复杂，市场复苏十分困难。

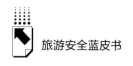

（二）管理建议

1. 监管部门

政府一直作为市场监管者存在，旅游市场的规范及整顿需要各相关部门的配合与协调。首先，在常态化疫情防控的背景下，政府应时刻关注国内疫情形势，借鉴各地防疫经验，根据实际情况对现有预案进行查漏补缺，消除监管盲区，高效、精准阻断疫情传播链，防止疫情大规模蔓延。其次，政府应加大监管力度，对霸王条款、虚假宣传、捆绑销售等扰乱旅游市场秩序的行为进行惩治，确保旅游行业安全、有序、健康发展。最后，政府应结合实际情况出台对旅行社的扶持政策，为旅游业复苏提供良好的发展环境。

2. 旅游行业

在疫情防控常态化背景下，自驾游、散客化等新旅游发展趋势给旅游行业带来了新的问题，需要从以下方面进行整改。首先，针对管理模式不平衡问题，应完善相关管理制度，注意综合协调力，强化管理职能部门的责权划分和职能转变。其次，为确保监管部门能够有效发挥监督作用，应健全在线旅游市场监管机制，完善相关法律法规，出台切实可行的市场监督管理规范、在线投诉受理规范等标准，使游客维权时能够有法可依。最后，针对部分企业为追求经济利益而采取恶劣手段损害消费者权益等问题，应从提升管理人员综合素质入手，强化其法律意识，提高行政执法水平和惩罚力度，加强各部门之间的沟通和协调，支持、鼓励、引导旅游行业健康发展。

3. 旅行社

旅行社业安全事件的发生与经营者及从业人员安全意识和服务意识淡薄密切相关。与从业人员有关的负面信息如"导游强迫游客购物"等新闻常常出现在媒体头版头条引发巨大舆论风波，严重影响了旅行社的形象和信誉。针对以上问题，首先，旅行社应对游客投诉给予重视，及时安抚游客情绪并给出有效的解决方案，从问题源头上进行整改，切实提升服务质量。其次，旅行社要构建完善的从业人员管理培训体系。根据旅游行业人才培养需求，加强对从业人员能力和综合素质的培养，通过考核、激励等形式，有针对性地提升服务水平，增强服务工作的规范性，进而避免从业人员服务管理工作出现违规等行为。最后，旅行社应基于新形势下的市场需求对旅游产品进行创新。在疫情防控常态化的背景下，本地游、周边游、深度游成为当下热门的旅游形式，旅行社应深度挖掘当地的自然资源和文化资源，结合先进信息技术打造智慧旅游产品，使旅游产品具有层次感、新颖感和科技感，进而提升游客的体验感、好感度和忠诚度。

4. 旅游者

旅游者应该强化安全意识，选择正规有资质的旅行社参团出游，遇到个人原因、不可抗力等可能影响行程的因素要求退团退费时，应慎重考虑解除合同可能产生的必要费用的扣除，理性维权。出行前，旅游者应通过权威渠道了解最新疫情防控政策，严格遵守相关规定，不前往国内中高风险地区旅游。在旅游过程中，旅游者要尽量避免前往游客流量大的景区景点游玩，时刻保持警惕，自觉遵守景区疫情防控规定，在游玩过程中佩戴口罩，自觉与其他游客保持安全距离。出游后，旅游者应妥善保管好旅游过程中的合同、收据、发票等，在出现合法权益受到侵害的情况时能够及时追责、依法维权。

安全事件篇

B.9
2021~2022年中国涉旅自然灾害的
安全形势分析与展望

叶新才　熊思敏*

摘　要： 积极应对突发性自然灾害是旅游安全管理的重要内容之一。通过查阅2021年国内自然灾害引起的旅游安全事件相关资料，并与前六年的案例数据比较分析发现，2021年我国涉旅自然灾害安全事件数量明显多于2020年，自然灾害造成的游客伤亡人数也大幅增加，主要灾害类型是气象灾害和地质灾害。近年来我国灾害管理体系不断改进和完善，应急救援体系持续优化，各地区也加大了旅游安全知识的宣传力度，但自然灾害的不可抗性导致旅游安全事件频发，另外，安全监督力度不够以及部门协作能力不足也是引发旅游安全事件的重要因素。全球新冠肺炎疫情仍未得到有效控制，周边国家和地区呈暴发态势，国内疫情多点散发，波及范围进一步扩大，各地防控形势严峻复杂，涉旅自然灾害安全管理的风险和压力较大。相关部门要严加防控，做好各项旅游安全风险防范工作，加强景区安全监管，与社会各界协同合作，提高游客安全防范意识，以更好地预防和应对涉旅自然灾害安全事件，切实保障景区和游客安全。

* 叶新才，华侨大学旅游学院副教授，博士，华侨大学旅游科学研究所所长，主要从事旅游规划与景区管理方面的教学与科研工作。熊思敏，华侨大学旅游学院旅游管理专业硕士研究生。

关键词： 涉旅自然灾害　旅游安全　灾害管理体系　应急救援

一　2021年涉旅自然灾害安全事件总体情况

由应急管理部官方网站发布的 2021 年全国自然灾害基本情况可知，2021 年我国自然灾害形势复杂严峻，极端气候事件多发，多地区遭遇了严重的汛情，自然灾害多以暴雨、洪水、山体滑坡、台风、地震的形式发生，除此之外，也伴随一些风雹、雪灾、火灾和海洋灾害的发生。据统计，2021 年全国有 1.07 亿人次受灾，其中死亡失踪人数达 867 人，紧急转移过程中安置人数达 573.8 万人；有 16.2 万间房屋因自然灾害倒塌，198.1 万间房屋受到不同程度的损坏；有 11739 千公顷的农作物受损；以上各类受灾事件导致经济损失达 3340.2 亿元。[①] 与 2020 年相关数据对比，2021 年全国受灾人数和造成的经济损失都有所下降，但因灾死亡失踪的人数较上年上升了 46%，其中因洪涝灾害死亡失踪 590 人，较上年增加一倍之多。[②]

本文通过百度新闻收集到 50 起 2021 年国内涉旅自然灾害安全事件案例（见表 1）。与 2020 年相比，2021 年增加了 28 起，因灾情受伤的人数减少了 21 人，但是死亡人数增加了 21 人。总体来说，自然灾害导致的旅游安全事件还是处在可控范围之内，各地面对突发事件也及时采取了应对措施，灾情严重程度逐年下降，疫情也逐步得到控制，预计未来旅游业将逐步恢复发展。

[①] 《应急管理部发布 2021 年全国自然灾害基本情况》，应急管理部官网，https://www.mem.gov.cn/xw/yjglbgzdt/202201/t20220123_407204.shtml，2022 年 1 月 23 日。

[②] 《应急管理部发布 2020 年全国自然灾害基本情况》，应急管理部官网，https://www.mem.gov.cn/xw/yjglbgzdt/202101/t20210108_376745.shtml，2021 年 1 月 8 日。

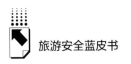

表1　2021年我国涉旅自然灾害安全事件一览

序号	灾害类型	时间	地点	情况
1	气象灾害	5月2日	广东清远连山县禾洞镇大龙山脉	暴雨,14名"驴友"被困
2	气象灾害	5月3日	湖南借母溪乡景区	暴雨,31名游客被困
3	气象灾害	5月4日	成都三岔湖秋鱼坝、桃花岛	暴雨,40名游客被困
4	气象灾害	5月4日	深圳龙华阳台山	暴雨,87名游客被困
5	气象灾害	5月4日	广东罗浮山景区	暴雨,6名游客被困
6	气象灾害	5月4日	东莞樟木头镇九洞森林公园景区	暴雨,1名游客被困
7	气象灾害	5月7日	延边州龙井市琵岩山景区	大风,1名游客被困空中
8	气象灾害	5月18日	湖南湘潭韶山景区	暴雨,1人受伤
9	气象灾害	5月22日	甘肃黄河石林景区	暴雨,21人遇难,8人受伤
10	气象灾害	5月29日	陕西秦岭景区	冰雹,1名"驴友"死亡
11	气象灾害	6月13日	陕西太白山景区	暴雨,道路损毁、游客滞留
12	气象灾害	6月13日	浙江宁海与天台交界王爱山景区	暴雨,67名"驴友"被困
13	气象灾害	6月25日	北京西山森林公园	大雨,4名游客被困
14	气象灾害	7月10日	山西晋城蟒河生态旅游景区	暴雨,700多名游客被困
15	气象灾害	7月16日	河南南阳桐柏县淮源风景区	暴雨,13名游客被困
16	气象灾害	7月16日	广东佛山三水区荷花世界	暴雨,100多名游客被困
17	气象灾害	7月18日	湖北武汉木兰天池景区	暴雨,多名游客被困
18	气象灾害	7月20日	洛阳龙门石窟景区	暴雨,道路设施受损、游客滞留
19	气象灾害	7月20日	河南新乡辉县太行山风景区	暴雨,14人被困
20	气象灾害	7月26日	杭州临安天目山景区	暴雨,百余名游客被滞留
21	气象灾害	7月27日	山西朔州右玉县四十二长城	大雨,2名游客被困
22	气象灾害	7月30日	浙江杭州灵隐景区	暴雨,1名游客被困

续表

序号	灾害类型	时间	地点	情况
23	气象灾害	8月9日	广东古龙峡景区	暴雨,多人被困
24	气象灾害	8月11日	四川九寨沟景区	暴雨,1人死亡,6人受伤
25	气象灾害	8月19日	河南三门峡景区	暴雨,12人被困
26	气象灾害	9月25日	河南洛阳市嵩县白云山景区	暴雨,609人被困
27	气象灾害	10月1日	广东深圳梧桐山景区	暴雨,400多名游客受困
28	气象灾害	10月2日	长沙望城区糜峰星空茶园景区	大风,6名游客悬挂高空
29	气象灾害	10月3日	陕西太白山景区	大风,数百名游客滞留山顶
30	气象灾害	10月11日	山西平遥古城景区	暴雨,古城墙体坍塌
31	气象灾害	10月17日	湖南南岳衡山景区	暴雨,11人被困
32	气象灾害	11月21日	四川甘孜州康定市黑石城	暴雪,2名游客被困山顶
33	洪水灾害	5月4日	广西桂林乌柏滩下游洲岛景区	洪水,6名游客被困
34	洪水灾害	6月12日	浙江省缙云县壶镇镇心畈村	洪水,81名游客被困
35	洪水灾害	7月10日	山西阳城县蟒河景区	暴雨山洪,700多名游客被困
36	洪水灾害	7月23日	河南三门峡双龙湾景区	洪水,残垣断壁、遍地狼藉
37	洪水灾害	7月23日	陕西商洛山阳县天竺山景区	洪水,70余名游客被困
38	洪水灾害	7月24日	青海海西州德令哈市柏树山	山洪,155名游客被困
39	洪水灾害	8月15日	浙江温州乐清城北水飞谷景区	洪水,14名游客被困
40	洪水灾害	8月18日	四川乐山大佛景区	洪水,130余人被困
41	地质灾害	6月12日	陕西太白山景区	山体滑坡,上万名游客滞留
42	地质灾害	7月10日	山西五台山景区	山洪泥石流,1人死亡,3人轻伤
43	地质灾害	7月11日	河南济源市九里沟风景区	山体滑坡,1名游客被困

续表

序号	灾害类型	时间	地点	情况
44	地质灾害	7月15日	四川松潘县平松路丹云峡谷	暴雨泥石流,8名游客被困
45	地质灾害	7月22日	河南新乡辉县万仙山景区	山体滑坡,道路被石块掩盖,游客滞留
46	地质灾害	7月22日	青海祁连县冰沟景区	泥石流,桥梁被冲毁,1人受伤
47	地质灾害	8月10日	江西井冈山市五指峰景区	山体滑坡,16名游客被困
48	地质灾害	8月14日	浙江台州白云山景区	山体滑坡,14人被困
49	地质灾害	9月5日	陕西汉阴县凤堰古梯田景区	山体滑坡,2人被困
50	地质灾害	9月18日	海南藏族自治州贵南县茫曲库区	山洪泥石流,7名游客被困

二 2021年中国涉旅自然灾害安全事件的概况与特点

(一)2021年涉旅自然灾害安全事件的概况

通过以上案例数据统计,2021年全国总共发生至少50起涉旅自然灾害安全事件,与2020年相比,数量明显增多。其中,有32起是由气象灾害引发的、10起是由地质灾害引发的、8起是由洪水灾害引发的,共造成24人死亡、19人受伤,同时也有大量游客与居民被困及多处道路受损、设施被毁。

(二)2021年涉旅自然灾害安全事件的特点

1.2021年涉旅自然灾害安全事件数量明显增多

通过整理2014~2021年发生的涉旅自然灾害安全事件,最终累计收集了320起,2015~2020年涉旅自然灾害安全事件数量呈逐年下降趋势。但受

灾情数量以及严重程度提高的影响，2021 年共发生涉旅自然灾害安全事件
50 起，较上年大幅增多。因此相关部门应该加强对自然灾害的监测、预警
和防控，提高游客安全防范意识，以降低安全事件发生概率。

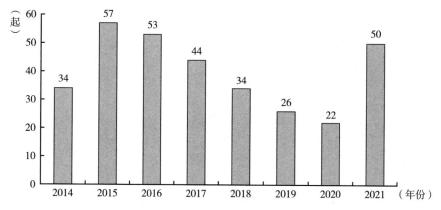

图 1　2014~2021 年全国涉旅自然灾害安全事件数量变化趋势

资料来源：依据 2014~2021 年"旅游安全蓝皮书"整理。

2.2021 年涉旅自然灾害安全事件类型分布集中

2014~2021 年发生的 320 起国内涉旅自然灾害安全事件基本属于气象、
洪水、地质灾害三大类型，这三大类型所占比例高达 94.06%。通过梳理和
分析 2021 年发生的 50 起涉旅自然灾害安全事件，其中有 32 起属于气象灾
害类型、10 起属于地质灾害类型、8 起属于洪水灾害类型。分析发现海洋灾
害随着时间推移对旅游安全的影响逐渐降低，可归属为地震灾害类型的涉旅
安全事件也仅在 2017 年出现 1 起。可见各地在面对此类灾害时的应对措施
及时且有效。然而气象灾害类型的涉旅安全事件频发，对此相关部门应予以
重点关注，做好监测和预防。

3.2021 年涉旅自然灾害安全事件伤亡严重

由表 2 可知，2021 年涉旅自然灾害安全事件造成 24 人死亡，较 2020 年
有所增加，尤其是 5 月 22 日甘肃黄河石林景区暴雨灾害导致 21 人遇难[①]；

---

① 孔德淇：《甘肃山地马拉松 21 人遇难 8 人伤》，珠江商报，https：//baijiahao.baidu.com/s?
id=1700657966761689736&wfr=spider&for=pc，2021 年 5 月 22 日。

受伤人数达 19 人，较 2020 年有所下降，大量游客和当地居民被困。总体来看，自然灾害仍然导致较大的伤亡。

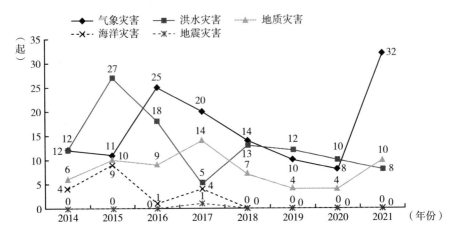

图 2 2014~2021 年全国涉旅自然灾害安全事件类型分布

资料来源：依据 2014~2021 年"旅游安全蓝皮书"整理。

表 2 2014~2021 年全国涉旅自然灾害安全事件伤亡人数变化趋势

单位：人

年份	死亡人数	受伤人数	失踪人数	合计
2014	11	7	0	18
2015	40	51	2	93
2016	19	40	5	64
2017	41	545	13	599
2018	8	22	1	31
2019	25	32	3	60
2020	3	40	0	43
2021	24	19	0	43
合计	171	756	24	951

资料来源：依据 2014~2021 年"旅游安全蓝皮书"整理。

4.2021年涉旅自然灾害安全事件的时空分布

由表 3 可知，2021 年全国涉旅自然灾害安全事件主要发生在华中、华南和西北地区。其中，华中地区共发生 13 起，主要集中在河南省（8 起）；其次是华南地区发生 9 起，主要集中在广东省（7 起）；西北地区发生 9 起，主要集中在陕西省（6 起）；华东地区共发生 7 起，主要集中在浙江省（6 起）；华北地区共发生 6 起，主要集中在山西省（5 起）；西南地区发生 5 起，主要集中在四川省（5 起）；最后是东北地区，仅发生 1 起。①

表 3　2021 年全国涉旅自然灾害安全事件地区差异

单位：起

地区	城市	数量	地区	城市	数量
华东	浙江	6	华北	北京	1
	江西	1		山西	5
西北	陕西	6	华中	湖南	4
	甘肃	1		湖北	1
	青海	2		河南	8
西南	四川	5	华南	广东	7
东北	吉林	1		广西	1
				海南	1

资料来源：根据表 1 整理。

通过分析发现，全年 5~8 月是国内涉旅自然灾害安全事件多发阶段，共计 41 起。主要是受季风气候的影响，降水量增多，密集的强降雨导致多地受灾，如 5 月 22 日甘肃黄河石林景区暴雨导致 21 人遇难、8 人受伤；② 7 月 10 日山西晋城蟒河生态旅游景区暴雨导致 700 多名游客被困；③ 8 月 11 日四川九寨沟景区暴雨导致 1 人死亡、6 人受伤等。④ 短时间的暴雨易导致

---

① 牛不闻：《吉林延边某风景区玻璃栈道被大风吹坏，一名游客被困栈道》，腾讯网，https：//new.qq.com/omn/20210508/20210508A0B5J200.html，2021 年 5 月 7 日。

② 孔德淇：《甘肃山地马拉松 21 人遇难 8 人伤》，珠江商报，https：//baijiahao.baidu.com/s？id=1700657966761689736&wfr=spider&for=pc，2021 年 5 月 22 日。

③ 孙杉杉：《山西阳城暴雨引发山洪 700 多名游客全部送返》，央视新闻，https：//baijiahao.baidu.com/s？id=1705234055483828559&wfr=spider&for=pc，2021 年 7 月 10 日。

④ 周海波：《雅安暴雨已致 6 人死亡、5 人失联　阿坝两旅游大巴车被山石砸中》，澎湃媒体，https：//m.thepaper.cn/baijiahao_ 8673806，2021 年 8 月 11 日。

山洪泥石流，7月10日山西五台山景区暴发山洪泥石流导致1人死亡、3人受伤。[①]每年9~10月、11~12月也会发生少量涉旅自然灾害安全事件，大风、洪水、山体滑坡等自然灾害导致游客被困或受伤。其他月份涉旅自然灾害安全事件发生的次数较少。总结国内近年来发生的涉旅自然灾害安全事件时空分布规律，发现其呈小分散、大集中特征，时间上大多发生于5~8月，空间上大多发生于华中、华南和西北地区，其他月份和地区均呈零散分布。每年发生的涉旅自然灾害安全事件也有一定的规律可循，因此相关部门应充分利用这一规律提前做好防范预警。

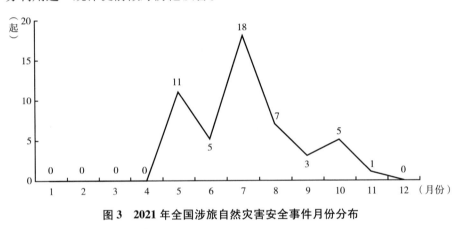

图3　2021年全国涉旅自然灾害安全事件月份分布

三　2021年中国涉旅自然灾害安全管理现状

（一）涉旅自然灾害安全管理制度日益完善

近年来，面对自然灾害安全事件的频发，我国灾害管理制度体系不断改进和完善，防灾减灾救灾工作成为国家安全保障体系建设的重点内容。如山西省积极落实《2021年全省文化和旅游安全生产工作实施方案》，强调要完

①　杨苓妍：《山西五台山景区暴雨引发洪水，已致1死3伤！死者身份确认》，南方都市报，https://www.163.com/dy/article/GELB447L05129QAF.html，2021年7月10日。

善制度措施，强化依法治理，防范化解重大安全风险，降低灾害事件发生的概率。① 自然资源部发布《关于做好 2021 年地质灾害防治工作的通知》，强调要加强组织领导，推进各项制度实施，着力防范化解地质灾害风险挑战，切实减轻地质灾害危害，积极防范、科学应对、高效处置各类突发地质灾害事件。② 2021 年国务院发布的《"十四五"旅游业发展规划》中，也强调要防范灾害事故发生的风险和强化各项应对措施，改进和完善应急预案，各地也要增加应对各类灾害突发情况的演练次数，以提高应急救援效率，并在当前疫情防控形势严峻的前提下确保游客的安全。③

（二）自然灾害应急救援体系持续优化

在河南发生重大灾情后，习近平同志做出重要指示，在面对自然灾害的发生时，要做好抢险救援、灾后处置等各项工作，全力恢复生产生活秩序。④ 各地积极配合做好应急救援演练，通过开展集中演练活动，推动各市区、各旅游企事业单位熟练掌握并实施《旅游安全事故应急救援预案》，不断完善应急管理和应急处置技术，减少人员伤亡、财产损失。陕西省文旅厅在宝鸡市九龙山景区开展"2021 年陕西省旅游安全综合应急演练活动"，针对性示范演练，普及应急救援知识，以提高各景区防范和应对突发事件的能力。⑤ 2021 年文旅部办公厅发布《关于进一步做好 A 级旅游景区安全工作的通知》⑥，要求各地进一步加强景区安全管理，制定管控方案，完善安全

---

① 《2021 年全省文化和旅游安全生产工作实施方案》，山西省文化和旅游厅官网，https：//lfw. sxxz. cn/zcjd/wjjd/202103/t20210317_ 3611104. html，2021 年 2 月 26 日。

② 《关于做好 2021 年地质灾害防治工作的通知》，自然资源部官网，http：//www. gov. cn/zhengce/zhengceku/2021-03/19/content_ 5593875. htm，2021 年 3 月 15 日。

③ 《关于印发"十四五"旅游业发展规划的通知》（国发〔2021〕32 号），国务院官网，http：//www. rmzxb. com. cn/c/2022-01-21/3033472. shtml，2022 年 1 月 21 日。

④ 《新闻和报纸摘要》，央广网，https：//baijiahao. baidu. com/s? id = 1706052833219964474，2021 年 7 月 23 日。

⑤ 王晓光：《2021 年陕西省旅游安全综合应急救援演练在宝鸡举行》，西安新闻网，https：//sn. ifeng. com/c/87S369SP4jM，2021 年 6 月 30 日。

⑥ 赵腾泽：《文化和旅游部要求各地进一步加强 A 级旅游景区安全管理》，中国旅游报，http：//www. ctnews. com. cn/news/content/2021-04/20/content_ 102218. html，2021 年 4 月 19 日。

提示、警示标识和防护设施，强化灾害风险防控，定期开展隐患排查，做好各项安全监管工作，实施相应保障措施，完善安全保障机制，制定突发事件应急预案，开展安全培训和应急演练，提高景区和员工的安全意识与突发情况应对能力。

（三）旅游安全宣传工作力度不断加大

文旅部举行"2021文化和旅游安全宣传咨询日"活动，[①] 对《旅游安全实务手册》《旅游出行安全提示》《防灾减灾科普知识》等相关资料进行了宣传和解答，进一步提高了游客安全意识和自救互救能力，以更好地防范化解涉旅安全风险。由福建文旅厅和省委文明办在宁德共同举办的"文明旅游、安全出行"大型宣传活动在文明旅游宣传中加入文艺表演，以新颖有趣的形式引导游客文明旅游、安全出行。[②] 各地区也会不定期开展旅游安全主题宣讲会，提升民众的旅游安全意识，以积极配合政府的旅游安全相关工作安排。

四 涉旅自然灾害安全问题的主要引致因素

（一）自然灾害不可抗性

我国位于北半球中纬度环球自然灾害带与环太平洋灾害带交汇位置，因此自然灾害频发，并且具有不可抗性、突发性、破坏性等特征，容易造成巨大的损失。气象灾害、洪水灾害和地质灾害是引发2021年涉旅自然灾害安全事件的三大主要灾害。每年的5~8月是多雨季节，容易发生暴雨洪水灾害，威胁民众的安全；长时间的降雨容易引发山洪泥石流、山体滑坡等自然

---

① 秦金月：《"2021文化和旅游安全宣传咨询日"活动举办》，中国旅游报，http://cul.china.com.cn/2021-06/18/content_41595889.htm，2021年6月16日。

② 陈楚楚、钟巧花：《2021"文明旅游 安全出行"宣传演出活动走进宁德渔井村》，人民网，http://wlt.fujian.gov.cn/wldt/btdt/202105/t20210517_5596172.htm，2021年5月15日。

灾害，导致大量游客滞留。2021 年河南省特大暴雨洪涝灾害导致多人遇难，损失惨重。此外，7 月在浙江舟山登陆的台风"烟花"① 以及 5 月在青海玛多发生的 7.4 级地震也造成多人受灾。② 因此后期应加强自然灾害监测、预警及防控。

（二）安全监督力度不够

一方面，我国开始建设旅游安全监督管理制度的时间较晚，对于自然灾害的监测精准度较低、预警及时性较差，导致民众不能提前获知相关信息以做好预防。另一方面，各部门间的协调联动机制还不顺畅，事前预测、事中控制、事后监督的应急管理决策没有到位，导致在遭遇突发性的自然灾害时不能很好地指挥调度。此外，景区安全保障设备不齐全，存在安全隐患，严重威胁游客的安全。

（三）部门协作能力不足

一方面，部分景区因缺乏应急预案、应急救援演练，各部门之间配合度不高，导致景区的相关工作人员在面临灾害事故时手足无措，错失最佳救援时机而造成伤亡。另一方面，不少景区因缺乏预测预警设备资源而无法做出精准预判，错失救援良机。此外，涉旅自然灾害综合治理的联防联控机制尚未建立。

（四）游客安全意识淡薄

游客安全意识薄弱也是造成涉旅安全事件的重要原因之一。2021 年 6 月 12 日，来自上海某越野车队的 30 余辆越野车，共计 81 名游客，在浙江省缙云县壶镇镇心畈村附近滩涂游玩，在开车前往对岸观景途中，不料突如

---

① 季爽：《台风烟花登陆浙江舟山普陀沿海》，国际在线新闻，https：//m. gmw. cn/2021-07/25/content_ 1302429140. htm，2021 年 7 月 25 日。

② 黄伟：《揪心！青海玛多 7.4 级地震，云南漾濞 6.4 级地震》，光明网，https：//m. gmw. cn/baijia/2021-05/22/1302311377. html，2021 年 5 月 22 日。

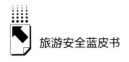

其来的暴雨导致水位快速上涨，车队被困滩涂，车友险些丧命。[①] 每年不乏诸如"游客因追求新奇冒险的旅游方式而不顾自身安全导致伤亡"的新闻事件，给自己和家人带来了巨大的伤痛。其实大部分游客的安全意识比较薄弱，缺乏应对突发安全事件的知识和能力，导致在灾害发生时无法采取自救措施，加大伤亡风险。

五 2022年涉旅自然灾害安全事件的形势预测与管理建议

（一）形势预测

回顾近年来国内发生的涉旅自然灾害安全事件，发现其数量总体上呈下降趋势，结合国外发生的自然灾害安全事件的状况，预测2022年我国涉旅自然灾害安全事件数量将有所减少，但是部分地区涉旅自然灾害安全事件仍然无法避免，由此可能导致的伤亡人数也无法准确预测。另外受新冠肺炎疫情影响，旅游市场面临严峻挑战，目前疫情虽然逐步得到控制，旅游需求也逐步回升，但在做好疫情防控的前提下，景区安全管理工作的难度大大提升。主要形势如下。

1. 局地自然灾害频发，旅游安全风险加大

我国地域辽阔，地理环境复杂，部分地区自然灾害发生概率仍旧较高，直接增加了旅游风险。在全球极端天气越来越频繁的形势下，我国旅游业面对来自自然灾害的考验将持续存在，这将给各地涉旅自然灾害安全管理工作带来难以回避的问题。

2. 产业融合纵深推进，安全风险多源并存

全域旅游是当前时代旅游业发展的一种新理念和新模式。在全域旅游发

① 李争：《81名上海游客被困洪水！车友惊呼：完了完了！》，新民晚报，https://baijiahao. baidu.com/s? id=1702605417229019129&wfr=spider&for=pc，2021年6月12日。

展背景下，旅游产业融合发展，即"旅游+""+旅游"成为各地旅游产品开发和业态培育的重要路径，"旅游+"背景下的旅游安全风险的产出因素更为复杂，这给各地涉旅自然灾害安全管理带来新的挑战。

3. 旅游形式日益多元，安全风险指数提升

旅游需求日益多元化，游客不再满足于传统的观光游览形式，而不断追求刺激、冒险、新颖的旅游项目，比如高空跳伞、蹦极、徒步、沙漠探险等高风险旅游方式。高风险旅游项目对游客人身安全保障度低，一旦面临自然灾害，极易造成大量伤亡，这也对旅游安全管理提出了更高要求。

4. 新冠肺炎疫情长期存在，风险应对挑战升级

在当前全球新冠肺炎疫情仍然存在的大背景下，旅游行业受到巨大冲击，旅游出行人数以及自然灾害的发生都充满不确定性，给景区风险应对带来严峻挑战。另外各地区无症状感染确诊病例时有出现，增加了出行风险，也加大了景区应对涉旅安全事件风险的压力。未来几年内，须加强风险应对能力，以保证游客安全。

（二）管理建议

1. 强化旅游安全监督

充分利用各项资源建立强大的安全保障系统，加强自然灾害的监测和预警，及时发布相关信息，积极开展各项安全隐患排查和整治工作，以降低自然灾害伤亡事件发生的概率。灾害发生时做好紧急疏散和避灾救灾工作，合理引导防止踩踏，也不能忽视灾后恢复的各个环节，加强监督检查，消除安全隐患，尽量避免灾害事故再次发生，减少事故造成的人员伤亡和经济损失。

2. 提升各方协作能力

充分利用最新技术更新救援设备，在景区、高速公路等地方安装智能化监测设备，实时更新景区和各路段信息，一旦发现异常现象及时采取应对措施和行动。对工作人员定期开展安全救援知识讲座和培训，增加应急救援演练次数，提前制定合理的应急救援方案，培养各部门间的协作默契度，以提

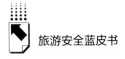
高救援效率。构建各相关部门间的紧密联系，加强协同合作，在灾害发生时调动一切力量，以最快的速度赶到现场进行救援抢险工作。同时，也要加强社会各界人员的安全救援知识科普以应对突发状况。

3. 重视游客安全教育

通过分析发现国内涉旅自然灾害以气象、洪水、地质三大灾害类型为主，且灾害突发大都是由持续的强降雨、低温、大风、强降雪等恶劣天气导致，游客在出行前要及时关注天气变化情况和景区发布的相关预警通知，一旦发现不利条件和安全隐患，要及时调整出行计划。旅游管理部门、旅游经营业者和公共媒体应重视旅游安全知识的宣传，旅游经营业者应加强旅游安全教育和安全提醒，增加游客学习防灾减灾知识的机会，帮助游客提高自身安全意识，提醒游客遵守各项安全管理规定，避开危险区域，践行安全行为。

4. 加强安全防治举措

景区要做好自然灾害防范，特别是在当前新冠肺炎疫情仍然存在的形势下，各景区要严格落实疫情防控工作，加强景区安全防治举措，实行门票预约制和分时限流制，必要时进行封闭管理。定期进行安全检查，景区工作人员和游客要随时佩戴口罩，做好健康监测和个人护理，防止病毒感染，切实保障游客的安全。

B.10
2021～2022年中国涉旅事故灾难的安全形势分析与展望[*]

王新建　珊斯尔　黄鸿鑫[**]

摘　要： 本研究分析了2021年我国境内涉旅事故灾难的总体形势、类型、特征与管理进展，探讨了2022年涉旅事故灾难的趋势。研究表明，2021年涉旅事故灾难持续小幅增多，山地户外运动事故灾难剧增，重大安全事故防控仍存不足；旅游行业安全监管法制化、规范化、制度化水平不断提升，旅游行业疫情防控常态化精准化与联动管理不断完善，旅游交通安全多部门联合监管不断强化，旅游行业安全管理手段与方法不断创新。2022年，涉旅事故灾难安全管理须进一步完善联合监管机制，防范特重大涉旅事故灾难，进一步拓展旅游安全监管范围，减少非典型涉旅安全事故，进一步扩大旅游安全防控主体，营造全社会关心旅游安全的良好氛围。

关键词： 旅游　涉旅事故灾难　山地户外运动

涉旅事故灾难指主要由人为因素造成的，涉及旅游者人身伤亡、重大财产损失或环境污染的意外事件，包括人类活动或者人类发展所导致的计划之外事件或事故，如旅游交通事故、登山户外运动事故、漂流与游船游艇事故、

* 基金项目：福建省科技计划创新战略研究项目（2021R0057）。
** 王新建，华侨大学旅游学院副教授，主要研究方向为旅游安全与应急管理。珊斯尔、黄鸿鑫，华侨大学旅游学院硕士研究生。

酒店安全事故、娱乐项目事故、低空旅游事故等。① 借助百度、微博搜索等主流搜索引擎，以"游客+旅游项目+事故灾难类型"为关键词对2021年1～12月发生在我国境内的涉旅事故灾难进行组合搜索，经逐一鉴别和去重后，最终共筛选出84起发生在中国大陆（不含港澳台）的涉旅事故灾难。

一 2021年涉旅事故灾难的总体形势

（一）涉旅事故灾难总体形势趋好，山地户外运动事故灾难剧增

据不完全统计（见表1），2021年共发生84起事故灾难，造成160人死亡或失踪，与2020年相比，事故数量减少3.4%，致死人数增加2.6%。结合2021年国内旅游总人次较2020年增长12.7%的情况，2021年涉旅事故灾难总体形势趋好。

表1 2017～2021年涉旅事故灾难统计

单位：起；人

事故类型	2017年		2018年		2019年		2020年		2021年	
	事故数量	死亡或失踪人数	事故数量	死亡或失踪人数	事故数量	死亡或失踪人数	事故数量	死亡或失踪人数	事故数量	死亡或失踪人数
旅游交通事故※	11	60	9	39	7	57	7	11	7	15
山地户外运动事故	33	44	23	25	30	35	28	33	42	70
漂流游船游艇事故	4	11	5	21	8	30	10	17	7	15
娱乐项目事故	7	6	7	7	12	13	3	5	4	3
低空旅游事故	6	7	4	8	6	8	9	11	2	5
酒店安全事故	26	39	20	40	20	23	15	48	13	31
其他	18	25	14	17	—	—	15	31	9	21
合计	105	192	82	157	83	166	87	156	84	160

※：由于每年发生的交通事故数以万计，且事故类型难以鉴别，本统计数据不包括死亡人数3人以下的旅游交通事故。

---

① 王新建：《2015～2016年我国事故灾难与旅游安全形势分析与展望》，载郑向敏、谢朝武主编《中国旅游安全报告（2016）》，社会科学文献出版社，2016。

从涉旅事故灾难的类型看，2021年山地户外运动事故灾难数量增长明显，全年共发生42起，造成70人死亡或失踪，分别较上年增长50%与112%。山地户外运动事故灾难占总事故数的50%、总死亡或失踪人数的43.8%，成为主要涉旅事故灾难类型。涉旅事故灾难排名第二的是酒店安全事故，全年共发生13起，造成31人死亡或失踪。此外，涉旅事故灾难还包括7起旅游交通事故、7起漂流游船游艇事故、4起娱乐项目事故、2起低空旅游事故和9起其他类型事故。

（二）涉旅重大事故灾难时有发生，重大安全事故防控仍有不足

2021年共发生3起涉旅重大事故灾难，造成49人死亡，伤亡人数创近5年新高。其中，甘肃白银"5·22"马拉松事故[1]共造成21名参赛选手死亡、8人受伤；苏州"7·12"四季开源酒店重大坍塌事故，[2]造成17人死亡、5人受伤；漳浦海滩游客落水事故，[3]共死亡11人。甘肃白银马拉松事故是由极限运动项目百公里越野赛在强度难度最高赛段遭遇大风、降水、降温的高影响天气，赛事组织管理不规范，运营执行不专业等一系列因素造成的重大人员伤亡事件。与2020年造成29人死亡、42人受伤的"3·7"泉州欣佳酒店坍塌事故[4]类似，苏州"7·12"四季开源酒店重大坍塌事故是产权方聘请无资质单位私自对房屋结构进行改造，造成房屋部分坍塌的重大责任事故。

---

[1] 《"白银马拉松事故"酿惨剧》，新浪网，https：//k. sina. com. cn/article＿3167104922＿bcc62f9a020018bbw. html，2022年6月17日。

[2] 《苏州四季开源酒店辅房坍塌致17死事故》，新京报，https：//baijiahao. baidu. com/s? id＝1728537306747593382&wfr＝sipder&for＝pc，2022年6月17日。

[3] 《17人海边落水11死》，上海法治报，https：//baijiahao. baidu. com/s? id＝1708391964679331822&wfr＝spider&for＝pc，2022年6月17日。

[4] 《泉州欣佳酒店坍塌事故一审宣判》，新京报，https：//baijiahao. baidu. com/s? id＝1713969367177889471&wfr＝spider&for＝pc，2022年6月17日。

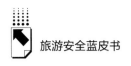
表 2　2017~2021 年涉旅事故灾难等级统计

单位：起；人

年份	2017 年		2018 年		2019 年		2020 年		2021 年	
项目	事故数量	死亡人数	事故数量	死亡人数	事故数量	死亡人数	事故数量	死亡人数	事故数量	死亡人数
特大事故	0	0	0	0	0	0	0	0	0	0
重大事故	3	34	2	36	2	39	2	42	3	49
合计	3	34	2	36	2	39	2	42	3	49

二　2021年涉旅事故灾难特征分析

（一）旅游交通事故灾难分析

近年来，我国不断完善旅游客运交通联合监管机制，不断提升旅游客源交通安全事故防范力度，取得了显著效果，重大及特大旅游交通安全事故显著减少，较大及以下涉旅交通事故数量保持在一个稳定的水平。据不完全统计，2021 年发生的涉旅较大及以上交通事故共计 7 起，造成 15 人死亡。与 2020 年相比，涉旅交通事故数量持平，死亡人数多 4 人。

从事故细分类型来看，2021 年 7 起旅游交通事故包括 4 起自驾车交通事故和 3 起旅游大巴车交通事故。从造成事故的原因来看，1 起事故是驾驶员危险驾驶，致使旅游大巴撞上限高架；3 起事故为驾驶员在危险、不熟悉路段驾驶发生车辆侧翻或坠江；其余 3 起事故未知原因。结合其他因未达到本文统计要求而未纳入统计的一般旅游交通事故案例发现，家庭自驾游交通安全事故呈快速增多之势。受疫情影响，家庭自驾游比例越来越高，相对于团队游，自驾游司机平均技术水平低、安全意识更弱、对道路不熟悉，更易发生安全事故。

（二）山地户外运动事故灾难分析

山地户外安全事故是近年涉旅事故灾难的主要类型之一，2021 年共发生山地户外运动事故灾难 42 起，造成 70 人失踪或死亡。与 2020 年数据相比，事故数增加 14 起，死亡或失踪人数增加 37 人，事故数与死亡或失踪人数较前 4 年平均值分别增长 47.4%与 104.4%。

从事故细分类型来看，42 起山地户外运动事故灾难中，20 起为登山坠亡事故，12 起为山地穿越失温或者失联后不明原因死亡事故，4 起为山地越野比赛中遭遇极端天气失温死亡或突发疾病死亡，其他包括露营时一氧化碳中毒、突遇山洪、攀爬海岸礁石被大浪冲走、瀑降事故、遭遇雪崩、高原反应死亡等。从事故发生时间段看，全年都有分布，其中 5~8 月、国庆黄金周为高发时间段。分析山地户外运动死亡的原因发现，第一大直接原因是坠崖，第二是遇到极端天气或迷路后失温；间接原因主要有游客自身安全意识不高，在极端天气等特殊环境下自救能力不足，对山地户外运动危险认识不足、准备不充分，等等。与 2020 年不同的是，2021 年共发生 4 起山地越野比赛事故，共造成 24 人死亡，可见需要加强山地越野比赛组织安全管理。

（三）漂流游船游艇事故灾难分析

2021 年漂流游船游艇事故灾难共 7 起，共造成 15 人死亡或失踪、35 人受伤，其中 1 起较大事故灾难。2021 年 5 月 22 日，黑龙江富裕县闫某等 11 人结伴乘渔船从嫩江岸边前往对岸游玩，突遇风浪，意外沉船，造成 6 人死亡、3 人失踪。[①] 从事故类型来看，2021 年发生的 7 起漂流游船游艇事故中，5 起为竹筏、皮筏或游艇意外侧翻、沉船事故，1 起为工作人员在作业期间不慎跌水造成的溺亡事故，1 起为游艇起火事故。从事故发生原因来看，漂流企业安全意识淡薄、违规组织漂流和工作人员安全操作技术不熟是主要原因。7 起事故中，4 起与漂流企业安全意识不高、工作人员安全操作失误有关。

（四）旅游娱乐项目事故灾难分析

2021 年共发生 4 起旅游娱乐项目事故灾难，造成 3 人死亡、21 人受伤、

---

① 《黑龙江富裕县沉船事故遇难人数增至 6 人，3 人下落不明》，央广网，https://baijiahao. baidu. com/s？id＝1700751485775295049&wfr＝spider&for＝pc，2022 年 6 月 17 日。

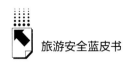
35 人被困高空。从事故细分类型来看，在 4 起意外事故中，3 起为游乐园设施设备故障，1 起为游乐园顾客自身突发疾病抢救无效死亡。事故主要原因是娱乐企业对设施设备维护与检查不到位、工作人员操作不规范。

（五）低空旅游事故灾难分析

2021 年共计发生 2 起致死低空旅游事故灾难，造成 5 人死亡或失踪。其中，厦门观音山直升机坠海事故，造成 4 人死亡。相比 2020 年 9 起低空旅游事故灾难、11 人死亡或失踪，2021 年低空旅游事故灾难数量与死亡或失踪人数大幅降低。据民航华东地区管理局航空安全委员会发布的调查报告，厦门观音山直升机坠海事故①主要原因是直升机遭遇意外天气，飞行员产生生理错觉，继而失去对飞机的控制。另一起事故为滑翔伞事故，是突发极端天气、组织单位监管不力等共同因素造成的。结合这些事故可以发现，低空飞行对技术和天气的要求高，飞行员除了要掌握熟练的飞行技巧，还要熟悉天气变化。

（六）酒店安全事故灾难分析

2021 年酒店安全事故共计发生 13 起，造成 31 人死亡或失踪、12 人受伤，与 2020 年相比，事故灾难数降低 13.3%，死亡或失踪人数降低 35.4%。从事故细分类型来看，除了 4 起在酒店场所的自杀事件和 2 起溺亡事故，其他分别为酒店建筑改造导致的重大责任事故、酒店火灾事故、生产意外事故、高空坠落事故、一氧化碳中毒事故、凶杀命案、原因不明事故各 1 起。从事故发生场所来看，结合近年的酒店安全事故案例，中、低端经济型酒店是事故高发场所，常发生自杀、凶杀、火灾事故，而酒店装修改造易发生坠亡和坍塌事故，这些因素应纳入酒店监管重点。

---

① 《厦门直升机坠海致死事故调查报告公布》，人民资讯网，https://baijiahao.baidu.com/s?id=1699251163645439813&wfr=spider&for=pc，2022 年 6 月 17 日。

（七）其他涉旅事故灾难分析

其他事故灾难共 9 起，共致 21 人死亡或失踪。主要包括景区溺水事故 3 起，共致 15 人死亡；滑雪事故 2 起，导致 2 人死亡；其他景区旅游项目施工坠亡事故 1 起，游客景区跳江事故 1 起，动物园饲养动物伤人 1 起，分别导致 1 人死亡。结合未纳入本文统计的游客受伤事故发现，随着滑雪旅游热的掀起，滑雪旅游安全事故频繁发生，亟须完善相关安全管理标准，强化滑雪培训机构和滑雪场所管理。每年都会发生 1~2 起 1 人溺水施救不当导致多人溺亡的事故，应广泛开展预防溺水和溺水救生知识宣传。

三　涉旅事故灾难管理的主要进展

（一）旅游行业安全监管法制化、规范化、制度化水平不断提升

继《中华人民共和国旅游法》《中华人民共和国文物保护法》《旅游安全管理办法》等法律法规相继颁布，文化和旅游安全监管工作法制化、规范化、制度化建设不断强化。2021 年 1 月 14 日，国务院安委办印发《国务院安全生产委员会成员单位安全生产工作任务分工》，进一步明确了文化旅游部门安全监督管理工作内容，要求文旅部门会同有关部门对旅游安全实行综合治理，完善管理机制，确保旅游安全管理制度"有法可依、有章可循"。湖北省制定《湖北省文化和旅游安全管理规范（试行）》，系统推动全省文化和旅游安全监管工作法制化、规范化、制度化建设。山东省人民政府安委会办公室发布《关于切实加强旅游景点和文化娱乐场所安全管理的通知》，强化安全风险研判，加强旅游景点和文化娱乐场所安全管理。

（二）旅游行业疫情防控常态化精准化与联动管理不断完善

为了促进旅游企业在疫情防控的基础上健康经营，结合国务院联防联控机制要求、旅游业生产经营特点、前期疫情防控经验，文旅部先后印发了

《旅行社新冠肺炎疫情防控工作指南（第三版）》《剧院等演出场所新冠肺炎疫情防控工作指南（第五版）》《互联网上网服务营业场所新冠肺炎疫情防控工作指南（第四版）》《娱乐场所新冠肺炎疫情防控工作指南（第四版）》《关于进一步加强剧院等演出场所、上网服务场所、娱乐场所常态化疫情防控工作的通知》等文件，强化旅游行业疫情精准防控、常态化防控、联动管理，使旅游企业生产经营具有更清晰、可操作、可预期的政策依据。

（三）旅游交通安全多部门联合监管不断强化

为切实做好旅游客运安全管理，2021年1月13日交通运输部办公厅、公安部办公厅、商务部办公厅、文化和旅游部办公厅、应急管理部办公厅、市场监管总局办公厅出台《关于进一步加强和改进旅游客运安全管理工作的指导意见》，从源头准入、事中事后监管、基层基础等环节补齐短板，系统强化旅游客运安全联合监管。随后云南省七部门、福建省六部门分别联合印发通知部署加强旅游客运安全管理工作，江苏省出台《江苏省旅游包车安全管理办法（试行）》，四川省文化和旅游厅办公室发布《关于进一步做好旅游客运安全管理工作的通知》，从确保旅游包车资质合法、压实旅行社安全管理责任、做好游客出行安全告知、加强从业人员教育培训等方面，全面强化旅游交通安全。

（四）旅游行业安全管理手段与方法不断创新

为了提高旅游安全监管水平，各地不断创新监管手段与方法。江苏省为进一步增强广大人民群众的安全责任意识，营造全社会关注安全、关爱生命的良好氛围，提升本质安全水平，制定并颁布了《江苏省文化和旅游行业安全生产社会监督工作机制（试行）》。社会监督的主体主要包括游客、文旅行业从业人员、第三方机构、新闻媒体等。监督手段除了电话举报投诉、顾客满意度调查、第三方战略体验式暗访，还创新性地通过江苏智慧文旅平台开发线上"啄木鸟"风险管理系统，鼓励公众在文旅场所游览过程中参与安全监管，如游客发现安全隐患问题，可用手机拍照上传至该系统进行举报。后台及时收集整理信息，派发任务清单并反馈处置结果，实现安全防控闭环管理。同时，各级文化和旅游行政部门可安排专项奖励资金，对报告重大事故隐患或者举报安全生产违法行为的有功人员，给予奖励。浙江省制定《浙江省文化和旅游系统消防安全标准化管理规定（试行）》，从文化和旅游行政部门、文化和旅游公共服务场馆、文化和旅游市场经营单位三个不同主体出发，分别制定标准化管理规定，明确了不同主体在消防安全标准化管理中的职责。

四　2022年涉旅事故灾难趋势展望与管理建议

（一）2022年涉旅事故灾难的趋势

1. 非旅游部门组织的个性化旅游消费安全事故仍将高发

大众旅游新时代，休闲旅游消费需求旺盛。但受疫情影响，出国旅游、大尺度跨省游、团队旅游受到较多抑制，更多游客采取周边游、自驾游、自助游、山地户外运动、自组织野营等旅游休闲模式，旅游活动形式更加多元化，选择非常规的旅游目的地的游客更多，较之成熟的旅游地和熟悉的旅游形式，相关安全隐患更多，由此引发的涉旅事故灾难也会增加。

2. 旅游行业集聚性疫情传染风险仍较大

2021年，我国实施疫情"动态清零"政策，不断改进疫情防控手段，采取科学的常态化控制、精准防控和联动防控，取得了举世瞩目的成绩，但仍先后发生了8月湖南张家界游客集聚性感染事件和10月甘肃兰州等地游客集聚性疫情。2022年，在奥密克戎高度传染性和越来越多国家逐步开放的双重背景下，游客疫情集聚性感染风险仍较大。尽管国家疫情防控力度不会减弱，防控手段会更科学，但一些景区疫情防控存在疲劳性松懈，一定比例的游客逐步放松了对疫情的主动防控要求，进一步增大了旅游活动集聚性疫情传播风险。

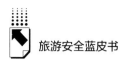

3. 山地户外运动事故保持频发、高发态势

高风险旅游项目活动形式多样、活动场所多元且不易管理，大部分山地户外运动未纳入旅游行业安全管理范畴。加之事故发生后救援工作也难进行，户外运动项目成为涉旅事故灾难频发、高发区。2022年，受到新冠肺炎疫情的影响，参与户外运动的游客数量将进一步增长，在户外运动安全管理环境没有根本改善的条件下，由山地户外运动导致的事故可能延续频发、高发的态势。

（二）2022年涉旅事故灾难的管理建议

1. 进一步完善联合监管机制，防范特重大涉旅事故灾难

结合近10年旅游安全事故案例，非旅游部门组织的包车旅游、无正式单位组织的包车旅游、非正式漂流场所自组织的野漂活动、自组织的游船游艇活动、易发山洪河段的漂流活动、中小型酒店维修改造、有限空间组织的大型群体性活动等，是特重大事故灾难易发区。建议交通部门、安监局、消防部门或文化和旅游部门牵头，结合各类涉旅事故灾难特点，完善联合监管机制，实施重点监管，防范特重大事故灾难。

2. 进一步拓展旅游安全管理范围，减少非典型涉旅安全事故

总体来看，随着旅游安全监管机制不断完善，各涉旅安全监管部门的安全监管责任意识和重视程度不断提升，旅游安全事故发生率和事故伤亡率处于一个较低水平。但在旅游消费的多元化与个性化背景下，自组织旅游活动、非旅游部门组织的旅游活动、非正式旅游消费场所发生的旅游安全事故日益增多，成为涉旅事故灾难的主要增长点。2022年，旅游相关部门应逐步拓展旅游安全监管范围，进一步完善联合监管机制、创新监管手段，减少非典型涉旅安全事故。

3. 进一步扩大旅游安全防控主体，营造全社会关心旅游安全的良好氛围

大众旅游时代，在旅游全域化与旅游模式不断创新的背景下，提高广大人民群众的安全意识和主动规避风险的能力是做好旅游安全保障的基础。2021年江苏省制定并颁布《江苏省文化和旅游行业安全生产社会监督工作

机制（试行）》，为多主体参与旅游安全防控、创新旅游安全监管手段提供了范例。2022年，其他省份可以结合实际，拓展旅游安全防控主体，借用智慧旅游平台或其他信息化技术，创新监管手段，构建科学的多主体参与的旅游安全防控体系。

参考文献

［1］王新建：《2018~2019年我国事故灾难与旅游安全形势分析与展望》，载郑向敏、谢朝武主编《中国旅游安全报告（2018）》，社会科学文献出版社，2019。

［2］王新建、池丽平、李梦园：《2019~2020年我国事故灾难与旅游安全形势分析与展望》，载郑向敏、谢朝武主编《中国旅游安全报告（2019）》，社会科学文献出版社，2020。

［3］王新建、池丽平：《2020~2021年我国事故灾难与旅游安全形势分析与展望》，载郑向敏、谢朝武、邹永广主编《中国旅游安全报告（2021）》，社会科学文献出版社，2021。

［4］《旅游安全管理办法》，国家旅游局官网，http：//www.cnta.gov.cn/zwgk/fgwj/bmfg/201609/t20160929_785054.shtml，2018年1月18日。

B.11

2021~2022年中国涉旅公共卫生事件的形势分析与展望

汪秀芳　黄翔鹏　张　雨　黄煜焜　王　芳*

摘　要： 2021年全球新冠肺炎疫情防控形势依旧严峻复杂。相对于2020年，2021年涉旅食物中毒事件的数量和等级大幅下降；涉旅传染病疫情发生较为频繁，等级有所上升；涉旅其他公共卫生事件频率与数量大幅降低，涉旅公共卫生安全管理仍面临较大挑战。展望2022年，疫情下涉旅公共卫生管理趋于智慧化；微旅游下公共卫生管理将更加精准化；国际公共卫生协作难度增加。

关键词： 涉旅公共卫生事件　新冠肺炎疫情　旅游安全

公共卫生事件一般指突发公共卫生事件，是指突然发生，造成或者可能造成社会公众健康严重损害的重大传染病疫情、群体性不明原因疾病、重大食物和职业中毒以及其他严重影响公众健康的事件。① 涉旅公共卫生事件按旅游者伤亡程度可分为重大（Ⅰ级）、较大（Ⅱ级）、一般（Ⅲ级）② 三个等级。2021年国内疫情呈规模聚集暴发和局部散发并存的特征，河北、黑龙江、福建、陕西、浙江、内蒙古等地均发生过局部较大规模疫情，旅游公共卫生安全管理面临挑战。

---

* 汪秀芳，博士，华侨大学旅游学院讲师，主要研究方向为康养旅游与生态管理；王芳，博士，华侨大学旅游学院副教授；黄翔鹏、张雨、黄煜焜，华侨大学旅游学院本科生。

① 《突发公共卫生事件应急条例》（中华人民共和国国务院令第376号），2003年5月9日。

② 《旅游突发公共事件应急预案》，2008年3月8日。

一 2021年涉旅公共卫生事件的总体形势

本研究选取与涉旅公共卫生安全相关的关键词,通过中华人民共和国国家卫生健康委员会官方网站、各省(自治区、直辖市)及新疆生产建设兵团卫生健康委员会官方网站、各类网络平台、各省市日报客户端 App 等进行搜索,挖掘汇总涉旅公共卫生事件案例。据不完全统计,截至 2021 年 12 月 31 日,我国共发生涉旅公共卫生事件 6055 起,发病人数 6709 人,死亡人数 30 人。其中,游客食物中毒事件 4 起,发病 6 人,未发生人员死亡;游客重大传染性疾病疫情事件 5983 起,确诊 6622 人,未发生人员死亡;其他涉旅公共卫生事件 68 起,发病 81 人,死亡 30 人;无游客群体性不明原因疾病发生。从等级上看,发生重大(Ⅰ级)事件 3 起,发病 127 人,死亡 21 人;较大(Ⅱ级)事件 1 起,死亡 4 人;一般(Ⅲ级)事件 6051 起,发病 6582 人,死亡 5 人(见表 1)。

表1 2021 年涉旅公共卫生事件统计概况

单位:起;人;人

类型等级	食物中毒事件			重大传染性疾病疫情事件			其他公共卫生事件			合计		
	事件数量	发病人数	死亡人数	事件数量	发病人数	死亡人数	事件数量	发病人数	死亡人数	事件数量	发病人数	死亡人数
重大	0	0	0	2	119	0	1	8	21	3	127	21
较大	0	0	0	0	0	0	1	0	4	1	0	4
一般	4	6	0	5981	6503	0	66	73	5	6051	6582	5
合计	4	6	0	5983	6622	0	68	81	30	6055	6709	30

注:港澳台地区除外。发病人数中不含死亡人数。

由于数据来源与统计方式有所改变,从卫健委收集到大量境外输入新冠肺炎疫情病例①,都按照涉旅公共卫生事件处理。因此,2021 年与 2020 年相

---

① 《2021 年 1 月上海市法定报告传染病疫情》,上海市卫生健康委员会网站,http://wsjkw.sh.gov.cn/yqxx/20210225/d228fdde8d7140dc9b76914e29425cc8.html,2021 年 2 月 25 日。

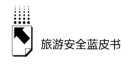

比在事件数量和发病人数方面有较大增长。与 2020 年相比，2021 年涉旅公共卫生重大事件增加 2 起，游客发病人数增加 113 人；较大事件减少 11 起，游客发病人数减少 17 人；一般事件增加 5838 起，游客发病人数增加 6319 人。在新冠肺炎疫情影响下，国内和国际旅游业遭遇严重冲击，涉旅公共卫生总体安全防控态势严峻。

二　2021年涉旅公共卫生事件的概况与特点

（一）涉旅食物中毒事件

1. 涉旅食物中毒事件概况

2021 年发生涉旅食物中毒事件 4 起，占全年涉旅公共卫生事件总数的比例较低，游客发病人数 6 人。同比 2020 年，涉旅食物中毒事件数量持平，游客发病人数减少 6 人，无人员死亡。2021 年没有发生涉旅食物中毒重大事件和较大事件；一般事件为 4 起，发病人数 6 人。总体来说，涉旅食物中毒事件发病人数下降，事件的等级也下降了，2021 年涉旅食物中毒事件总体形势有所好转。

2. 涉旅食物中毒事件特点

2021 年，境内涉旅食物中毒事件较少。这一方面与疫情有很大的关系，疫情下旅游业受阻，旅游人数减少；另一方面，疫情下的旅游活动以短途短时的当地游、周边游为主，在外就餐减少，而且旅游市场主体会更注重在本地市场的口碑，会更加重视食品卫生安全。4 起涉旅食物中毒事件分别发生在江苏南京、海南三亚、黑龙江大兴安岭和云南，其中江苏南京、海南三亚和黑龙江大兴安岭的涉旅食物中毒事件均发生在 7 月，云南涉旅食物中毒事件发生在 9 月。受疫情影响，出境游严重受限，2021 年境外涉旅食物中毒事件只报道 1 起。

（二）涉旅传染病疫情事件

1. 涉旅传染病疫情概况

2021 年，涉旅新冠肺炎疫情共确诊 6621 人，绝大多数为境外输入病例，境外输入病例超70%为隔离期确诊，境内发生了2起重大涉旅疫情，发病人数119人。相对2020年，病例大量增加是由于境外疫情严重，境外输入性病例零散但持续不断。2021年增加1起重大疫情，是因为存在两条波及范围广的旅行团传播链。相对2020年，其他传染病发病数量明显下降，发生了1起鼠疫，发病人数1人。新冠肺炎疫情之外的其他旅游传染病发生数量和发病人数均较少，这一方面与疫情期间游客减少有关，另一方面与戴口罩、勤消毒等卫生防控措施到位有关。

2.涉旅新冠肺炎疫情事件特点

（1）涉旅新冠肺炎疫情重大事件时间分布较为集中

2021年游客确诊新冠肺炎疫情事件多发生在下半年，占全年的65.16%。其中，7月、8月和12月三个月发生的占全年的37.76%（见图1）。这与当时东南亚疫情大暴发相关，多数境外输入病例在隔离期确诊，但有些境外输入病例潜伏期较长造成国内疫情蔓延。其中，8月出现的内蒙古新冠肺炎疫情传播链影响最大，关联病例达81人；10月出现的南京和张家界传播链关联确诊人数达38人。一般事件在时间上呈分散分布。这与2019年涉旅传染病疫情主要发生在年底、2020年涉旅传染病疫情主要发生在上半年有较大差别。

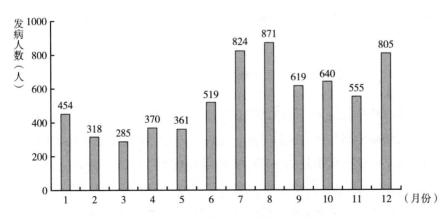

图1　2021年中国涉旅新冠肺炎疫情确诊病例的月份分布

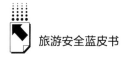
（2）涉旅新冠肺炎疫情空间分布较为分散

2021年涉旅传染病疫情事件地域分布广泛。境外涉旅传染病疫情零散、多发。上海、广东、云南等地病例较多，上海、广东为东南沿海地区，经纪商贸活动频繁，是重要的对外口岸；而云南则是由于靠近缅甸、老挝和越南等东南亚国家，这些国家在7~8月随国际疫情大暴发而出现病例激增的情况，但其医疗条件不足，导致大批人员通过云南入境进而引发云南病例增加。青海、新疆和西藏在2021年没有受到新冠肺炎疫情的波及（见图2）。

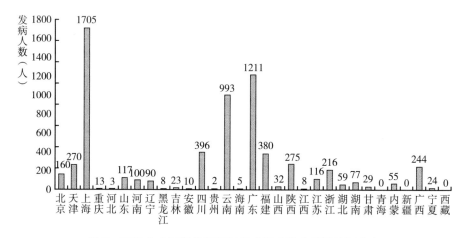

图2　2021年中国涉旅新冠肺炎疫情确诊病例的地区分布

（三）涉旅其他公共卫生事件

涉旅其他公共卫生事件包括游客突发疾病、中毒、过敏、中暑、高原反应等严重影响游客身体健康的事件。这类公共卫生事件往往为个体事件，发生频率较高，致死率也较高，预防管控难度较大。2021年涉旅其他公共卫生事件共发生68起，发病人数81人，死亡人数30人（见表2）。与2020年相比，涉旅其他公共卫生事件数量减少89起，减少56.69%；发病人数减少85人，减少51.20%；死亡人数增加21人，增加233.33%。具体而言，2021年游客猝死事件共发生2起，相比2020年减少2起，死亡人数减少2

人。游客突发疾病事件共发生 50 起，相比 2020 年减少 81 起，发病人数减少 91 人，死亡人数减少 5 人。游客高原反应相比 2020 年减少 18 起，发病人数减少 23 人。

表 2　2021 年涉旅其他公共卫生事件统计概况

类型　情形	事件数量（起）	发病人数（人）	死亡人数（人）
猝死	2	0	2
突发疾病	50	49	0
高原反应	4	3	0
其他	12	29	28
合计	68	81	30

注：发病人数不包含死亡人数。

2021 年涉旅其他公共卫生事件中 2 起游客猝死事件均为年轻游客因参加探险等高危旅游活动而遇险。游客突发疾病事件以 5 月、10 月和 4 月最为频繁，分别出现 15 起、8 起和 7 起，分别占游客突发疾病事件总数的 30%、16% 和 14%；游客突发疾病事件场所类型多样，包括车上、船上、飞机上、高速公路上、街头、酒店、山上、海滩等；男性游客突发疾病略多，为 39 人，占比 79.59%；游客高原反应事件在 9 月最为频发，共出现 4 起，女性游客发生高原反应数量偏多，游客年龄段主要为中老年。特别值得注意的是，2021 年涉旅其他公共卫生事件中的其他类别中有一大部分是失温，共 3 起，一起是 5 月 22 日，甘肃一山地马拉松越野赛遭遇极端天气，21 名参赛人员遇难；一起是云南哀牢山 4 名地质科考队员不幸失温遇难；还有一起是 2021 年国庆节，3 名"驴友"擅闯鳌太线，其中 1 名"驴友"腿部受伤后失温遇难。人迹罕至之地，非常规的旅游线路，风险极大。

2021 年涉旅其他公共卫生事件发生较频繁，空间范围广。2021 年上半年疫情得到控制，旅游业有序升温，出游人数逐步增多，涉旅其他公共卫生事件主要集中在这一期间，假日旅游公共卫生事件也较多。旅游组织方的防控管理水平和游客的安全意识都有待进一步提高。

三 2021年涉旅公共卫生安全形势分析

（一）新冠肺炎疫情全年内间歇性传播，涉旅公共卫生风险防范难度加大

2021年国内疫情规模聚集暴发和局部散发并存，河北、黑龙江、福建、陕西、浙江、内蒙古等地均发生过局部较大规模的疫情，疫情下的管控对极度依赖流动性的旅游业产生巨大冲击。2021年，国内旅游总人次32.46亿人次，比上年同期增加3.67亿人次，增长12.75%（恢复到2019年的54.0%）；国内旅游收入（旅游总消费）2.92万亿元，比上年同期增加0.69万亿元，增长30.94%（恢复到2019年的51.0%）。[①] 2021年全年，旅游业受疫情影响，旅游人次较少，而涉旅新冠肺炎确诊病例达6621人，且集中在8月、7月和12月，确诊人数分别为871人、824人、805人，3月涉旅确诊人数最少，为285人；从地区来看，涉旅确诊病例最多的3个省份分别为上海（1705人）、广东（1211人）、云南（993人），多为境外输入病例。青海、西藏和新疆均没有涉旅新冠肺炎疫情发生。涉旅新冠肺炎疫情呈多点、散发特征，风险防范难度较大，仍须重点关注。

（二）周边游助力旅游复苏，涉旅公共卫生风险仍须关注

2021年，国内疫情表现为规模聚集暴发和局部散发并存，旅游活动仍受较大影响，周边旅游成为游客主要选择。中国旅游研究院与马蜂窝联合发布的《2021全球自由行报告》显示，以周末游、周边游为主的"微度假"大幅增多，周边游的热度较上年同期增长251%。2021年我国游客的出游频次相比2020年有所上升，年出行3次以上的游客数量同比上涨22%，其中

---

① 《文旅部：2021年国内旅游人次32.46亿人，旅游总收入2.92万亿元》，央广网，https：//baijiahao.baidu.com/s？id=1723002047629002076&wfr=spider&for=pc，2022年1月26日。

61.6%的游客选择在目的地停留 1~3 天。[1] 游客出游加剧了人员流动和聚集，也一定程度上带来了涉旅公共卫生风险。内蒙古额济纳旗 10 月报告的重大事件涉及 13 个旅游团或自驾游。[2] 2021 年，尽管旅游业受疫情影响较大，但周边游等旅游活动仍在进行，涉旅公共卫生风险仍须关注，仍须强化防范。

（三）全球疫情形势复杂多变，旅游公共卫生国际协作面临挑战

据 Worldometer 网站实时统计数据，截至北京时间 2021 年 12 月 31 日 6 时 30 分，全球累计确诊新冠肺炎病例约 287 百万例，累计死亡病例约 500 万例。疫情初期我国大量人员滞留境外难以返回[3]，航空路线恢复以来，2021 年下半年新增病例来源主要为境外输入。[4] 全球疫情不断恶化，出入境旅游遭受重创。而且各国应对新冠肺炎疫情的防控态度及处理方式存在差异，且随着无症状感染者大量出现和新冠肺炎疫情潜伏期增长，感染风险非常高，国际旅游公共卫生安全协作面临巨大挑战。

四 2022年涉旅公共卫生安全形势展望

（一）疫情下涉旅公共卫生管理智慧化

智能导览、数据监测、无人服务、虚拟现实成为各大旅游企业和景区智慧旅游建设的基本要求。实名认证、"码"上预约、扫码导览等无接触服务使旅游安全响应更及时；入口 AI 体温自动识别、虚拟景点、客流分析等数

---

① 《马蜂窝发布〈2021 全球自由行报告〉周边游热度大涨 251%》，新浪财经，https://baijiahao.baidu.com/s? id=1723244384860072821&wfr=spider&for=pc，2022 年 1 月 29 日。

② 《内蒙古额济纳旗所有人居家抗疫：本次疫情涉及 13 个旅行团或自驾游》，快科技，http://news.hexun.com/2021-10-25/204588376.html，2021 年 10 月 25 日。

③ 《4096 名武汉游客仍在境外！请平安回国返汉》，中国新闻网，https://china.huanqiu.com/article/9CaKrnKp5ov，2020 年 1 月 27 日。

④ 《马蜂窝发布〈2021 全球自由行报告〉周边游热度大涨 251%》，新浪财经，https://baijiahao.baidu.com/s? id=1723244384860072821&wfr=spider&for=pc，2022 年 1 月 29 日。

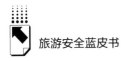

字化工具使得安全管理更精准。中国旅游研究院 2021 年游客行为专项调查数据显示，58.7%的受访者表示经常使用在线平台进行旅游预约，35.2%的受访者表示有时使用。智游宝预约数据显示，52.4%的旅游预约发生在工作日，周末、节假日分别占比 19.4%和 28.2%，常态化、高频化预约成为主流模式。2022 年，伴随智慧旅游的发展，现代科学技术精准定位和智能化旅游公共卫生设备投入使用，旅游公共卫生安全的风险预防与应急救援机制将更加完善。

（二）微旅游下公共卫生管理精准化

2021 年，我国疫情防控效果显著，旅游活动逐渐有序恢复，但仍有部分省市疫情聚集或散发，跨省、长途旅游活动仍受阻滞。节假日和周末本地游、周边游成为游客出游的重要选择。2022 年，周边游仍为出游的主要方式。旅游行政主管部门能够更加精准地提供涉旅公共卫生管理与防范。经营主体和游客彼此较熟悉，游客会选择那些熟悉的、口碑好的服务商，倒逼经营主体更加注重餐饮和住宿的卫生消毒清洁等防疫服务。

（三）国际公共卫生协作难度增加

疫情防控难度不断升级，各国相继推行停航、隔离等措施，全球经济受疫情重创，出入境旅游市场复苏困难。《中国出境旅游发展年度报告 2021》指出，2020~2021 年，受疫情影响中国出境旅游总体处于停滞状态。逆全球化趋势已经形成，部分国家对待疫情采取群体免疫政策，而中国采取动态清零政策，国际公共卫生协作难度增加，2022 年出境游形势堪忧。

参考文献

[1] Xiaoyan Yang, Liang Dong, Changshun Li. "Microclimate tourism and microclimate tourism security and safety in China", *Tourism Management*, 2019。

［2］陈岩英、谢朝武：《全域旅游发展的安全保障：制度困境与机制创新》，《旅游学刊》2020年2期，第10~12页。

［3］李军鹏：《加快完善旅游公共服务体系》，《旅游学刊》2012年第1期，第4~6页。

［4］王芳、佟晓宇、汪秀芳等：《2020~2021年涉旅公共卫生事件的形势分析与展望》，载郑向敏、谢朝武、邹永广主编《中国旅游安全报告（2021）》，社会科学文献出版社，2021。

［5］汪秀芳、王芳、佟晓宇等：《2019~2020年中国涉旅公共卫生事件的安全形势分析与展望》，载郑向敏、谢朝武、邹永广主编《中国旅游安全报告（2019）》，社会科学文献出版社，2019。

［6］谢朝武、黄锐、陈岩英：《"一带一路"倡议下中国出境游客的安全保障——需求、困境与体系建构研究》，《旅游学刊》2019年3期，第41~56页。

［7］殷杰：《高聚集游客群系统安全分析及其动态评估研究》，华侨大学博士学位论文，2018。

［8］郑向敏、卢昌崇：《论我国旅游安全保障体系的构建》，《东北财经大学学报》2003年第6期，第17~21页。

［9］郑向敏、谢朝武：《中国旅游安全报告（2020）》，社会科学文献出版社，2020。

B.12
2021～2022年中国涉旅社会安全事件的 形势分析与展望

张 慧 王婷伟 龙姝静 田丽琪*

摘　要： 本文以2021年发生的106起涉旅社会安全事件为样本，分析涉旅社会安全事件的时空分布特征，从设施设备风险因素、管理风险因素、人员风险因素以及环境风险因素四个方面系统分析涉旅社会安全事件的诱发因素，对强化涉旅社会安全风险治理具有重要意义。研究发现，2021年涉旅社会安全事件类型多样，具有时空分散分布特征，安全防控难度加大；事件数量有所增加，安全管控形势依旧复杂严峻；舆情传播迅速，社会关注持续升温；责权关系仍须完善，协调分工仍须推进。展望2022年，我国涉旅社会安全事件管理应以安全意识为导向，完善前期预防工作；以制度建设为保障，联合公众多方共建；以信息管理为抓手，打造事后恢复机制。

关键词： 涉旅社会安全事件　时空分布特征　旅游安全

　　旅游业涉及食、住、行、游、购、娱等诸多行业，产业链长，较易遭受安全风险，游客容易遭遇各类旅游突发事件。其中，社会安全事件主要是指暴力刑事案件、经济安全事件、群体性事件等可能影响社会秩序、威胁人身

---

* 张慧，华侨大学旅游学院副教授，研究方向为旅游管理、会展管理。王婷伟、龙姝静、田丽琪，华侨大学旅游学院硕士研究生。

财产安全和亟须采取应急处理措施的突发事件。[①] 受到社会各界广泛关注的涉旅社会安全事件对旅游业可持续发展具有较大负面影响，因此，系统分析涉旅社会安全事件的总体形势并揭示其时空分布特征、引致因素对深化涉旅社会安全事件认知具有积极作用，能够为建构涉旅社会安全管理机制、强化旅游安全管理实践提供科学依据。

本研究通过案例研究涉旅社会安全事件，原因在于问卷调研难以真实反映涉旅社会安全事件经历者的真实感受；且重要的涉旅社会安全事件案例通过网络进行报道，这为收集涉旅社会安全事件提供了可能。已有学者采用百度搜索引擎收集了案例并进行了科学研究。[②][③] 因此，本研究借助百度搜索引擎，以"打架""赌博""盗窃""暴恐""抢劫"等为主要关键词，对2021年1月1日至2021年12月31日的涉旅社会安全事件案例信息进行检索，共搜集到106起涉旅社会安全事件。本研究搜集的案例涵盖人身安全、信息安全、暴恐、黄赌毒、打架斗殴、群体性以及财产安全7种事件类型，覆盖26个省级行政单位，涉及食、行、游、住、娱、购等各旅游要素环节。

一　涉旅社会安全事件的总体形势分析

本研究对2011～2021年涉旅社会安全事件进行了汇总并做了比较分析（见图1）。总体而言，2011～2018年，涉旅社会安全事件数量呈现上升趋势，并在2018年达到峰值，此后呈现下降趋势，由此说明我国涉旅社会安全风险有所降低，但仍须相关部门加强管控力度。但与2019年和2020年相比，2021年涉旅社会安全事件数量有所上升，这也说明旅游安全事件的发

---

① 周定平：《关于社会安全事件认定的几点思考》，《中国人民公安大学学报》（社会科学版）2008年第5期，第121～124页。

② 陈涛、刘庆龙：《智慧旅游背景下的大数据应用研究：以旅游需求预测为例》，《电子政务》2015年第9期，第6~13页。

③ 李晓炫、吕本富、曾鹏志、刘金垣：《基于网络搜索和CLSI-EMD-BP的旅游客流量预测研究》，《系统工程理论与实践》2017年第1期，第106~118页。

生具有不确定性，安全管理工作仍面临巨大挑战。尤其是在新冠肺炎疫情防控常态化背景下，涉旅社会安全事件管控形势依旧严峻复杂。

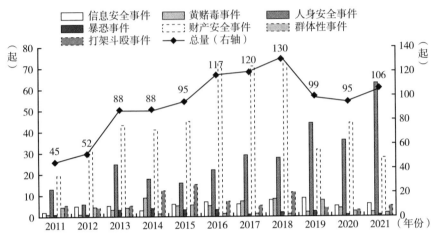

图1　2011~2021年中国涉旅社会安全事件概况

（一）事件类型多样，安全管控难度加大

从2021年涉旅社会安全事件类型来看，信息安全事件6起、黄赌毒事件2起、人身安全事件63起、暴恐事件1起、财产安全事件28起、群体性事件1起、打架斗殴事件5起，占比分别为5.67%、1.89%、58.49%、0.94%、26.42%、0.94%、4.72%。由此看出，我国涉旅社会安全事件类型多样，安全管控工作难度较大。此外，不同旅游目的地面临差异化的涉旅社会安全风险类型，其管控重点也有差异。因此，旅游目的地须因地制宜地强化涉旅社会安全管控。

（二）舆情传播迅速，社会关注度明显增加

在新媒体网络背景下，广大民众拥有更大的话语空间，网络舆情管理仍须重点关注。涉旅社会安全事件信息通过微博、论坛、短视频等新媒体平台迅速传播，极易引发次生舆情危机，这在一定程度上加大了管理难度。其

中，同一旅游安全事件通过各大媒体平台在同一时间段被密集转发，易产生网络刷屏场面，迅速升温为社会大众广泛关注的热点话题。而网络的放大与扩散效应使涉旅社会安全事件由局部迅速传播至全国各地，事件的后续处理工作也持续引发网民热议，这也加大了管理难度。

（三）责权关系仍须完善，协调工作难度较大

作为一项综合性产业，旅游业涉及诸多要素环节和多个管理部门。例如山地景区旅游活动的开展需要公安、应急、气象、市场监管等多部门协作，但各部门在工作之间出现了多头管理、相互推脱等现象，导致相关事件处理不及时，应急救援工作无法及时展开。同时，涉旅社会安全事件复杂多样，事件处理往往同时需要多个部门互相协调以降低损失，从而保障旅游安全工作正常开展。因此，处理涉旅社会安全事件时，各地管理部门应团结协作，明确分工责任，共同建立联防联控机制。

二 涉旅社会安全事件的时空分布特征

（一）涉旅社会安全事件的时间分布特征

从涉旅社会安全事件的月份分布来看（见图2），2~5月以及10月（事件数量分别为16、12、15、12、13起）是涉旅社会安全事件的高发月份，其占比合计为64.15%，其他月份为涉旅社会安全事件的低发月份，事件数量均低于10起。此外，根据案例数据可知，4个季度的事件数量占比分别为32.08%、31.13%、16.98%、19.81%，这表明涉旅社会安全事件主要集中在第一季度与第二季度，旅游相关管理部门应该予以重视。

从事件发生时间段来看（见图3），下午（13~18时）为涉旅社会安全事件的高发时段（64起），占比为60.38%；上午（6~11时）和晚上（18~24时）为涉旅社会安全事件的中发时段（分别为23起、13起）；凌晨（0~6时）与中午（11~13时）是事件的低发时段（均低于10起）。

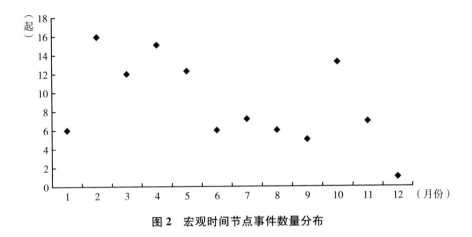

图2 宏观时间节点事件数量分布

涉旅社会安全事件主要集中在下午时间段，事件数量在不同时间段具有显著的差别，旅游相关部门应保持警惕，做好各时间段的突发事件预防工作。

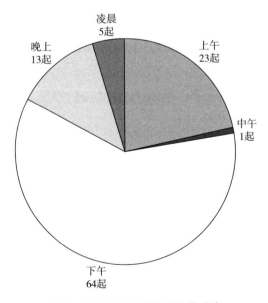

图3 微观时间节点事件数量分布

（二）我国涉旅社会安全事件的空间分布特征

本研究按照地理区域[①]对2021年的106起涉旅社会安全事件的分布情况进行分析（见图4），我国涉旅社会安全事件覆盖西南、西北、华中、华南、华东、东北和华北区域，其中华中、华东和西南区域为事件分布集中区（占比分别为32.08%、23.58%、15.09%），三大区域事件数量合计占比高达70.75%；其次为华北和华南地区，事件数量占比分别为11.32%、10.38%；西北和东北地区安全事件数量占比最小，均为3.77%。由此可知，我国涉旅社会安全事件在地理区域分布上具有显著的差异，事件主要集中于华中、华南和西南区域。

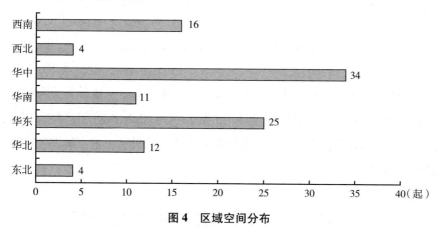

图4　区域空间分布

为进一步探究我国涉旅社会安全事件的省域空间分布格局，本研究对2021年的事件按照省域进行统计（见表1），发现河南、湖南、四川是我国涉旅社会安全事件的高发省份（分别为14起、11起、9起），3个省份的事件数量占比合计为32.08%；山东、江苏、湖北、安徽、北京、海南、河北、山西、上海、浙江、广西、贵州、江西是事件中发省份；福建、甘肃、广东、辽宁、陕西、云南、重庆、黑龙江、吉林、西藏为事件低发省份。从

[①]　章坤、谢朝武：《我国涉水旅游安全事故的时空分布及成因研究》，《中国安全生产科学技术》2020年第8期，第167~172页。

省域空间分布来看，2021年涉旅社会安全事件分布范围广，呈"小聚集、大分散"的空间特征。

表1 涉旅社会安全事件省域空间分布特征

单位：起；%

省域	数量	占比	省域	数量	占比	省域	数量	占比
安徽	4	3.77	河南	14	13.21	山西	4	3.77
北京	4	3.77	黑龙江	1	0.94	陕西	2	1.89
福建	2	1.89	湖北	5	4.72	上海	4	3.77
甘肃	2	1.89	湖南	11	10.38	四川	9	8.49
广东	2	1.89	吉林	1	0.94	西藏	1	0.94
广西	3	2.83	江苏	6	5.66	云南	2	1.89
贵州	3	2.83	江西	3	2.83	浙江	4	3.77
海南	4	3.77	辽宁	2	1.89	重庆	2	1.89
河北	4	3.77	山东	7	6.60			

此外，旅游业涉及旅游各个要素环节。涉旅社会安全事件主要集中在游和住两个要素环节（分别为80起和17起），合计占比高达91.51%。因此，旅游目的地相关管理部门应制定突发事件应急防控机制，重点做好各旅游要素环节的风险防范。

三 涉旅社会安全事件的诱发因素分析

本研究对收集整理的2021年涉旅社会安全事件案例进行归纳分析，得出引致事件的4个主要因素，分别为人员因素、设施设备因素、环境因素以及管理因素。

（一）人员因素

1. 旅游者因素

旅游者作为旅游活动的主体，是引致涉旅社会安全事件的重要因素之一。一方面，旅游者自身素质不高，不安全行为较多。我国在旅游消费教育管理方面较为滞后，在身心放松的旅游环境中旅游者缺少束缚，素质普遍较低，不遵守景区相关安全管理规定和工作人员指引，进而引发安全事故。2021 年 2 月 17 日下午，游客穆某带母亲和老婆孩子在上海迪士尼乐园游玩，对迪士尼小镇世界商店的商品打起了主意，游玩期间共盗窃店内商品 11 件，总计价值 859 元。① 另一方面，旅游者安全防范意识不足，缺乏灵活应对能力。旅游者离开惯常居住环境进行旅游活动，对周围环境产生新鲜感，往往忽视潜在安全风险，最终诱发安全事故。2021 年 11 月 20 日，儋州市某商业城的玉石专卖店负责人肖某以交朋友为由，非法获得游客手机银行密码等私密信息，最终将 3 名游客手机内的 99000 元人民币全部转走。② 由此可见，旅游者在游玩过程中须进一步加强安全防范意识，提高警觉性，践行安全行为。

2. 旅游从业人员因素

旅游从业人员因素主要包括以下两个方面。一是旅游业内部员工监守自盗，故意为之。旅游从业人员因对企业内部规章制度较为熟悉，容易发现安保漏洞，利用自身职务之便进行偷盗、诈骗等影响社会安全的行为。2021 年 10 月 13 日，三亚市友谊派出所破获一起酒店盗窃案，盗窃嫌疑男子胡某为酒店离职员工，因离职时未上交库房钥匙，心生贪念，盗窃酒店库房物资。③ 二是旅游从业人员素质参差不齐，一些人对待游客服务态度较差，容易引发冲突。2021 年 2 月 19 日何女士一家到开封万岁山大宋武侠城游玩，何女士遭到了景区内城寨沙场骑马工作人员的语言调戏，其父亲进行制止，却被工作人员殴打辱骂。④

---

① 戴天骄：《妻在园中玩，夫在店中窃，来沪男子偷 11 件迪士尼商品被依法处置》，《新民晚报》2021 年 2 月 22 日。

② 郭祥瑞、畅凯：《3 游客卡内 99000 元被转走！儋州警方打掉一诈骗外地游客团伙，4 名嫌疑人被刑拘》，《海南特区报》2021 年 11 月 24 日。

③ 《贪念！一男子在三亚某酒店盗窃这些东西被刑拘》，网易号，https://www.163.com/dy/article/GMPPK4PT0524B9VS.html，2021 年 10 月 20 日。

④ 《女子在开封一景区游玩遭工作人员调戏，随行 4 名家人被殴打 2 人住院》，中原新闻网，https://baijiahao.baidu.com/s? id=1692663000036498135&wfr=spider&for=pc，2021 年 2 月 25 日。

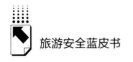
（二）设施设备因素

部分景区存在设施设备管理制度不完善、责任人不明确、缺乏应急预案等问题。旅游旺季，游客接待量大，各类设施设备存在超负荷运行现象，如景区不能及时发现安全隐患，引发安全事件，极易造成游客群体性安全事故。此外，旅游活动中的辅助性设备也存在风险，容易引发游客群体性安全事故。2021年10月16日杭州西溪湿地，五位游客在摇橹船上吃"摇摇锅"，突然锅底灶炉喷火，游客均不同程度受伤，甚至还有游客自救跳河。[①]

（三）环境因素

诸如社会治安、旅游拥挤、社会文化、信息安全等社会环境因素也是诱发涉旅社会安全事件的潜在风险。随着监控、摄像头技术的发展，偷拍等窃取游客隐私的案例屡见不鲜，而酒店成为偷拍、盗窃住客隐私的重点场所。新闻媒体多次报道酒店住宿环境存在风险隐患。2021年10月7日，郴州市唐女士在酒店休息时，偶然发现插座里有针孔摄像头且正对着客床。报警处理后酒店方否认在客房安装过摄像头，且提出让唐女士更换房间。但在更换房间后，唐女士在同样位置也找到了偷拍摄像头，两个摄像头中共有29G内容，严重侵犯了旅游者隐私。[②]

（四）管理因素

完备的安全管理制度能够保障游客拥有优质旅游体验。但景区执行管理职能时，常因管理机制存在缺陷发生涉旅社会安全事件。此外，政出多门、制度不完善仍是旅游安全监管中存在的问题。由此可见，安全管理缺失或安全管理不到位仍旧是诱发涉旅社会安全事件的重要因素。一旦游客接待场所

---

① 《杭州5游客船上吃"摇摇锅"起火，受伤跳河逃生，涉事5A景区曾被严重警告》，极目新闻，https://www.163.com/dy/article/GMFLQ6E5053469LG.html，2021年10月17日。

② 《女子住酒店换2房均藏摄像头，且已拍29G内容！酒店自称受害者 入住时该怎样排查？》，澎湃新闻，https://m.thepaper.cn/baijiahao_14919205，2021年10月15日。

存在制度管理不到位，甚至无序管理现象，其很难对游客形成有序安全管理，极易引发安全事故。2021年2月13日，河南新乡袁家村文旅小镇因停车收费问题，景区收费人员和游客矛盾上升，发生群殴事件，影响较为恶劣。[①]

四　2022年涉旅社会安全事件的趋势展望与管理建议

（一）2022年涉旅社会安全事件的趋势展望

1.网络舆情传播发酵迅速

互联网时代信息分享迅速，网络空间成为信息快速扩散、放大的主要渠道，这会使涉旅社会安全事件在网络中快速传播，甚至可能出现放大、误读等情况。"乳山旅游被强制购房"事件、"普陀山天价便饭"事件及"来泉旅游的南京新冠病毒阳性检测者"事件等，都通过新媒体传播并在网络中引发了激烈讨论，对旅游目的地产生了深远影响。因此，要重点关注涉旅社会安全事件在网络传播中的舆论导向与信息解读，避免出现夸大、恶意贬损等现象。

2.公众参与程度显著提高

随着涉旅社会安全事件逐渐进入大众视野，公众也逐渐掌握了事件处置的参与权与话语权，民众各抒己见推动事件得到社会各界的广泛关注及重视。听民声、办民事、得民心，公众的参与有利于协调政府部门处理社会安全事件，体现安全管理体系的公正性。"武汉封城""就地过年"都表现出政府与民众共同参与社会安全事件处置的协作过程，达到共建共治共享的效果。随着信息的快速传播以及建议渠道的进一步通畅，公众参与涉旅社会安

---

① 《河南新乡一景点5男5女发生互殴，原因让人大跌眼镜!》，网易号，https://www.163.com/dy/article/G34EOFMB0534C62W.html，2021年2月18日。

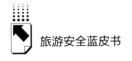
全事件治理的程度也会大大提升。

3.安全管理制度逐步完善

完备的安全管理制度是涉旅社会安全事件预防及管控的重要保障。2021年3月1日起《文化和旅游部立法工作规定》正式施行，进一步规范文化和旅游部立法工作，保障旅游工作有法可依，完善旅游制度的建设，提高旅游相关立法效率。随着立法的完善，2022年1月1日起正式施行《文化和旅游市场信用管理规定》，该规定相关条文较好地保护了旅游市场主体、旅游从业人员和旅游消费者的合法权益，以信用为基础进行监管，有效规避涉旅纠纷、欺诈等社会安全事件，提升现代治理能力。配合《中华人民共和国旅游法》《旅游安全管理办法》《在线旅游经营服务管理暂行规定》《旅行社条例》和《导游管理办法》等法律法规的贯彻落实，涉旅社会安全管理制度体系在逐步完善。

（二）管理建议

1.以安全意识为导向，完善前期预防工作

涉旅部门应当将安全管控作为日常管理工作的重点，对旅游从业人员开展涉旅安全知识教育培训，强化安全管理能力建设，构建旅游安全风险监测预警体系。首先，制定旅游安全管理标准，规范旅游景区管理制度。严格按照规章制度进行景区管理，安排管理人员对设施设备进行日常巡检，防止出现违规操作及非标准化管理。其次，发布安全风险提示，加强游客安全意识。实时发布旅游目的地涉旅安全信息，通过及时风险提示，不断强化游客安全意识，达到提升游客风险感知能力的目的。最后，定期开展旅游从业人员涉旅安全知识培训，以安全演练为辅，提升各部门应急处理能力，构建涉旅安全事件保障网。

2.以制度建设为保障，联合公众多方共建

以制度为准则，深化涉旅部门、旅游经营单位、游客之间的联系，联合多方共建涉旅安全管理体系。一是搭建信息公开平台，集思广益共同治理。公开透明、及时迅速地披露涉旅社会安全事件进展，使公众认清事件本质。

厘清公众、旅游从业人员、政府管理部门多方的责任与义务，建立共商共治的长效机制。二是发挥社会组织专业优势，营造良好涉旅社会风气。联合周边社区对涉旅社会安全事件多发区域进行协调管控，部门之间互相协作，建立健全组织管理机制，提升相关旅游从业人员业务素质。在应急处置上，政府主管部门应全方位整合有效资源，以政府为主导，多部门联动建立一套集危机预警、控制、评估、应对于一体的安全管理机制。

3.以信息管理为抓手，打造事后恢复机制

涉旅社会安全事件的主管部门应重视网络舆情治理工作，构建网络信息预警、监管及治理体系，完善网络道德和法制的共同约束与保障。首先，加强与媒体联动，第一时间掌握网络舆情动向，对事件过程进行公开透明的报道，在事态还没有发酵蔓延时采取应对措施，阻断负面不实信息传播，正确引导舆论走向，加强涉旅社会安全事件的舆情管控。其次，落实旅游者心理恢复、旅游市场秩序恢复和旅游目的地形象恢复等多方面工作。落实问责制度，明辨各方责任，报告事后总结，从中吸取经验教训，有效规避各类涉旅社会安全事件。

安全管理篇

B.13
2021~2022年中国旅游行政部门的
疫情应对与展望

谢朝武　李羽曦*

摘　要： 本文对2021年全国各级旅游行政部门及相关部委出台的疫情防控系列政策进行了梳理，分析了疫情防控常态化阶段旅游行政治理的主要挑战，并对常态化疫情防控下旅游行政部门的政策优化提出了建议。政策梳理发现，2021年我国各级旅游行政部门的疫情治理工作有序开展，相继出台了疫情防控、企业扶持、市场复苏等一系列政策。进入疫情防控常态化阶段，旅游行政部门面临旅游场所管控难度升级、治理措施精度提升、协同治理需求强化等挑战。研究提出，旅游行政部门应突破困境，建立多层级多部门联动治理机制，形成疫情防控、企业扶持、产业转型升级、消费刺激等综合性政策体系，要在保证疫情有效防控的基础上，从供需两端同时发力，加快旅游产业的恢复与发展。

关键词： 疫情　防控常态化　旅游行政治理

疫情防控常态化时期，新冠肺炎疫情仍是影响旅游业复苏的主要因素。新冠病毒突变株的扩散、极端天气的出现、零星散发和局部聚集性疫情的反

---

* 谢朝武，华侨大学旅游学院教授，主要从事旅游安全、风险与危机管理等领域的研究。李羽曦，华侨大学旅游学院硕士研究生。

复增加了疫情防控的不确定性。基于旅游业发展现状，国务院在"十四五"旅游业发展规划中提出了统筹发展和安全的总体要求，要求各级旅游行政部门在疫情防控常态化条件下创新发展国内旅游，在国际疫情得到有效控制的前提下促进和发展出入境旅游。[①] 因此，梳理我国各级旅游行政部门及相关部委出台的疫情相关政策，提出疫情防控常态化背景下的政策优化方向，对加强我国旅游业安全能力建设、促进旅游业可持续发展具有重要意义。

一　2021年中国旅游行政部门的疫情应对政策

（一）国家政策体系

为确保人民群众生命安全和身体健康、助力旅游企事业单位复工复业、帮助民生纾困解难，文化和旅游部等相关部委统筹安排，从疫情防控、金融扶持、税费优惠、稳岗就业、市场复苏等层面进行政策引导与支持，助推旅游企事业单位的防疫与发展工作，使旅游业保持复苏向上势头。

1.疫情防控政策

我国疫情防控政策坚持人民群众生命安全和身体健康优先的价值取向，坚持从严从紧、从细从实为疫情防控工作的战略要求与行为指南，为旅游业复兴提供了安全保障。国内疫情防控主要从两方面重点进行政策部署。一方面，旅游景区人员集聚性强、流动性大，是疫情防控重点场所之一。2021年上半年，随着疫苗普及，疫情趋于稳定，文化和旅游部3月17日印发《旅游景区恢复开放疫情防控措施指南（2021年3月修订版）》，指导全国旅游景区稳步做好开放管理。下半年疫情呈现散点暴发、局部聚集的特点，防控压力持续增大。文化和旅游部10月26日印发《旅游景区恢复开放疫情防控措施指南（2021年10月修订版）》，针对实际疫情防控形势修订、完

---

① 《国务院关于印发"十四五"旅游业发展规划的通知》，《中华人民共和国国务院公报》2022年第5期，第28~46页。

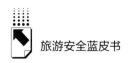

善指南，推进旅游景区疫情防控水平再提高。另一方面，旅行社作为聚集旅游服务供应部门的中心，是保障旅游活动顺利开展的关键要素部门，是行政部门紧抓疫情防控的重要一环。文化和旅游部 8 月 30 日印发《旅行社新冠肺炎疫情防控工作指南（第三版）》，新版指南紧扣"常态"、聚焦"精准"、突出"联动"，为切实做好常态化旅行社疫情防控工作提供了新遵循。此外，文化和旅游部办公厅 10 月 23 日发布了《关于从严从紧抓好文化和旅游行业疫情防控工作的紧急通知》，从旅行社、A 级旅游景区、星级饭店等六个方面要求全国各地对相继发生的聚集性疫情高度重视、积极作为，采取更有针对性的熔断与恢复机制，严防疫情通过旅游途径扩散传播。

2. 金融扶持政策

作为受疫情持续影响较大的行业之一，旅游业的恢复发展受到政府部门的重视。国家从宏观层面和行业内部层面构建起完善的旅游企业资金补偿机制和金融运作机制，不仅给予企业重整旗鼓的信心，更为行业发展注入"强心剂"。在宏观政策层面，国家发展改革委等部委联合颁布《关于做好 2021 年降成本重点工作的通知》，深入推进降低实体经济企业成本工作，最大限度减缓疫情带来的影响。在旅游行业内部政策层面，文化和旅游部与国家开发银行联合发布《关于进一步加大开发性金融支持文化产业和旅游产业高质量发展的意见》，为旅游产业高质量恢复发展提出具体任务及措施。同时，文化和旅游部等部委联合发布《关于抓好金融政策落实　进一步支持演出企业和旅行社等市场主体纾困发展的通知》，提出继续推动小微企业金融服务"增量扩面、提质降本"等多项具体举措，推动政策红利直接惠及受疫情影响的企业和个人。

3. 税费优惠政策

税费优惠政策在对冲疫情影响、稳定经济环境、助推旅游业复苏等方面发挥着不可或缺的作用。财政部和税务总局 3 月 17 日联合印发了《关于延续实施应对疫情部分税费优惠政策的公告》，延长了部分税收优惠政策的执行期限，持续为疫情防控和复工复业保驾护航。此外，旅游市场中的小微企业不仅是吸纳就业的"主力军"，更是激励创新、带动投资、促进消费的重要"生力军"，而受疫情反复影响最严重的也是小微企业。因此，财政部和税务总局联合发布了《关于明确增值税小规模纳税人免征增值税政策的公告》《关于实施小微企业和个体工商户所得税优惠政策的公告》，对处于房租、工资、税费、融资等重重困难之中的小微企业发展给予支持，增强其信心。

4. 稳岗就业政策

稳岗就业关系着旅游从业人员的权益保障和行业经济的稳定发展。新冠肺炎疫情导致旅游行业稳岗就业压力骤然上升，疫情反复使旅游行业就业稳定、用人需求、企业发展等都受到了不同程度的冲击和影响。为稳定就业形势、提高就业质量，人力资源社会保障部和财政部2月1日联合印发了《关于充分发挥职业技能提升行动专账资金效能　扎实推进职业技能提升行动的通知》，进一步增强了职业技能培训的针对性和有效性，为旅游业复工复产工作所面临的高质量人才资源紧缺问题提供了解决思路。5月20日，人力资源社会保障部等部委联合印发《关于延续实施部分减负稳岗扩就业政策措施的通知》，对巩固就业政策帮扶成果、促进就业大局持续稳定具有重要意义。此外，针对旅游行业内部，文化和旅游部6月10日印发了《加强导游队伍建设和管理工作行动方案（2021—2023年）》，该方案围绕缓解导游服务供需结构性矛盾这一重要问题进行方案制定，为旅游市场加快复苏、旅游业高质量发展建立人才支撑。

5. 市场复苏政策

"十四五"时期，我国旅游市场发展面临新的机遇和挑战。在新冠肺炎疫情影响下，旅游市场正经历过去四十年最严峻的挑战和最漫长的复苏。立足新发展阶段，文化和旅游部5月17日印发了《"十四五"文化和旅游市场发展规划》，对"十四五"时期文化和旅游市场发展做出系统部署，描绘了整体发展蓝图。在国内疫情相对稳定时，文化和旅游部6月1日发布了《关于加强政策扶持进一步支持旅行社发展的通知》，助推旅行社经营全面恢复，激发了旅游市场主体活力。9月16日，文化和旅游部发布了《关于进一步加强政策宣传落实支持文化和旅游企业发展的通知》，着力打通政策落实"最后一公里"，强调要切实发挥纾困惠企政策的积极作用，努力优化营商环境，助力旅游企业创新发展，进一步提升了市场复苏政策帮扶的精准化和有效性。

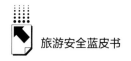

6.其他支持政策

旅游业是综合性产业，面对新冠肺炎疫情冲击，旅游行政部门除了发布传统的经济刺激政策外，还针对旅游产业的多元性制定了专项疫情恢复发展政策。如交通运输部等部门联合印发《关于进一步加强和改进旅游客运安全管理工作的指导意见》，在做好旅游客运常态化疫情防控的基础上，全面提升旅游客运安全管理能力。文化和旅游部等部委联合印发《冰雪旅游发展行动计划（2021—2023年）》，助力2022北京冬奥会，深入挖掘冰雪旅游市场，为旅游市场恢复发展增添新动能。文化和旅游部发布《关于用好旅游服务质量保证金政策进一步支持旅行社恢复发展的通知》，延长旅行社质保金补足期限，缓解旅行社经营困难。此外，文化和旅游部还通过组织全国旅游消费季、开展"导游云课堂"在线培训、发布各类旅游精品线路等多种途径，在加强疫情防控工作的同时，促进旅游市场高质量发展，为旅游经济复苏向上提供了坚实保障，彰显了国家发展旅游的信心与决心。

（二）地方相关政策

在国家各项政策的指导之下，各地方文化和旅游厅（局）及其他相关行政部门一方面积极转发国家层面的规范性文件，另一方面结合本地区实际情况，制定并出台了更具针对性、操作性更强，适合本地区疫情防控、行业企业发展及旅游业复苏的政策文件及治理措施。表1列举了部分省（自治区、直辖市）在疫情防控期间印发的相关政策文件。

表1　部分地区相关政策文件列举

地区	发布时间	政策文件
云南	1月14日	《云南省提升大众创业万众创新示范基地带动作用进一步促改革稳就业强动能任务清单》
山西	1月27日	《山西省新冠肺炎疫情防控预防性消毒技术指南》
辽宁	2月8日	《关于进一步加强全省文化和旅游系统疫情防控工作的通知》
湖南	3月2日	《进一步激发文化和旅游消费潜力的若干措施》
甘肃	3月13日	《关于加大财税政策支持力度持续优化营商环境的意见》

续表

地区	发布时间	政策文件
黑龙江	3月31日	《关于全省文化和旅游工作者接种新冠病毒疫苗的倡议书》
浙江	4月8日	《关于开展未经许可经营旅行社业务专项整治行动的通知》
北京	4月22日	《新冠肺炎流行期间北京市等级旅游景区防控指引》
广西	5月8日	《强化边境疫情防控"十严格"措施》
新疆	5月19日	《关于进一步规范业务主管社会组织开展各类活动的通知》
山东	5月27日	《落实"六稳""六保"促进高质量发展政策清单(第三批)》
广东	5月28日	《关于强化疫情防控等安全保障工作的提示》
上海	6月17日	《关于支持上海旅游业提质增能的若干措施》
贵州	6月18日	《2021年贵州省旅游包机、专列、自驾游专项奖励政策》
宁夏	7月30日	《关于进一步做好全区文化和旅游行业疫情输入风险防范应对工作的通知》
河北	8月18日	《关于做好支持演出企业和旅行社纾困发展有关工作的通知》
安徽	8月27日	《安徽省深化"证照分离"改革进一步激发市场主体发展活力实施方案》
河南	9月2日	《关于进一步做好旅游安全工作的通知》
重庆	9月7日	《关于开展疫情防控措施落实情况常规性经常性检查的通知》
江苏	9月16日	《关于积极应对疫情影响进一步支持旅行社企业高质量发展的若干政策措施》
福建	9月16日	《关于切实做好文旅系统疫情防控工作的通知》
江西	9月22日	《关于严格落实疫情防控措施促进四季度旅游消费的通知》
海南	9月30日	《保险替代现金或银行保函交纳旅游服务质量保证金试点工作方案》
天津	10月27日	《关于进一步做好文化和旅游行业疫情防控工作方案的通知》
湖北	10月27日	《进一步加强湖北省文化和旅游企业金融服务的十项举措》
吉林	11月3日	《关于进一步加强新雪季期间全省文旅行业安全生产及疫情防控工作的通知》
四川	11月3日	《关于抓好当前全省文旅系统疫情防控六条重点措施的通知》
青海	11月3日	《关于全力做好文旅行业疫情防控措施的通知》
西藏	11月4日	《西藏自治区旅游发展厅加强旅游服务质量监管提升旅游服务质量行动方案》
陕西	11月10日	《关于对旅游相关企业进行纾困补贴的公示》
内蒙古	11月30日	《内蒙古自治区文化和旅游行业疫情防控应急预案(2021版)》

二 疫情防控常态化与2022年旅游行政治理的挑战

疫情防控常态化时期，我国各级旅游行政部门须坚持统筹疫情防控与旅游业的恢复发展，其主要挑战表现为如何降低新冠肺炎疫情对旅游业的影响和推动旅游业的复苏发展，巩固疫情防控及旅游业发展成果。

（一）新冠肺炎疫情的反复性增加管控难度

安全是旅游业的生命线。疫情防控常态化阶段，零星散发、局部聚集疫情多轮出现，阻碍了旅游活动的顺利开展，为旅游业的恢复发展增添了不确定性因素。同时，新冠病毒突变株、极端天气、境外输入等因素加大了疫情反弹的可能性和疫情管控的难度；局部疫情得到有效控制后，旅游业复工复产引致的大规模跨区域人流聚集，也容易增加疫情传播风险。在形势更加复杂、要求更加严格的疫情防控常态化阶段，对行政区域规模过大带来的风险治理超载问题，防控持久战带来的心态松懈问题，部分政策执行过程中的"一刀切"问题等须引起重视。因此，如何有效解决疫情防控常态化阶段面临的新问题，是各级旅游行政部门进行行政治理时的重要挑战。

（二）扶持办法的多样性需要完善

在疫情防控常态化背景下，全面恢复旅游市场的生产经营秩序是一个长期任务，需要各级旅游行政部门面向广大中小微企业推出持续强化的、更加稳定的、具有普惠性的扶持政策。疫情给旅游业带来的中长期影响，体现在旅游消费规模收缩、供求严重失衡、市场格局变化等方面，[①] 一方面对高质

---

① 邹光勇、马颖杰：《常态化疫情防控下上海文化和旅游发展的新问题、新机遇与新方向》，《旅游学刊》2021年第2期，第10~11页。

量供给提出了更高要求，另一方面对政府刺激消费政策形成了挑战。[①] 旅游行政部门根据疫情防控需要和形势判断，积极解决旅游服务供需结构性矛盾，适时引导深化旅游业供给侧结构性改革，对增强旅游产业供给体系弹性应对突发风险能力具有积极意义[②]。此外，局部疫情反复导致传统旅游市场收缩，旅游企业和旅游从业人员队伍仍处于不稳定状态，各项扶持政策不仅要对其进行短期的鼓励与动员，更需要建立长期的扶持政策，为旅游企业持续发展和旅游从业人员稳定就业提供长效保障。因此，如何在危机中寻新机、变局中开新局，从产业供给、市场需求、权益保障等多个方面优化和补充政策工具，增强惠民惠企政策的多样性，是对各级旅游行政部门提出的全新挑战。

（三）政策措施的创新性需要提高

新冠肺炎疫情在一定程度上改变了旅游业的市场格局和发展态势，凸显了新技术的重要作用，对旅游行政治理工作的预见性、精准性、高效性等要求也进一步提高。现代旅游业发展，既需要强有力的科技支撑，也需要加快推动产业数字化转型。同时，旅游业的治理模式和治理方式也需要在新时代背景下转型升级，提高治理效力与治理能力。疫情防控常态化加快了数字基建进程，催生了旅游市场发展新态势，部分传统配套政策面临新调整，旅游行政部门必须提高治理措施的灵活性与先进性，体现创新思维，这既是疫情防控的需要，也是旅游业提质升级的要求。因此，从长远来看，实现疫情防控和旅游业发展动态平衡需要在旅游行政治理工作中立足未来，抓住科技进步带来的机遇，这给旅游行政部门发挥政策措施的引导作用，为旅游产业转型升级营造良好的创新环境带来了较大考验。

---

① 中国人民大学中国宏观经济分析与预测课题组、刘元春、刘晓光、闫衍：《疫情反复与结构性调整冲击下的中国宏观经济复苏——2021~2022 年中国宏观经济报告》，《经济理论与经济管理》2022 年第 1 期，第 13~34 页。

② 李凤亮、杨辉：《文化科技融合背景下新型旅游业态的新发展》，《同济大学学报》（社会科学版）2021 年第 1 期，第 16~23 页。

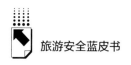
（四）治理机制的系统性需要加强

"十四五"旅游业发展规划中指出，强化系统观念有利于旅游业全面协调可持续发展。[①] 新冠肺炎疫情防控工作事关旅游业发展全局，不能仅靠旅游行政部门单方发力，要做好旅游行政治理工作全局性谋划、战略性布局、整体性推进，提高行政治理工作机制的系统性才能更好地凝力破局。实现疫情防控和旅游业发展的动态平衡需要多部门、多主体联动配合，各级旅游行政部门、旅游服务供应部门、旅游市场主体等利益相关者的参与都至关重要。[②] 此外，从国家宏观指导到地方精准落实，需要各级旅游行政部门形成高效联通的上传下达机制。治理机制的系统性对旅游行政治理工作的质量、结构、规模、速度、效益等多个方面提出了更高要求。

三　2022年中国旅游行政部门疫情应对工作的展望与建议

疫情的不确定性不仅凸显了旅游业的敏感性，也在一定程度上增强了旅游业的产业发展韧性。与国内远程旅游市场全面收缩同时出现的，还有近程旅游市场和周边休闲市场的旺盛需求，这部分市场需求将成为常态化疫情防控阶段带动旅游业复苏的客源主力军。旅游市场需求的释放，则需要更加全面、系统、多样的政策措施来保障游客人身安全，为旅游行业、企业的持续发展保驾护航。旅游行政部门应在加强常态化疫情防控工作的基础上，积极推进旅游业复苏振兴和高质量发展，在开展行政治理工作时做到多层级联动、多部门协同，将疫情防控常态化阶段下的旅游业政策制定重点置于疫情防控、供需平衡、制度创新和企业扶持四个方面，以统筹好旅游产业发展和

---

① 《国务院关于印发"十四五"旅游业发展规划的通知》，《中华人民共和国国务院公报》2022年第5期，第28~46页。

② 任瀚、张怡：《新冠疫情冲击下旅游相关研究的进展与展望》，《资源开发与市场》2022年第2期，第231~238页。

安全两件大事，保证疫情的有效防控、产业市场的要素完整，从而促进旅游业复苏。[①]

（一）坚持稳中求进，保持疫情防控与旅游业恢复发展的动态平衡

保持疫情防控与旅游业恢复发展的动态平衡须对旅游企业进行持续扶持。随着疫情影响的中长期化，旅游行政部门除提供短期支持性政策帮助旅游企业存活外，还应立足常态化疫情防控的现状更新支持政策和战略行动[②]，确保旅游市场主体特别是中小微企业不出现大规模倒闭和系统性耗散。在"十四五"旅游业发展规划的基础上，为从疫情中"活"下来的优质旅游企业提供更大发展机遇，着力纾解旅游景点、旅行社等旅游领域市场主体面临的阶段性困难。

保持疫情防控与旅游业恢复发展的动态平衡须加快推动政策措施落实见效。2021年，一系列惠民惠企举措的落地为受疫情影响较大的旅游企业及个人送去了坚实保障。为进一步提升帮扶效果，旅游行政部门要用好各类政务信息平台，充分发挥新媒体平台、行业组织、服务机构等的传播作用，加强已有纾困惠企政策措施的落地落实；同时，各级旅游行政部门要结合地区实际，制定能够真正解决现有问题的政策，努力实现在便捷、效率、品质等多个方面让游客和市场主体可知可感，进一步增强旅游企业及个人的政策获得感和社会安全责任感。

保持疫情防控与旅游业恢复发展的动态平衡须统筹全局谋发展。统筹好旅游产业发展和安全两件大事，需要在安全中谋发展、在发展中保安全。各级旅游行政部门可分别针对疫情复发时的风险防范和疫情平稳后的复工复业做好安全管理预案，尤其是做好节假日小高峰、疫情平稳后聚集出行的安全管理工作，严控重要交通节点和区域，降低疫情对旅游业的影响。

---

① 李志刚：《旅游业复苏向上的进程不会停止》，《中国旅游报》2022年1月12日。
② 陈岩英、谢朝武：《常态化疫情防控下的旅游发展：转型机遇与战略优化》，《旅游学刊》2021年第2期，第5~6页。

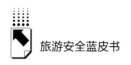

（二）优化旅游供给，缓解旅游市场供需结构性矛盾

2021年，常态化疫情防控阶段的旅游经济保持着波动复苏进程，为保持正常的旅游经济发展节奏，除了稳定刚性出行基础市场，还需要结合疫情防控节奏，加快推进旅游供给侧改革。大力引导发展美食、研学、冰雪、体育、非遗等新业态，拓展适应散客、自助、自驾的新型旅游消费空间，通过新供给挖掘新需求。[1] 推动"旅游+"和"+旅游"，激发各类旅游市场主体活力，不仅有助于增加供给体系弹性和韧性，也有助于提高旅游业风险防范和危机应对能力。

关注疫情相对稳定地区游客的近程出行需求以及常态化疫情防控背景下日益增长的无接触服务和弱接触服务需求，推进旅游需求侧管理。针对游客释放的近程出行需求，旅游行政部门可通过优化城乡旅游休闲空间，打造高质量旅游产品，推出精品周边旅游线路。同时，各级行政部门可通过抓住"新基建"机遇，加大旅游基础设施建设支持力度，加快新技术与旅游业的融合，满足常态化疫情防控背景下快速增加的云旅游、云展览、云直播等新型旅游业务需求，逐步深化"互联网+"旅游发展模式。

（三）引导企业创新，以高质量发展推动旅游业复苏

疫情影响下，旅游市场需求和消费方式悄然转变，疫情防控常态化阶段的旅游业振兴需要新思维、新动能和新模式，[2] 通过创新在外部环境倒逼下探索更具竞争优势的高质量发展路径。旅游行政部门在引导企业创新中扮演着重要角色，是促进旅游企业自主创新和旅游业高质量发展的重要推力。因此，疫情之下的旅游业需要旅游行政部门从多个方面引导企业创新，以高质量发展加快旅游业重启进程。

一是培养创新理念。各级旅游行政部门要广泛宣传、积极动员，鼓励旅游企业在疫情防控常态化阶段努力实现创新常态化，营造良好的创新氛围。

① 《2021年旅游经济运行分析与2022年展望｜戴斌：最漫长的复苏 最深刻的变革 最坚定的信心》，文旅中国，https://m.thepaper.cn/baijiahao_16115793，2022年1月2日。
② 戴斌：《高质量发展是旅游业振兴的主基调》，《人民论坛》2020年第22期，第66~69页。

二是激发创新活力。旅游行政部门要用好各类政策工具，进一步落实对各类旅游主体创新创业的税收支持、资金扶持、人才保障等，激发旅游市场自主创新活力。三是整合创新资源。通过不同主体、层级与部门的协作配合，促进旅游市场中人才、资金、技术等创新要素的自由流动和配置整合。尤其需要重视新技术的应用，借助5G、人工智能、大数据等先进技术推动旅游业态、服务方式、消费模式和管理手段创新提升，加快旅游业数字化进程。四是保护创新成果。旅游行政部门可通过加大产权的保护力度、构建完善的旅游知识产权保护体系来保持旅游业振兴过程中的创新力，并将优秀的旅游新项目、新产品进行宣传推广，发挥高质量创新成果的示范带动作用。

（四）坚守安全底线，构建系统完善的疫情防控体系

疫情防控常态化阶段，构建系统完善的旅游业疫情防控体系，持续提升旅游治理能力，是促进旅游业复苏和推进旅游业高质量发展的重要途径。[①]旅游行政部门要坚守安全底线，落实属地责任，加紧构建旅游业疫情防控应急预案，做好应急预案的实施、演练与修订工作，根据疫情防控工作不断完善应急预案。按照当地疫情防控指挥部的统一部署，加强同卫健、疾控、应急管理、公安、消防等部门的沟通协作，发挥部门合力，构建旅游业联防联控机制，做好旅游业疫情应对，同时加强与周边地区旅游行政部门的沟通与联系，探索跨区域旅游行政部门协作机制的构建。坚持常态化防控、精准化防控、科学化防控的原则，强化对旅游景区、旅行社及星级饭店等行业部门的监管指导，督促旅游企业及重点旅游场所落实好疫情防控措施，做好人员信息登记与管理，加强从业人员安全管理，强化旅游企业落实安全主体责任。此外，旅游行政部门还可以通过政府门户网站及微博、抖音、微信公众号等多种新媒体渠道及时发布本地区疫情风险信息、景区人员流量信息及安全管理规定，积极引导游客错峰出游和在旅游过程中遵守当地防疫规定，从而提高游客的疫情防控意识。

---

① 戴斌：《高质量发展是旅游业振兴的主基调》，《人民论坛》2020年第22期，第66~69页。

B.14
2021～2022年疫情冲击下中国节假日旅游市场发展与安全策略

周灵飞　刘伟煜*

摘　要： 本研究剖析了2021年节假日旅游市场发展现状及节假日旅游安全事件的时空特征及成因，并针对性提出未来展望及安全治理对策。研究发现，2021年节假日旅游市场以本地游、自驾游等为主，呈现"短距离""小聚集""短时间"的旅游特点；2021年节假日旅游安全事件以事故灾难为主；春节、国庆节是节假日旅游安全事件的高发期，安全事件涉及20个省域；人员因素、设施设备因素、环境因素是节假日安全事件的主要引致因素。疫情防控常态化背景下，应引导节假日旅游有序开展，加大节假日安全管理力度，强化节假日旅游安全供给。

关键词： 节假日旅游　疫情防控常态化　旅游安全　风险防范

　　由于节假日是旅游旺季，旅游需求高，旅游人流量大，旅游安全管理工作面临严峻挑战。旅游活动始终伴随着各类旅游风险，综合分析节假日旅游市场形势、安全形势，是减少旅游安全隐患，强化节假日旅游市场安全管理的重要路径。

---

* 周灵飞，华侨大学旅游学院讲师，主要从事旅游经济等领域的研究。刘伟煜，华侨大学旅游学院研究生。

一 2021年节假日旅游市场及其安全总体形势

（一）节假日旅游市场总体形势

疫情防控常态化背景下，2021年节假日旅游市场虽有复苏，但仍持续低迷。受疫情影响，跨国游、出境游仍处于持续"停摆"状态，中、长距离的跨省游市场依旧萧条。尽管长距离旅游活动受限，但本地游、周边亲子游、自驾游、微旅游等旅游方式成为旅游者首选，旅游市场呈现出游距离短、出游时间短、停留时长短等特点。

（二）节假日旅游安全总体形势

本研究将腾讯网、百度新闻、新浪网、网易新闻等知名度高、业界影响力大的新闻网站作为搜索平台，以"节假日+旅游安全""节假日+旅游事件""节假日+受伤""节假日+遇难"等作为关键词进行搜索，搜索时间节点设置为2021年1月1日至2021年12月31日。通过筛选和删除重复性新闻案例，据不完全统计，2021年节假日旅游市场共发生52起旅游安全事件。

2021年，我国节假日旅游安全事件呈现事件类型多样、空间分布广泛等特点。本研究参考《中华人民共和国突发事件应对法》等法律以及《旅游应急管理》等专著将旅游安全事件划分为事故灾难事件、公共卫生事件、社会安全事件、自然灾害事件、业务安全事件五大类型。[1] 具体而言，2021年节假日期间，共出现旅游事故灾难事件40起，为节假日旅游安全事件高发类型；旅游社会安全事件10起，自然灾害事件、公共卫生事件各1起。从发生时间来看，安全事件共涉及7个法定节假日，春节（16起）、劳动节（15起）为安全事件高发期，端午节（9起）、国庆节（8起）安全事件相对较少，中秋节（2起）、元旦节（1起）、清明节（1起）少有分布。从空

---

[1] 谢朝武：《旅游应急管理》，中国旅游出版社，2013。

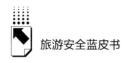

间分布来看，安全事件涉及 20 个省域。其中，四川省、山东省最多（各 5 起），海南省、河北省、河南省、陕西省居其次（各 4 起）。总体而言，2021 年节假日旅游市场安全问题仍以传统旅游安全风险为主，表现为安全事件类型多样、风险诱因复杂。

受疫情影响，游客旅游需求长期无法得到满足，其节假日出游意愿强烈，进而导致节假日旅游客流量巨大，部分景区出现游客排队、集聚、滞留等问题。此外，由于节假日旅游人数众多，旅游目的地环境及设施设备长时间处于高负载状态，这也成为安全事件频发的重要原因。总体而言，节假日旅游安全管控依旧困难，游客安全保障仍须进一步强化。

二　2021年节假日旅游市场和安全特征

（一）2021年节假日旅游市场特征

1. 本地游、自驾游成为游客主流选择

2021 年，旅游市场受新冠肺炎疫情影响仍在持续。受疫情影响，政府提倡"非必要不返乡"，倡导人们就地过年，跨省游、出境游等长距离旅游活动与人员流动受限。加之，疫情防控常态化让居民活动空间压缩，这反而进一步激发了居民对空间的向往，进而激发出游意愿。这使得以短时间、近距离、高频次为特点的本地游、自驾游成为居民出游的热门选择。2021 年，春节本地游、自驾游等旅游产品咨询量持续攀升，关键词搜索热度持续走高。本地游、自驾游等旅游方式逐渐成为"刚需"，这也是疫情防控常态化背景下的一种旅游主流选择。

2. 疫情防控常态化背景下旅游市场有所回暖

在政府以及全国人民的共同努力下，疫情逐步得到控制，旅游业逐步恢复平稳发展态势。据统计，2021 年全国旅游总人次 32.46 亿人次，同比增长 12.8%，旅游总收入 2.92 万亿元，同比增长 31.0%，人均每次旅游消费 899.28 元，比上年同期增加 125.14 元，增长 16.2%。2021 年国庆黄金周期

间，全国国内旅游 5.15 亿人次，按可比口径恢复至疫前同期的 70.1%。2021 年全国旅游市场、节假日旅游市场均有所回暖。①

（二）2021年节假日旅游安全事件类型特征

表 1　2021 年节假日旅游安全事件类型分布

安全事件类型	数量（起）	比例（%）
事故灾难事件	40	76.9
自然灾害事件	1	1.9
社会安全事件	10	19.2
业务安全事件	0	0
公共卫生事件	1	1.9
总计	52	100

1. 事故灾难事件

旅游事故灾难指旅游活动过程中发生的并造成大量旅游人员伤亡、经济损失或环境污染等的非预期事件。② 2021 年节假日旅游安全事件以旅游事故灾难为主，事故类型主要包括设施设备安全事故、涉水安全事故、坠落事故、交通安全事故等。其中，由设施设备故障或设施设备使用不当引起的旅游人员伤亡事故发生频次较高。③ 2021 年 2 月，黑龙江哈尔滨上京国际滑雪场因缆车故障悬停，部分缆车从钢索掉落，造成 19 名游客被困、6 名游客不同程度受伤。④ 湖南省五峰铺镇弄子口景区高空游乐设施因故障坠落地面，造成 13 名游客轻伤、3 名游客重伤。⑤ 涉水安全事故是我国发生频次较

① 《2021 年度国内旅游数据情况》，文化和旅游部官网，http://zwgk.mct.gov.cn/zfxxgkml/tjxx/202201/t20220124_930626.html，2022 年 1 月 24 日。
② 谢朝武：《旅游应急管理》，中国旅游出版社，2013。
③ 谢朝武：《旅游应急管理》，中国旅游出版社，2013。
④ 《黑龙江一滑雪场缆车故障悬停空中 19 名游客被困 6 人受伤》，新京报，https://baijiahao.baidu.com/s?id=16920201421761003198wfr=spider&for=pc，2021 年 2 月 18 日。
⑤ 《游乐设施突然高空坠落，游客拍下惊险瞬间》，搜狐网，https://www.sohu.com/a/450990738_757546，2021 年 2 月 16 日。

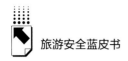

高、伤亡总量较大的事故类型之一。① 2021 年 5 月，山西龙凤滩旅游景区，游客不慎坠入水库，2 人死亡；② 2021 年 10 月，海南省游客下海游泳溺水，群众施救未果，2 人死亡。③ 坠落事故指旅游者从悬崖、景点、酒店楼层等高处向下坠落导致的事故。④ 2021 年 1 月，广东海陵岛一滑翔机降落时意外坠落砸中轿车，造成 1 名游客和 1 名飞机驾驶员不同程度受伤。⑤ 交通安全事故是我国发生频次高、伤亡规模大的安全事故。⑥ 2021 年 6 月，山西太白山国家公园一辆客车发生坠翻事故，导致 3 人死亡、7 人轻伤。⑦

2. 社会安全事件

社会安全事件指由人为因素造成且引发严重的社会危害的事件。⑧ 2021 年节假日旅游社会安全事件发生频率居第二位。由于节假日出游人数多，极易在景区出入口、缆车站点、游客中心等特定空间形成游客聚集。一旦聚集游客管理效果不佳，容易引发人群骚乱、冲突，甚至引发打架斗殴等社会安全事件。2021 年 10 月，陕西太白山游客拥堵，导致百名游客滞留山顶；⑨ 2021 年 1 月，河南袁家村文旅小镇发生打架斗殴事件，造成 10 人不同程度受伤。⑩

3. 自然灾害事件

恶劣的气候变化是引发旅游安全事件的重要原因，也是导致游客人身伤

---

① 谢朝武：《旅游应急管理》，中国旅游出版社，2013。
② 《襄垣县龙凤滩旅游景区：三次发生重大安全事故溺亡七人》，搜狐网，https：//www. sohu. com/a/498072925_ 120108478，2021 年 5 月 3 日。
③ 《事发琼海！一游客下海游泳溺水，群众施救，不幸双双溺亡》，腾讯网，https：//new. qq. com/rain/a/20211004A0A9N400，2021 年 10 月 4 日。
④ 谢朝武：《旅游应急管理》，中国旅游出版社，2013。
⑤ 《广东海陵岛一滑翔机降落时出意外，驾驶员和女游客受伤》，极目新闻，https：//t. ynet. cn/baijia/31529508. html，2021 年 10 月 6 日。
⑥ 谢朝武：《旅游应急管理》，中国旅游出版社，2013。
⑦ 《陕西眉县太白山森林公园发生大巴侧翻事故已致 3 死 7 伤》，中新网，https：//www. guancha. cn/politics/2021_ 06_ 13_ 594343. shtml，2021 年 6 月 13 日。
⑧ 谢朝武：《旅游应急管理》，中国旅游出版社，2013。
⑨ 《数百名游客寒风中滞留太白山山顶，排队超 2 小时，头戴塑料袋御寒》，腾讯网，https：//new. qq. com/rain/a/20220306A06T3300，2021 年 10 月 2 日。
⑩ 《新乡一景点因停车费发生群殴事件，多人混战，场面失控》，百家号，https：//baijiahao. baidu. com/s？id=1691852451236923673&wfr=spider&for=pc，2021 年 2 月 17 日。

害和长时间滞留的重要因素。2021 年 5 月，河南云台山突降大雨冰雹，导致观光车在景区行驶缓慢，游客长时间滞留景区。[①]

4. 公共卫生事件

公共卫生事件是指公共卫生领域造成旅游者健康严重损害的突发事件，如突发疾病、食物中毒和传染病等。[②] 2021 年节假日期间共发生 1 起旅游公共卫生事件。2021 年 2 月，某游客饮用酒店提供的矿泉水中毒住院。[③] 由此可见，疫情有效控制下，节假日涉旅公共卫生风险也得到有效治理。

（三）2021年节假日旅游安全事件的时间分布特征

2021 年节假日旅游安全事件包括元旦节、清明节各 1 起，中秋节 2 起，国庆节 8 起，端午节 9 起，劳动节 15 起，春节 16 起（见表 2），这表明春节、劳动节、端午节、国庆节等国家法定节假日既是出游高峰期，也是旅游安全事件的相对高发期。由于出游时间的同一性和目的地选择的趋同性，极易在重要节假日形成游客聚集，进而增加风险隐患。2021 年"五一"小长假期间，安徽六安山景区游客数量超负荷，导致景区内交通堵塞，万人下山途中滞留。因此，旅游目的地在节假日期间应重点关注客流量与承载量，做好风险隐患排查与人群动态监管，避免游客拥挤集聚。

表 2　2021 年节假日旅游安全事件的时间分布

节假日	数量（起）
元旦节	1
春节	16
清明节	1
劳动节	15

[①] 《云台山景区突降冰雹，游客无处可躲高呼退票》，腾讯网，https：//new.qq.com/omn/20210504/20210504V08ROL00.html，2021 年 5 月 4 日。

[②] 谢朝武：《旅游应急管理》，中国旅游出版社，2013。

[③] 《喝一口酒店矿泉水　三亚游客消毒剂中毒》，网易新闻，https：//www.163.com/dy/article/G3PC418A0537RAXV.html，2021 年 2 月 26 日。

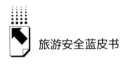

续表

节假日	数量（起）
端午节	9
中秋节	2
国庆节	8
合计	52

（四）2021年节假日旅游安全事件的空间分布特征

2021年节假日旅游安全事件省域分布广泛，主要分布于四川（5起）、山东（5起）、陕西（4起）、河南（4起）、河北（4起）、海南（4起）（见图1），这可能由于以上省份旅游资源相对丰富，接待游客人次较多，游客管理难度较大，容易因为管理不善发生安全事故。不难发现，旅游安全事件空间分布受旅游资源、旅游地理位置的影响存在较大差异。相比北方区域，南方地区旅游安全事件更多，这主要是因为南方旅游景区景点比北方多，游客接待量也更大，管理难度也相应增大。节假日旅游安全事件的省域分布分散，这也说明节假日旅游安全事件需要各地重点监管与防范。

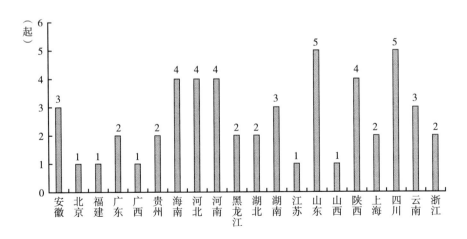

图1　2021年节假日旅游安全事件的空间分布

三 节假日旅游市场安全事件成因分析

（一）人员因素

游客的不安全行为与缺乏安全意识是引发节假日旅游安全事件的重要因素。由于出游时间集中和目的地选择趋同，节假日往往客流量较大，且容易形成游客拥挤和聚集。大量游客聚集容易造成现场混乱，可能导致游客产生不安全行为甚至失控行为。此外，现场工作人员如无法有效管理客流，也可能会引发游客拥挤聚集，如无法及时对游客进行引流、分流，安全引导，失控的拥挤人群很可能导致安全事故。2021年国庆节期间，太白山景区负载过高，长达2小时无任何工作人员对人群予以引导分流，最终导致游客在山顶排队滞留。

（二）设施设备因素

节假日旅游需求旺盛，旅游目的地人员负载大，旅游设施设备长时间工作导致超负荷运转也是引发节假日旅游安全事件的主要原因。此外，景区景点设施设备的质量不合格、救援设施设备准备不充分也是导致安全事件的重要因素。2021年春节期间，黑龙江滑雪场景区内缆车因故障掉落，砸伤景区内工作人员；湖南弄子口景区高空游乐项目设施故障，砸伤景区内其他游客，景区内产生拥挤，人群一度失控，现场混乱不堪。

（三）环境因素

我国旅游景区以户外景区为主，旅游活动也以户外活动居多。因此，自然环境是影响旅游活动的重要因素，也是引发旅游安全事件的主要因素。[①]节假日旅游安全事件案例显示，地文景观类、水域风光类旅游场所是游客安

---

① 谢朝武：《旅游应急管理》，中国旅游出版社，2013。

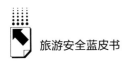

全事件的高发场所。地文景观类旅游场所容易发生山体滑坡、泥石流等自然灾害，威胁旅游安全。尽管 2021 年自然环境灾害引发的节假日旅游安全事件较少，但多变的自然环境因素仍旧是节假日旅游风险防范与安全管控的要点，也是旅游风险预警的重要监测对象。

四 疫情防控常态化背景下节假日旅游市场展望与安全发展策略

（一）疫情防控常态化下2022年节假日旅游市场展望

1. 节假日旅游市场逐渐恢复，旅游安全管理仍须强化

新冠肺炎疫情得到全球协作共治，风险控制成效逐步提升，各项经济活动持续复苏，各类休闲活动也逐步有序开展。在这种趋势下，旅游产业复苏将带动节假日旅游市场逐步恢复，但未来一段时间内仍须强化新冠肺炎疫情常态化防控。节假日旅游市场客流量大，容易在特定空间场所内形成游客高度聚集，因此旅游安全管理仍须常抓不懈，持续加大安全投入，强化安全管控。

2. 节假日近郊乡村游安全管理更加规范

逆城市化的消费、逆城镇化的人口流动、乡村与城市的互动发展结构正在形成，这使得近郊乡村旅游逐步升温。此外，受疫情影响，近郊旅游已成为城市居民出游的重要选择。随着乡村振兴的逐步推进，乡村在产业融合、生态宜居、乡风文明、治理有效、生活富裕等方面取得长足发展，乡村旅游从业人员专业水平不断提高、各项管理制度逐步完善，这也会促进近郊乡村旅游安全监管、风险防范与应急管理规范发展。

3. 节假日旅游拥挤滞留等安全问题依旧突出

疫情防控常态化背景下，游客出游时间和空间受到一定挤压，这反而刺激了居民在节假日出游的需求。由于游客出游时间的集中性和目的地选择的趋同性，叠加特定游览场所，极易形成游客拥挤、聚集甚至出现游客滞留。

节假日游客拥挤、滞留等问题依旧突出，仍是相关部门以及旅游接待单位防范与安全管理的要点。

4. 预约旅游成为节假日旅游安全重要管理途径

由于节假日客流量大，加之疫情常态化防控需要，通过预约来限制客流仍将是节假日旅游客流安全管理的重要途径。新冠肺炎疫情加速了门票预约的推行。疫情的持续影响也使得游客逐渐适应门票预约、景区限流。2022年，门票预约和限流管理依旧将在旅游接待场所推行，其覆盖面将进一步扩大。

（二）疫情防控常态化下2022年节假日旅游市场安全发展策略

1. 宏观引导节假日旅游有序开展

我国节假日、旅游高峰期来临前的安全检查制度、隐患排查机制以及安全生产演练、培训等机制较好地保障了节假日旅游安全。相关部门可进一步按照属地防疫要求，织密安全保障网，严格落实促稳定、保安全各项措施，扎实做好节假日文化和旅游市场监管、服务保障等各项工作，通过相关政策措施引导旅游节假日市场平稳有序进行，护航节假日旅游安全。此外，相关部门与游客接待场所应做好游客安全培训、安全知识宣贯与安全旅游引导工作。通过限流、门票优惠等多项措施鼓励游客合理安排出游，节假日尽量避开热门景区和出行高峰时段；持续向游客宣导自觉遵守疫情防控规定，戴口罩、勤洗手、少聚集；游览场所设置安全游览规范，引导游客践行安全行为。

2. 多元加大节假日安全管理力度

旅游市场主体与游客接待场所要严格落实安全生产经营主体责任，特别是在节假日运营期间，要更加严格遵守安全制度，确保各项安全防范措施落到实处。一是做好应急预防工作，提前排查风险隐患，制定节假日高峰期应急预案，做好工作人员的安全能力培训，落实好各类设施设备的故障排查与零部件更新工作，设置好游览场所应急通道。二是做好联合预警工作。联合气象、地质、应急、市场等多部门，监管各类风险，构建预警信息发布机

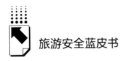

制，畅通信息发布渠道。三是建立多层次、立体式的应急救援队伍，做好应急救援保障工作，协同构建医院、交通等多主体参与的应急救援体系。

3. 强化节假日旅游安全供给

强化旅游安全供给，完善节假日旅游安全保障。一方面，鼓励保险公司创新开发针对疫情下出游安全、节假日旅游及自助游安全的保险产品，提升保险理赔服务水平，并鼓励旅行社、旅游场所、旅客等相关主体投保旅游保险，为节假日旅游安全提供全面保障。另一方面，利用新技术丰富节假日旅游安全供给。利用大数据、景区人群监测系统等智能引导游客；利用二维码技术实现游客快速通行，利用无人酒店、自助入住等技术推行无接触服务；利用定位技术实现游客快速救援等。此外，还可以通过智慧技术加强节假日旅游风险预警能力、突发事件应急指挥能力，提高应急救援效率。

B.15

2021~2022年疫情防控常态化背景下
我国自助旅游的安全形势分析与展望

摘　要： 2021年，除局部地区受散发疫情扰动外，旅游市场总体逐步回
温。在疫情防控常态化背景下，自助旅游市场呈现出游距离近程
化、自驾出行流行化、游玩选择多样化、安全事件复杂化等特
征。自助旅游多样化特征的成因在于旅游市场信心的提升、游客
消费观念的转变和科学技术的运用。未来，周边游、沉浸式体
验、体育旅游将成为自助游市场的重要发展趋势。为此，应完善
基础设施建设，加快数字化进程；提升游客的安全意识，加强旅
游人才队伍建设；规范市场秩序，促进自助旅游健康发展。

关键词： 自助旅游　旅游安全　疫情防控常态化

一　2021年中国自助旅游发展的总体形势

中国旅游研究院发布的《2021年上半年旅游经济运行分析报告》显示，
2021年上半年，旅游市场迎来全面复苏，一季度全国出游10.24亿人次，出
游总花费7375亿元，分别恢复至疫情前同期的57.7%和42.7%，全国旅游满
意度处于高位，一季度达到82.32%，高于上年同期和疫情前同期水平。综观

---

* 曾武英，华侨大学旅游学院副教授，主要研究方向为旅游企业服务与管理等。王嘉澍，华
侨大学旅游学院硕士研究生。

自助游市场，根据中国旅游研究院发布的《2021 年上半年自驾旅游市场趋势报告》，游客群体呈现年轻化、女性比例上升、消费意愿增强、来源区域集中等特点；旅游产品供给呈现高品质、多元化、数字化等特点；近程旅游仍是出游的主要方式；自驾依旧是出行的主要方式；在空间上呈现"南热北冷，东多西少"、由秦岭淮河和东部沿海向周围辐射的"丁"字形分布。

二　2021年中国自助旅游的市场特征

（一）客群行为多样化

中国旅游研究院和马蜂窝联合发布的《2021 年全球自由行报告》显示，2021 年自助游客源市场整体呈现客源群体年轻化、消费意愿加强、来源区域集中等特点。具体而言，年龄分布方面，80 后、90 后成为客源市场的主体。以周边游为例，80 后、90 后占比分别为 36.5% 和 42.5%。区域分布方面，我国自助旅游市场呈现明显的"南热北冷，东多西少"分布格局。区域流动方面，北方向南方的客流接近南方向北方客流的 2 倍，自助旅游客流主要目的地包括华东、华北地区。出游频次方面，年出行 3 次以上的游客数量同比上涨 22%，近 3% 的游客年出行达 10 次以上。出游时长方面，61.6% 的游客选择在目的地停留 1～3 天。出游人均消费方面，中低消费群体达 48.5%，其消费主要停留在 1000～2000 元区间。客流来源地方面，一线城市和新一线城市是主要的"客源池"，是出游的主力军。

（二）出游距离近程化

出于安全考量和防疫措施限制，游客对于周边游、近郊游、环城游等近距离、安全性较高、出行便捷的旅游模式的喜好程度持续上升。以周边游为例，据马蜂窝发布的《2021 年旅游大数据报告系列之周边游》，2021 年 1～7 月"周边游"的搜索热度较 2020 年同比增长 258%，其中 3 月、4 月的搜索热度较上年同期涨幅更是分别达到 535% 和 311%。近程区域选择方面，作为旅游业发展较快的地区，华东、西南地区分别以33%和18%的体量构成周边游热度的主体。华中、东北、西北地区同比增幅最高，分别为290%、273%和217%。近程区域选择的客群年龄分布方面，80后、90后人群占搜索周边游总人数的70%以上。出行决策方面，女性游客决策比例明显高于男性游客，占比高达76%。近程游中，选择和朋友、家人一起出行的游客约占60%。其中，家庭出游占比较上年增长2%。近程游人均花费主要集中在2000～5000元，比上年上涨5%。

（三）自驾出行流行化

因休假时间的集中性和疫情防控的限制性，人们在出游时间上呈现碎片化、空间上呈现收缩化特征。自驾游因具备时间安排的灵活性、行程选取的便利性以及游客流动的安全性，成为疫情防控常态化时期人民群众释放旅游消费需求的重要方式。在马蜂窝平台上，"自驾游"成了2021年国庆期间最热门的搜索词之一，热度比2020年同期增长150%。自驾游目的地的区域分布相对集中，华东、西南地区占比分别达27%和19%。

（四）产品选择丰富化

虽受常态化防疫的影响，出游范围受限，但出行距离的近程化非但没有降低游客的旅行质量，反而促使旅游市场主体更加注重旅游产品的丰富性，这使得自助游产品选择上呈现丰富化态势。

（1）"露营+"成了周边游游客的偏好产品之一。"露营"因其亲近自然、静心养性、慢节奏等优势，成为人们逃离城市快节奏、高压力生活的首选方式之一。2021年国庆"黄金周"期间，帐篷、露营预订量环比增长超14倍。自助游游客在露营地选择上从森林、湖海延伸至洞穴、海岛、废墟等新空间；露营设施条件方面，从简约质朴演变至精致化与充满仪式感；活动体验内容方面，露营与飞钓、瑜伽、篝火晚会等活动广结合、深融合。

（2）户外运动项目逐渐火热。受疫情影响，亲近自然、缓解压力成为人们的旅游诉求。户外越野、徒步登山等传统运动项目，热气球、滑翔伞等新兴项目，给予游客自由、多元的选择。马蜂窝游记词频分析显示，2021

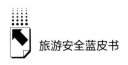

年暑假期间，徒步登山、骑行、冲浪、潜水、滑雪等户外项目深受"与同伴出行"和"家庭游"这两类游客的喜爱。

（3）小众旅游目的地热度持续上升。相较老牌知名旅游目的地，小众旅游目的地游有效缓解了游客对于人员密集的担忧、对于排队等待的不耐。此外，打卡小众旅游目的地，也从侧面衬托出自身的品位及身份地位。根据马蜂窝数据，在旅游目的地的选取上，南浔、常熟、延吉等小众、非知名旅游目的地热度涨幅最高。

（4）传统景区的创新化转型。面对游客对"新、奇、趣"的追求和新兴旅游项目的持续火爆，传统景区也充分结合自身优势，推出"老"项目的"新"玩法，成功激发了年轻旅游者的旅游意愿。河南博物馆创新文创产品数字化运营模式，与支付宝携手推出《一起考古吧》线上考古盲盒项目，凭借新颖的玩法、丰富的场景及广泛的社交属性，深受人们的追捧。此外，长白山景区推出的"在农夫山泉水源地来一场'奢侈'的漂流之旅"、长隆海洋馆推出的"夜宿海洋馆，在夜幕下一窥海底世界的神秘"均成为传统景区创新发展的典型。

（5）"云"旅游热度不减。在万物互联、虚实共生的技术背景下，云旅游、云展览、云演绎等新业态应运而生。疫情期间，人员流动受限、产品供应链受损、线下旅游受阻客观上助力产品数字化转型，数字化产品从疫情初期的替代产品逐渐成为旅游消费的新空间、新场景，如故宫推出了"云游故宫""云赏非遗"等项目。

（五）安全事件复杂化

周边游持续火热，游玩项目多样化，在提升游客旅游体验的同时，也导致旅游安全事件进一步复杂化。根据中国旅游新闻网、中国安全网、新浪网和腾讯网等网站的相关数据，2021年国内典型自助游安全事件接近100起。其中，典型案例有"网红项目'摇摇锅'喷火，致5名游客烧伤"[①]、"观

---

① 《西溪湿地网红项目"摇摇锅"喷火 致5名游客烧伤》，中国旅游新闻网，http://www.ctnews.com.cn/news/content/2021-10/18/content_113434.html，2021年10月18日。

光直升机坠海，致 3 人遇难 1 人失踪"①、"景区滑翔伞与缆车相撞，致 2 人坠落"②、"援鄂护士与男友，旅行期间被撞身亡"③、"'驴友'徒步穿越，不幸遇难"④、"游客自拍不幸坠亡"⑤、"男子景区翻栏杆寻找无人机，不幸身亡"⑥。通过对自助游安全事件案例的快速梳理发现，湖南、四川和浙江是自助游安全事件的高发省份（见图1），而 1~8 月是自助游安全事件的高发时段（见图2）。自助游安全事件是人员因素、设施设备因素、环境因素及管理因素等因素综合作用所致。事故的时空特征、致因特征折射出自助游安全事件的复杂性和管控的困难性。

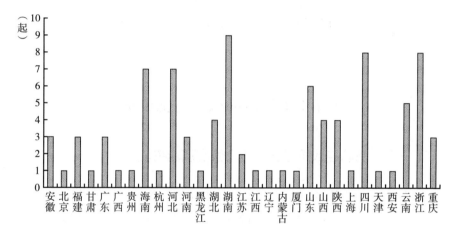

图 1　2021 年自助游主要安全事件地区分布

①《厦门直升机坠海》，央视新闻，https：//baijiahao. baidu. com/s？id=1694738774568965166
&wfr=spider&for=pc，2021 年 3 月 19 日。

②《浙江一景区滑翔伞与缆车相撞致 2 人坠落》，中国旅游新闻网，http：//www. ctnews.
com. cn/jqdj/content/2021-07/14/content_ 108054. html，2021 年 7 月 14 日。

③《驰援湖北护士与男友被撞身亡，肇事司机醉驾逃逸》，腾讯网，https：//new. qq. com/
omn/20211204/20211204A09WD400. html，2021 年 12 月 4 日。

④《三名驴友非法穿越"鳌太线"，一人不幸遇难》，京报网，https：//baijiahao. baidu. com/s？
id=1713575030843905185&wfr=spider&for=pc，2021 年 10 月 14 日。

⑤《32 岁香港女网红瀑布旁自拍 不慎从 5 米高处坠落身亡》，新浪微博，2021 年 7 月 14 日。

⑥《淄博男子景区翻栏杆寻找无人机，不幸身亡》，搜狐网，https：//www. sohu. com/a/
499407368_ 364748，2021 年 11 月 5 日。

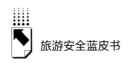
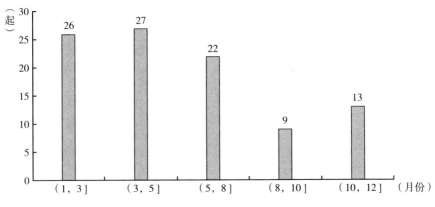

图 2　2021 年自助游主要安全事件时间分布

三　2021年中国自助旅游特征的成因分析

（一）疫情防控效果显著，市场信心加速恢复

中国旅游研究院《2021 年上半年旅游经济运行分析报告》显示，2021 年上半年，除局部区域受零散疫情扰动外，全国疫情形势总体稳定。国内疫情的有效防控进一步提升和释放了旅游需求。加之，对受疫情冲击严重企业的纾困政策、引导境外消费回流的政策、扩大需求市场的放开三孩政策、吸引外资投入的政策等一系列利好政策的落地实施，有效地提振了市场信心。相关调查数据显示，83.6%的受访者有出游意愿，39.8%的人考虑近郊游，34.9%的人考虑跨省游，34.2%的大众则考虑自驾游。

（二）游客消费观念转变，重视体验成新追求

旅游活动的本质是一种离开惯常环境，探寻陌生环境的过程。游客的旅游经历受接触新鲜事物频次影响的同时，也影响自身的跨文化意识。跨文化

意识的提升，使得游客对新事物具有更强的理解力与包容度。[1] 作为客群的重要构成主体，以 Z 世代[2]为代表的年轻游客，正处于社会生产力蓬勃发展、科技水平突飞猛进的时代。他们的基础需求被充分满足；他们获取信息的渠道多样；他们的价值取向多元、包容且不设限。他们在旅行活动的过程中，更注重对自身个性的表达、对产品品质的需求、对多感官参与的追求及对文化内涵的探寻。他们倾向于自行安排行程，抛却游客的身份，以当地居民的视角，探寻小众景点和体验地道的生活方式。他们不再局限于产品的功能性和实用性，而是对产品的艺术性、新奇度，甚至社交性有更多的期待。通过购买行为，他们得到群体认同，强化自身多元的审美和价值观。他们不仅满足于单一感官维度的参与，而且追求具身理论所言的"整个身体向外在世界的全方位、多层次的浸入"，[3] 以实现自身情感的满足、内心的慰藉和精神的升华，从而达到"畅爽"体验。

（三）科学技术赋能，助力"畅爽"体验

智慧旅游的不断发展使得实现游客多样化需求成为可能。旅游者的游前准备、游中调整、游后分享行为及消费方式等悄然改变。

（1）技术赋能，刺激旅游需求。旅游目的地信息的获取渠道不再局限于官方网站、第三方平台机构。各种社交媒体，如朋友圈晒图推文、微博热搜推送、综艺节目转播、网络达人分享等，使得现实与网络空间充斥着海量的旅游信息，这使得潜在旅游者容易产生一种说走就走的旅游冲动。此外，各种旅游论坛、社交平台也通过数据分析，主动刺激潜在游客需求，引发需求共振，进一步激发出游动机。

（2）信息赋能，便利出行方案。对于自助游旅游者来说，他们无须深思熟虑地制定一个旅游方案，无论是游前还是游中，他们都可以便捷地获取

---

[1] Hong, Y., Huang, N., Burtch, G., Li, C., "Culture, Conformity and Emotional Suppression in Online Reviews," *Journal of the Association for Information Systems*, 2016, 17 (11): 737-758.

[2] Z 世代通常指 1995 年至 2009 年出生的一代人。

[3] 樊友猛：《旅游具身体验研究进展与展望》，《旅游科学》2020 年第 1 期。

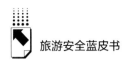
旅游信息，如景点查询、交通导航、门票预订、酒店预约等，随时调整行程计划。

（3）分享赋能，驱动出行计划。新媒体迅速发展，降低了旅游分享门槛，使得旅游者可以随时随地分享旅游经验，记录游客亲身体验的视频、图片和文字更容易激发潜在旅游者的旅游需求。

四　2022年中国自助游发展趋势展望与安全管理策略

（一）自助游发展趋势展望

1. 周边游将继续成为游客主要的出游选择

由于周边游既符合常态化防疫减少跨区域流动的要求，也能克服出游时间"碎片化"的现实局限，周边自助游得到快速发展。就旅游企业而言，由于疫情影响，"跨区域""长距离"的旅游产品深受打击，短途周边游成为企业的主推产品。供给侧和需求侧均为游客选择自助游提供了可能。2022年，自助游产品仍旧是游客出游的主要选择。

2. 沉浸式体验将成为游客的新追求

根据马斯洛需求理论，当低层次需求得到满足时，人们对更高层次需求的追求会被激发。随着社会经济发展，人们已经解决了基本温饱问题，转而追求高品质生活，丰富精神享受。反映在旅游领域，便是对于游客，尤其是年轻游客而言，单纯的景区景点观光早已无法满足其需求。他们更注重全身心融入旅游过程。2021年5月，文化和旅游部发布的《"十四五"文化产业发展规划》中明确提出，支持发展沉浸式演艺、沉浸式展览、沉浸式娱乐体验等业态，鼓励沉浸式体验与城市综合体、公共空间、旅游景区等相结合。这也在一定程度上表明了沉浸式体验已成为旅游发展的新动向。

3. 康养旅居将成为新风向

国家统计局数据显示，2021年我国大陆地区60岁及以上的老年人口总量为2.67亿人，已占总人口的18.9%。银发市场基数上升的同时，老年群体的消费水平和对美好生活的需求也在提升，据第49次《中国互联网络发展状况统计报告》，截至2021年12月，我国60岁及以上老年网民规模达1.19亿人，互联网普及率达43.2%。在旅游消费方面，我国老年人外出旅游人数每年在500万人次以上，47%的老人有远程出游的经历，70%的老人有退休后旅游的倾向。加之，2021年12月，国务院印发的《"十四五"国家老龄事业发展和养老服务体系规划》明确指出要促进养老和旅游融合发展。《健康中国2030规划纲要》中也提出要积极打造健康新产业、新业态、新模式。康养旅居因涵盖中医药健康旅游、温泉旅游、森林生态游、康养运动游等诸多丰富的业态及适应老年人需求的产品，将受到银发一族的青睐。

4.体育旅游将持续释放需求动能

近些年，我国体育旅游市场呈现快速增长趋势，内容多元化、品质化凸显。企查查数据显示，我国与体育旅游相关的企业在2019~2021年从5.24万家增至23.52万家，增长达348.85%。一众体育旅游示范基地、度假地相继落地。项目内容突破传统，向多元、包容方向发展。加之，疫情和大型体育赛事的影响，使得人们更愿意迈出家门参与体育锻炼。体育旅游因为兼具体育锻炼与旅游休闲的优势，得到游客广泛认可。根据中国旅游研究院和马蜂窝旅游联合发布的《中国体育旅游消费大数据报告（2021）》，仅2021年上半年，"体育旅游"搜索热度就较上年同期增长115%。需求牵引供给、供给创造需求的动态平衡形成的同时，国家将重点推进体育旅游，提升大众健康水平。随着《"健康中国2030"规划纲要》《关于加快大力发展体育旅游的指导意见》等一系列政策的提出与落实，体育旅游将迎来新的发展机遇。

（二）自助旅游安全管理措施

1.完善基础设施，加快智慧旅游进程

设施设备是旅游活动顺利开展的重要基础。对此，应该加强基础设施的建设，严格把控旅游公路建设质量，提高旅游目的地的可进入性；推进公路服务区的功能升级，完善车辆维修、休闲娱乐等配套设施的部署；加快旅游目的地的数字化进程，便利供需双方需求实现；合理部署信号基站数量，进

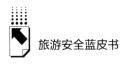

一步改善景区景点信号覆盖情况；普及数字化的运用场景，如运用大数据实时监控景区内客流量变化情况，有效引导游客的流向与流量；普及智能停车场，自驾游游客在进入停车场前便可根据屏幕显示的信息快速寻找到空余车位，离开时只须在景区停车场公众号上输入车牌号码便可搜索到车辆停靠位置和前往路线等，提高管理效率，提升游客体验。加快推动交通运输一体化发展，提升交通路网、工具内部衔接的顺畅化及中转换乘的便利化。打造旅游信息共享平台，减轻因信息不对称、信息传递滞后、信息传递失真产生的不利影响；构建旅游安全事件联防联控智慧平台，为安全预警、安全演练、安全预测提供数据支撑。

2.加强安全教育，提升游客安全意识

自助旅游者具有较强的能动性，在旅游决策的过程中，事先准备不足、自身能力评估不当容易致使旅游安全事故发生。对此，应该进一步推进安全教育科普，降低安全教育的年龄门槛，更新安全教育的案例事件；改善安全教育模式，以人民群众喜闻乐见的方式，寓教于乐；提升游客的主人翁意识，有效约束其不良行为的发生，从而降低游客与当地居民发生冲突的概率。

3.加强人才培养，凝聚危机应对力量

面对自助游游客群体规模逐步壮大、游玩方式多样化、游玩项目技巧要求不断提升等新局面，应联合产、研、学及社会积极力量，加强应急救援队伍建设，改善旅游设施设备，提升旅游设施教学示范水准，提高突发事件的响应及应急救护能力。同时，打造具备大数据分析能力的团队，分析总结不同旅游安全事件的内在规律，科学预测安全事件发生的概率、地点及影响范围，以便指导安全措施的制定与实施、人员的培训与部署。应建立完善的学科体系，弥补文旅领域复合型人才储备的缺位。

4.完善规章制度，大力规范市场秩序

完善网络信息审核制度，减轻信息不对称、信息质量参差不齐、信息甄别成本高等问题对自助游游客旅游决策的影响；提升主流媒体在旅游危机舆情发展过程中的正向引导作用，从而有效削弱舆情的失真与失控对潜在旅游者的影响；改善游客投诉流程，移除游客投诉渠道的阻碍，特别是自助游游客的投诉渠道，为自助游的发展营造良好的氛围；规范新兴项目的审批制度。减轻"野"景点和不达标的项目对游客体验甚至财产、人身安全的影响；改善"等级式"的管理架构，形成开放、扁平的服务提供模式，以减轻信息传递过程中层级冗余导致的效率低下甚至失真；健全工作人员的考核体系和培养计划，为新兴市场业态注入新活力；完善旅游收入分配制度，提升旅游目的地居民的参与感与获得感，从而缓解人地关系的紧张局面；针对女性旅游者人数不断上升的趋势，完善相应的规章制度，以减轻"性别歧视"条款对女性旅游者旅游体验的影响。

B.16

2021~2022年中国旅游安全预警形势分析与展望

罗景峰　白玉琼　安　虹[*]

摘　要： 2021年，中国旅游安全预警形势总体趋好，但还存在一些不足，如旅游安全预警工作推进力度不够，难以切实提升旅游本质安全水平；旅游安全预警理念更新缓慢，难以满足文旅融合下旅游安全新需求；旅游安全预警绩效欠佳，尚未满足大众旅游时代的游客安全需求。2022年，旅游安全预警工作应完善健康预警机制，切实降低旅游健康风险水平；积极推进文旅安全预警建设，有效保障文旅安全健康发展；加快发展智慧预警，提升智慧旅游公共服务绩效。

关键词： 旅游安全　预警　智慧旅游服务

　　《"十四五"旅游业发展规划》（国发〔2021〕32号）指出推动构建旅游安全保障体系，强化预警机制，提升旅游业风险管理水平。《"十四五"文化和旅游发展规划》（文旅政法发〔2021〕40号）和《"十四五"文化和旅游市场发展规划》（文旅市场发〔2021〕48号）均强调健全旅游安全预警机制，加强旅行安全提示，提升旅游信息公共服务水平，并给出构建文化和旅游市场风险监测预警体系的总体思路。《"十四五"文化和旅游科技创

---

* 罗景峰，博士，华侨大学旅游学院副教授，主要研究方向为旅游风险分析与安全评价等。白玉琼，硕士研究生，主要研究方向为旅游安全等。安虹，硕士研究生，主要研究方向为旅游安全等。

新规划》（文旅科教发〔2021〕39号）将构建文化和旅游安全预警与可追溯管控平台列入"十四五"规划。《文化和旅游部关于加强旅游服务质量监管　提升旅游服务质量的指导意见》（文旅市场发〔2021〕50号）指出，建立在线旅游产品价格预警机制，引导在线旅游企业提升旅游服务质量。文化和旅游部发布的《关于建立旅游热点防疫预报机制的通知》根据热度指数分值，设立警报、预警、提示三级预警机制。2021年，旅游安全预警开始转向文化和旅游综合安全预警。

本文汇总了文化和旅游部、各省份文化和旅游厅（局）及5A级景区等官网发布的旅游安全风险预警相关信息，分析2021年中国旅游安全预警工作现状，展望2022年中国旅游安全预警发展趋势。

一　2021年中国旅游安全预警形势分析

（一）国家层面旅游安全预警形势分析

本文从文旅部官网"出行提示"栏目中共收集到43条2021年旅游安全预警信息，较2020年减少75条。对以上旅游安全预警信息按照"预警关键词""月份""内容"等加以统计分析，见图1、图2及图3。根据图1，"提醒""提示"仍是国家层面旅游安全预警信息发布的主要形式，且"提醒"频次明显高于"提示"，与2020年一致。根据图2，1月、7月、11月和12月预警信息相对集中，占据总量的60.5%，相较2020年，预警信息发布差异明显，具体表现为各月预警信息数量分布相对平衡、1月成为峰值点。根据图3，"政治/治安预警""综合预警""节假日预警"成为预警主要内容，占比为81.4%，相较2020年，"政治/治安预警"数量稍有下降，"疫情预警""节假日预警"数量显著下降，"反恐预警"数量稍有上升，"综合预警"数量上升态势明显，"电信诈骗预警""涉水预警""自然灾害预警"等未曾发布，预警内容集中态势明显。

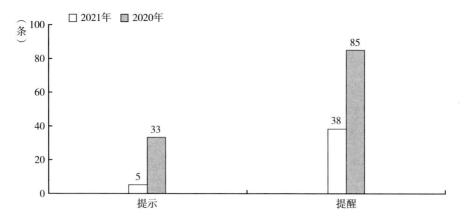

图1 旅游安全预警信息按不同预警关键词统计

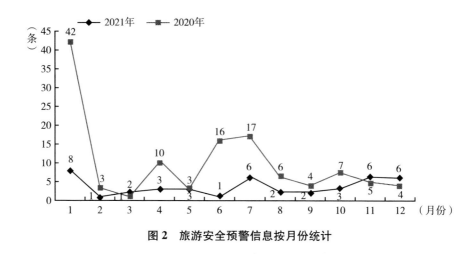

图2 旅游安全预警信息按月份统计

（二）各省、自治区、直辖市层面旅游安全预警形势分析

2021年，各省份层面旅游安全预警工作常态化开展，相较2020年有所突破和提升，江苏出台《江苏省文化和旅游活动重特大突发事件应急预案》，宁夏、山西分别制定《宁夏回族自治区文化和旅游厅突发事件应急预案》《山西省文化和旅游突发事件应急预案》，同时原有《旅游突发事件应

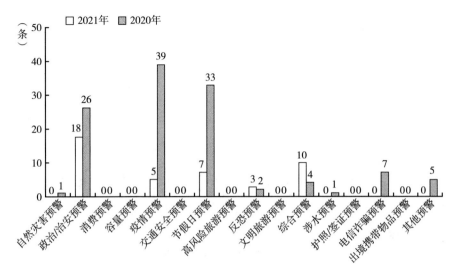

图3　旅游安全预警信息按内容统计

急预案》废止，旅游安全预警向文旅安全预警的过渡趋势初步显现，但预警信息规范化机制仍未大面积普及，如贵州省尚未制定本地区的《旅游突发公共事件应急预案》。通过对各省份文旅厅（局）官网的"出行提示"或在搜索栏以关键词"提醒"等进行检索统计，得到我国各省份旅游安全预警信息发布情况，见图4。其中，预警信息发布数量最多的为四川省，其次为北京市，第三、四名为西藏和海南，后四位依次为天津、浙江、湖南和青海。相较2020年，旅游安全预警信息发布数量波动性、不平衡性依旧存在，骤增省份为西藏，骤减省份为北京、天津及广西，其余省份变动幅度较小。

（三）地市级层面旅游安全预警形势分析

地市级层面旅游安全预警数量呈现逐年递增局面。334个市、盟、自治州及地区文化和旅游局中，已有194个建立了旅游安全预警机制，占比为58%，且2021年新增地市建立的均为四级预警机制。与2020年相比，2021年地市级层面旅游安全预警机制建设水平有所提升，太原、吕梁及龙岩三市在对原有预案进行修订和提升的基础上，推出各自的《文化和旅游突发事

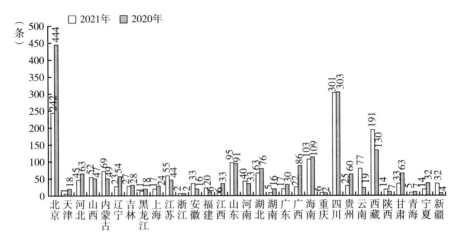

图4 各省份旅游安全预警信息发布统计

件应急预案》，建立了四级文化和旅游安全预警机制，新增的7个城市中，除了长春、巴中及中卫外，其余4个城市均出台了《文化和旅游突发事件应急预案》，也建立了四级文化和旅游安全预警机制。

（四）旅游景区层面旅游安全预警形势分析

对我国306个5A级景区的官网采用关键词"提醒"等进行检索，或对其官网"景区承载量公告"等专栏进行统计，预警内容主要涵盖"疫情及包含疫情在内的叠加预警""接待量预警""气象环境预警""节假日预警""文明预警"等。其中，占据主导地位的仍是"疫情及包含疫情在内的叠加预警"，与2020年相似，这与疫情常态化防控下旅游安全保障的现实需求相吻合。预警机制完善工作缓慢推进，仅新建了八达岭长城景区的游客量预警机制、黄山风景区的寒潮预警机制、上海东方明珠塔的雷电预警机制、华山风景区的地质灾害预警机制等。在预警系统建设方面，游客口罩佩戴监测报警系统在西溪湿地率先试点；九日山文物及人数监测预警系统投入使用；庐山世界遗产世界地质公园监测预警展示中心建成运行；泰山景区"天眼护山"火情监测预警系统启用；海螺沟群专结合地质灾害监测预警系统调试上线运行；"行游贵州"旅游安全预警提示系统持续发力；杭州旅行社启动组团在线预警系统；等等。相较2020年，2021年旅游景区层面预警工作喜忧参半，喜的是预警系统开发建设方面在保持以往预警系统功能发挥的基础上，与时俱进、有所创新，忧的是预警机制建立健全方面推进缓慢，预警效果不尽如人意，2021年又现"人从众"，泰山景区游客滞留等是不争的事实。

二　2021年中国旅游安全预警存在的问题

（一）旅游安全预警工作推进力度不够，难以切实提升旅游本质安全水平

在预警机制建立健全上，省级层面仍有贵州省尚未制定预警机制，地市级层面尚有41.92%未建立预警机制，景区层面预警机制建设水平参差不齐，文旅安全预警机制初现端倪，但推进缓慢，预警机制建设任重道远。在预警标准上，三级预警、四级预警及简单预警并立，预警信息实现共享困难重重。在预警内容上，缺乏多样性和持续性，国外预警多于国内预警，综合预警重视不够，乡村旅游等预警内容严重不足，预警内容多态平衡发展亟待实现。在预警信息发布上，规范性差、自主发布少、机制缺失等问题较为严重，流于形式、贯彻落实不力现象普遍。旅游安全预警工作总体推进不力，与疫情防控常态化复杂环境下的旅游安全需求极不适应。

（二）旅游安全预警理念更新缓慢，难以满足文旅融合下旅游安全新需求

中华人民共和国文化和旅游部的成立，展示了中国进行文旅深度融合的决心。文旅深度融合，文旅安全预警不可缺位。但到目前为止，旅游安全预警工作理念尚未及时转变，针对旅游业的旅游安全预警仍是主流。国家层面

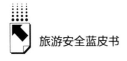

《文化和旅游突发事件应急预案》亟须出台，省级层面仅有宁夏、山西及江苏等个别省份出台了相应的《文化和旅游突发事件应急预案》，地市级层面也仅有上述几省份下辖部分城市出台了相应的《文化和旅游突发事件应急预案》，各景区更是尚未见到相关报道，文旅安全预警机制建设处于起步阶段。文旅安全预警机制建设须快马加鞭、迎头赶上。

（三）旅游安全预警绩效欠佳，尚未满足大众旅游时代的游客安全需求

疫情防控常态化以来，旅游健康安全管理力度不断加大，但旅游安全预警效果欠佳。张家界魅力湘西疫情传播、南京禄口机场疫情扩散、内蒙古额济纳旗因疫情大量游客滞留、各大景区景点又现"人从众"、泰山景区因游客滞留道歉、秦皇岛游客景区内拔孔雀毛事件、大连大黑山景区游客乱扔杂物事件、白银黄河石林山地马拉松百公里越野赛遭遇极端天气致21人遇难、晋城未开发景区父子登山遇难等一系列旅游安全事件的发生，表明旅游安全预警效果堪忧。2021年《中国的全面小康》白皮书指出，中国正在进入大众旅游时代。旅游已经成为人们的一种生活方式。为切实保障大众旅游时代下的游客安全，旅游安全预警各方主体须与时俱进，创新思维，不仅要在预警信息发布上下功夫，而且要在精准预警上花力气。

三 2022年中国旅游安全预警形势展望与管理建议

（一）形势展望

1.健康风险预警将成为旅游安全预警的新常态

《2021国民健康洞察报告》显示，93%的被调查者认为人生最重要的是"身体健康"，因疫情改变生命观的被调查者占比为74%。健康风险已经成为当下游客出行的首要考量。疫情防控常态化至今，以疫情预警为主的健康风险预警已经成为旅游安全预警的主要内容，其预警信息发布主体以各级文

旅行政主管部门、各级卫健委和各级景区为主，具体预警信息涵盖了限流、分流及游客个人防护等相关细节，有效降低了疫情引发旅游健康风险的概率。禄劝彝族苗族自治县食用野生菌中毒防控预警、张家界诺如病毒感染性腹泻高发季节防控安全预警、江西中国旅行社有限公司的进藏高原反应预警、云南疾控的防蚊虫叮咬预警、信阳南湾湖风景区的重污染天气预警等则是除疫情之外的旅游健康风险预警。

2. 文旅安全预警将成为旅游安全预警的新趋势

《山西省文化和旅游突发事件应急预案》适用范围既包括文化和旅游领域，还包括相关的体育和文化等领域，重点明确了人员密集场所、高风险项目、特种设备、消防安全、公共卫生、食品安全、道路交通、气象预警的监测。《宁夏回族自治区文化和旅游厅突发事件应急预案》适用于文化和旅游行业，根据文化和旅游突发事件划分等级，建立了四级预警机制。《江苏省文化和旅游活动重特大突发事件应急预案》为有效应对文化和旅游行业重特大突发事件提供样板，其预警工作重点与山西省相同。与以往旅游安全预警相比，文旅安全预警涉及范围更广、覆盖面更大，文旅安全预警将成为旅游安全预警的新趋势。

3. 智慧预警仍是旅游安全预警的风向标

西湖风景区花港管理处推出集人脸识别、自动跟踪、电子围栏等功能于一体的"综合智控平台"，预警涵盖野导游识别、违停提示、不文明行为提醒等内容，极大降低了人力投入，成为可靠的"护游使者"；西溪国家湿地公园利用毫秒级响应的人脸识别技术，试点游客口罩佩戴监测报警系统，对未佩戴口罩、不规范戴口罩的游客给予提醒，有效提升了疫情防控效率；恩施景区智能预警系统通过对水位和岩石数据的分析研判，提前预警，切实保障了游客安全；九日山景区的智慧精准监测预警系统支持景区人数实时监测、统计及周界入侵分析报警，同时也可实现对石刻文物进行监测预警管理；等等。融合新兴技术的智慧预警仍是旅游安全预警的风向标。

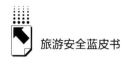

（二）管理建议

1. 完善健康预警机制，切实降低旅游健康风险水平

旅游健康风险除了疫情等公共卫生事件风险外，还涉及游客自身条件风险、旅游地环境风险、旅游要素风险等。新冠肺炎疫情及其常态化防控趋势使得旅游健康风险较以往更加受到人们的关注，无健康不旅游的观念日益深化，旅游健康风险已经成为旅游安全风险的重要内容和防控重点。为此，文旅行政主管部门须联合卫健委、生态环境保护部门、交通部门及公安部门等相关职能部门，在系统分析旅游健康风险因素的基础上，综合运用5G、大数据、人工智能、物联网、云计算、区块链、元宇宙等技术手段，建立旅游健康风险监测预警系统，实时辨识和监测旅游过程中存在的健康风险隐患，及时精准发布健康风险预警信息，全方位守护游客健康安全。

2. 积极推进文旅安全预警建设，有效保障文旅安全健康发展

文旅相关行政主管部门及文旅相关企业应与时俱进，及时转变理念，加快《文化和旅游突发事件应急预案》替代《旅游突发事件应急预案》的进程，促进文旅安全预警全面覆盖文化、旅游、文旅相关体育及文物等领域，有效落实对大文旅行业的安全保障功能，切实保障文旅行业安全健康发展。文旅安全预警工作应摒弃以往旅游安全预警中存在的弊端与不足，遵循顶层设计、统一接口、信息共享、绩效评估、动态调整的指导原则，构建文旅安全预警的一体化联动机制。在预警机制上，不留死角，建立国家、省、市及景区全覆盖的文旅安全预警机制；在预警标准上，统一预警分级，如可采用较为普遍的四级预警机制；在预警内容上，根据文旅及关联行业安全保障实际需求，确定预警内容，并做到预警内容的多样性、持续性；在预警信息发布上，加强规范化管理，鼓励自主监测发布，建立健全发布机制，利用现代技术做到精准预警。

3. 加快发展智慧预警，提升智慧旅游公共服务绩效

智慧预警作为智慧旅游公共服务的重要一环，在保障旅游全要素安全、提高疫情防控效率、降低人力成本、提升旅游公共服务质量等方面发挥着重要作用。既有杭州景区的"综合智控平台"、游客佩戴口罩监测报警系统一度亮眼，也有黄山、泰山、西湖、八达岭长城等知名景区常现"人从众"，智慧预警工作在艰难探索中不断前行。为此，各级文旅行政主管部门应遵循和领会《"十四五"旅游业发展规划》（国发〔2021〕32号）、《"十四五"文化和旅游发展规划》（文旅政法发〔2021〕40号）及《"十四五"文化和旅游科技创新规划》（文旅科教发〔2021〕39号）等文件的指导精神，加大政策支持力度，有效整合文旅企业、新技术企业、高校科研院所等，积极推进预约、错峰、限量常态化技术研究，努力探索5G、大数据、区块链、元宇宙等新技术在文旅安全监测预警上的应用推广，不断提升智慧预警绩效。

参考文献

［1］罗景峰、安虹：《疫情防控常态化与旅游安全预警应对策略研究》，载郑向敏、谢朝武、邹永广主编《中国旅游安全报告（2021）》，社会科学文献出版社，2021。

［2］郑利：《旅游健康学研究》，华中师范大学硕士学位论文，2005。

［3］周巧瑜：《面向旅游景区的异常行为识别系统的研究与实现》，电子科技大学硕士学位论文，2021。

［4］冯群超：《黄鹤楼公园旅游容量及预警研究》，湖北大学硕士学位论文，2021。

［5］花广彬：《基于多尺度卷积神经网络的中小型景区人群密度估计安全预警研究》，安徽理工大学硕士学位论文，2021。

B.17
2021~2022年中国女性旅游安全形势分析与展望

范向丽　张加梅　姚丽思*

摘　要： 2021年女性旅游安全形势总体稳定，但是接连发生的游乐场高空坠落伤亡事故、户外旅行探险事故、涉水事故等，暴露出旅游景点安全管理混乱和主管部门监管执法不力、法规标准模糊等突出问题。2021年女性旅游安全事件主要为各类事故灾难突发事件，其次是社会安全类、公共卫生类事件，自然灾害事件引发的安全问题相对较少。本文通过案例对比分析发现，我国女性旅游者安全风险意识有所强化，自救互救能力有明显提升，相关部门对女性游客突发事件的监测预警管理工作和处置救援工作更为有效全面。但由于旅游新形式出现（网红打卡游、户外特种旅游）、网络新媒体的深入融合、新型作案手段的多线性，女性旅游安全仍存在较大隐患。

关键词： 女性旅游安全　网红打卡游　户外特种旅游

近年来，随着女性群体社会地位和收入水平的提升，女性在各个细分领域的影响力快速提高，女性游客已经成为旅游市场的"主力担当"。女性休

---

* 范向丽，博士，华侨大学旅游学院副教授，研究方向为旅游安全及旅游性别研究。张加梅，华侨大学硕士研究生。姚丽思，华侨大学本科生。

闲度假的首要选择是旅游，平均每年有67%的女性外出旅游。[①] 女性对于家庭旅游消费决策有着较大影响力，超七成居民家庭旅游度假消费决策由妻子做出，女性已经成为4亿多个家庭年度旅行消费的最终决策者。[②] 在旅游方式选择中，组团包价游的热度呈下降趋势，自由行被更多女性选择。新型旅游方式的出现提供了品质化、特色化的旅游选择，也为女性旅游安全管理工作带来了更多不确定性、复杂性挑战。女性旅游者的安全问题被持续聚焦与关注。

一 2021年女性旅游安全的总体形势分析

2021年，我国女性旅游市场全面复苏，女性用户旅游消费增长迅猛。2021年新一线城市的女性旅游消费总额同比增长30%，已达到一线城市的65%，且人均旅游消费增幅位居第一，预计未来女性旅游消费总额将逐渐与一线城市看齐。[③] 女性在旅游市场中的地位越发凸显，各级安全部门、旅游企业、社会大众都在为女性旅游提供更安全的保障。

本研究通过中国旅游新闻网、旅游信息网、佰佰安全网、百度搜索等平台，搜集（不完全统计）2021年1月1日至2021年12月31日发生且涉及我国女性旅游者的旅游安全事件，共计83起。总体上看，在我国境内发生的女性旅游安全事件中事故灾难类占比最大，主要类型有户外运动事故（17起）、景区设施事故（11起）。事故灾难往往会破坏景区形象，同时造成较大伤亡和较大影响。当前疫情防控形势仍然严峻复杂，国内疫情呈现点多、面广、频发、德尔塔和奥密克戎变异株叠加流行的特点，部分周边国家和地区新增病例仍快速增多，涉旅公共卫生问题仍是关注热点。虽然女性旅

---

① 高博燕：《女性生活蓝皮书：中国女性生活状况报告 No. 14（2021）》，社会科学文献出版社，2021。

② 《中国女性旅行消费报告2021》，同程旅行，https://new.qq.com/rain/a/20210305A0AUQN00，2021年3月7日。

③ 《2022"她旅途"消费报告》，携程，https://baijiahao.baidu.com/s？id = 17267822432495 83715&wfr = spider&for = pc，2022年3月8日。

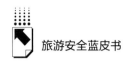

游者的安全防范意识较前几年显著增强，但随着旅游形式多样化、出游环境复杂化、新冠肺炎疫情反复发生，女性旅游安全管理力度仍须加大。

二　2021年女性旅游安全的概况与特点

（一）女性旅游安全事件的类型分布

本研究共收集到2021年发生的女性旅游安全事件83起。受疫情防控工作影响，出境旅游受限，2021年女性旅游者安全事件以国内旅游安全事故为主。从事故类型来看，2021年女性安全事件类型多样，主要为人身安全事故。事件发生时间主要集中在"五一"小长假、"十一"黄金周，寒暑假也是事件高发期（见图1）。从事件类型来看，涉旅事故灾难明显多于自然灾害、公共卫生、社会安全等事故类型（见图2）。

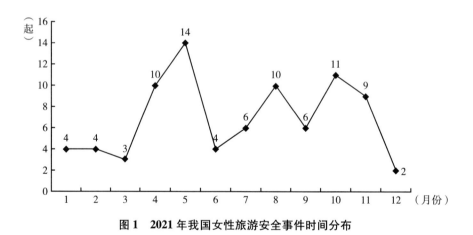

图1　2021年我国女性旅游安全事件时间分布

1. 自然灾害类事故

自然灾害是指自然界中的自然力量和自然事件造成的人类社会灾难，一般与天气、气候有关，包括台风、冻雨、海啸、寒潮、洪涝等气象灾害。从本研究所搜集的案例来看，自然灾害类女性旅游安全事件以气象灾害为主，

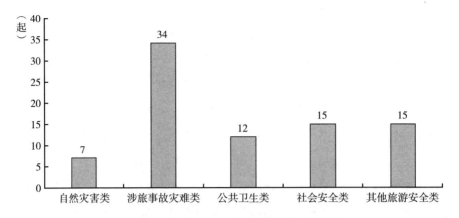

图2 2021年我国女性旅游安全事故类型分布

主要包括台风、雨雪、冰冻、地震等。本研究共收集到自然灾害类事故7起，其中5起均发生在滨海旅游地。2021年11月18日，青岛两名女性游客因不了解涨退潮情况被困于礁石上，滨海救助人员逐一将被困人员背回岸边。此外，冻雨路滑也是导致旅游意外的常见因素。2021年4月4日，一名女性游客在成都西岭雪山因地面结冰滑倒受伤，四川省森林消防指战员历时90多分钟将游客成功转移至山下治疗。可见，游客在旅游过程中应多关注天气状况，提高应对突发事件的处理能力与自救能力。旅游景区应完善天气预测系统，改善景区交通环境，优化旅游线路设计，以防止此类事故再发生。

2. 涉旅事故灾难

涉旅事故灾难发生于人们的生产、生活过程中，或直接由人们的生产、生活活动引发，往往会造成大量人员伤亡、经济损失、环境污染等严重后果，[①] 主要包括交通事故、户外运动事故、酒店安全事故、游乐设施事故、游船事故等。本研究共收集到涉旅事故灾难类安全事件34起，其中户外运动事故17起（50%）、游乐设施事故11起（32%），还包括酒店安全事故、游客走失等。

---

① 张洁、宋元林：《事故灾难类突发公共事件网络舆论引导模式的构建及运用》，《重庆理工大学学报》（社会科学版）2013年第3期。

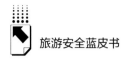

（1）户外运动事故

户外运动成为近年来颇受女性青睐的运动项目。本研究共收集到女性户外运动事故 17 起。其中，爬山、徒步运动发生事故灾难的占比最大，漂流、游船、滑翔等项目也常有事故发生。通过案件分析发现，事故原因主要有迷路、自救经验不足、救援环境复杂等。2021 年 3 月 3 日，一名女性游客在四川青城后山游玩迷路，并意外坠崖受伤，救助人员经过长达 9 个多小时的搜救，女游客得以成功脱险；2021 年 5 月 5 日，一名女游客在辉县黄水乡的深山中旅游不慎失足坠崖，救援队员赶到坠崖事故现场时女子已无生命体征。可见，户外运动旅行项目如登山和滑翔等对旅游者身体素质、野外求生技能要求较高，而女性在户外旅行中更容易出现体力不支、滑倒、迷路等情况。

（2）游乐设施事故

随着国内主题公园中大型游乐设施数量的快速增加，由游乐设施引发的安全事故也时有发生，有的甚至造成了重大游客伤亡和财产损失。2021 年 4 月 17 日，两名游客在江西铜源峡景区体验威亚项目时，项目操作人员处置失当致一名女游客额头撞上周边铁塔，严重受伤；2021 年 2 月 16 日，一名 53 岁女性游客在德阳继光花溪景区体验高空绳索项目时失足滑落，坠入溪流。娱乐项目存在一定安全隐患，多数女性游客缺乏风险意识，因此对游乐设施设备的安全性、工作人员的专业性要求很高。另外，项目经营者也应明确告知游客项目风险概况并做好应急预案。

（3）酒店安全事故

酒店安全事故常涉及设备安全事故、对客安全事故、员工安全事故，并会造成人员伤害、经济损失、声誉损失等。事故产生的原因主要有酒店设备采购不当、培训制度不合理、缺少安全监管制度，工作人员缺乏安全管理意识、服务流程不合理、操作技能不足。[①] 通过案例分析发现，不少酒店在安

---

① 胡琳遥、彭胜男、位青春等：《基于事故因果连锁理论的酒店安全管理模型》，《安全》2019 年第 3 期，第 35~39 页。

全事故事后处理时存在态度傲慢、推卸责任的情况。2021年5月6日，一名女性游客在成都一酒店洗手间摔伤，伤势严重，但酒店方迟迟未出面解决问题，且声称与此事无关；2021年国庆期间，一对夫妇入住三亚一家高达2600元一晚的度假酒店时，先后遇到服务员与客人发生争执、前台送错房卡、酒店员工私自打开房门等问题，且酒店方未对客人做出当面回复，仅电话告知让其退房。由此可见，酒店在其运营场所范围内未尽到安全保障义务，涉事企业缺乏对消费者的保护意识。

3. 涉旅公共卫生事件

旅游活动不同于其他交易活动，它具有空间流动性和规模群聚性。[①] 加之，客源地与旅游目的地的自然环境、公共卫生状况存在差异，容易造成旅游公共卫生事件。本研究共收集女性旅游公共卫生事件12起，主要包括突发疾病、病毒感染、食物中毒等。

新冠肺炎疫情是全球重大公共卫生灾难。本研究收集的12起涉旅公共卫生事件中，由新冠肺炎疫情蔓延引起的卫生事故共4起。2021年10月16日，两名北京游客从内蒙古自治区额济纳旗旅游返京后不遵守防控要求，10月19日，其旅行途经地升级为中风险地区后，2人仍然未向所在社区主动报告，且未前往正规医院进行核酸检测，由此造成了新一轮新冠肺炎疫情蔓延，致多人感染。

突发疾病由于发病急剧，病情变化快，往往无先兆，一旦发生后果比较严重。2021年6月18日，一名患多年糖尿病的64岁女性游客在江山市江郎山登山时突然身体发软、精神恍惚，随之意识几乎丧失。旅游公司先安排专人照料其休息后仍无好转，遂将其送至保安乡卫生院，昏迷女游客最终成功获救。由此可见，游客自救、互救意识和能力的培养也应成为行前旅游安全教育的重要内容。[②]

---

① 邹永广、朱尧：《突发旅游公共卫生事故合作治理的网络特征研究——以10·8海螺沟食物中毒为例》，《华侨大学学报》（哲学社会科学版）2018年第4期，第26~38页。

② 范向丽、吴阿珍：《2018~2019年中国女性旅游的安全形势分析与展望》，载郑向敏、谢朝武主编《中国旅游安全报告（2019）》，社会科学文献出版社，2019。

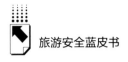
4. 涉旅社会安全事件

女性涉旅社会安全事件主要包括动物袭击、抢劫性侵、恐吓威胁等。本研究共收集到涉旅社会安全事件15起，其中性侵和骚扰女性事件8起，旅游者之间、旅游者与工作人员冲突事件4起。性侵事件是女性旅游安全事件中最恶劣的事件之一。由于女性在旅游过程中对当地环境不熟悉，加上女性本身相较于男性身体对抗能力更弱，女性被抢劫、侵犯的风险增加。2021年9月23日，一名女子报警称其在北京环球度假区被人偷拍隐私部位，派出所民警迅速到场，将违法行为人抓获，该男子被依法处以行政拘留十日。12月6日，一名中国女游客在印度游玩期间被一名印度男子骚扰，该女性游客沉着应对，对该男子进行训斥。11月5日，一名女性游客在三亚某海域骑乘小型摩托艇时，遭到摩托艇教练骚扰。此外，在旅游过程中女性游客轻生自杀行为时有发生。4月10日，一名女游客在武汉木兰草原景区与丈夫吵架后赌气跳进约4米深的水塘，景区两名保安及多名游客及时搭救，最终将女游客救上岸。

5. 其他事件

本研究收集到其他安全事件15起，包括景区动物伤人、游客与工作人员发生纠纷冲突、导游强制购物等。2021年7月底，一名女性游客曝光在云南旅游途中，旅行社司机态度粗暴、言语不当，游客多次遭到司机的威胁、语言暴力和侮辱等。

（二）女性旅游安全事件的特点

通过对所收集案例进行对比分析，总结出2021年女性旅游安全事件主要有以下特点。

1. 事故类型更加复杂多样

旅游形势为迎合多样化需求出现新样态，女性旅游观念转变以及大型特种旅游项目爆红增加了旅游安全事故类型的复杂性。游客为了寻找自拍角度，缺乏风险意识，忽视周边环境导致坠亡；追求热门体验，在专业技能不够的情况下参加特种旅游项目致意外发生；越来越多的女性偏爱前往在社交平台上"种草"的网红打卡地旅行消费。近年来频繁发生的旅游事故，也多出现于网红景区。

2. 游乐设施安全隐患突出

游乐项目运营对安全性要求极高，一旦游乐设施发生故障，游客将面临极大安全风险。大型游乐设施发生事故一般有三方面的原因，一是设备本身问题；二是维护保养不到位；三是工作人员与游客操作不当。对安全而言，人为因素是最大的不确定因素。据不完全统计，2021年，我国发生的13起娱乐设施事故多源于设施设备故障、工作人员操作不规范、游客未严格遵守游玩规则等因素，且多起事故伤亡严重。与此同时，大量游乐设施并未被纳入特种设施设备目录，导致对设施的审批和监管标准较难界定，所以需要主题公园检验部门、维修部门、游客运行部门对其进行严格管理，最大限度保障游客安全。

3. 户外运动安全事故不减

近年来，户外运动越来越流行，对项目规范性、工作人员的专业性要求却没有随之提升，这导致户外运动事故频发。户外运动中高空游乐项目的刺激性体验能给游客带来放松感，深受游客喜爱，但其事故发生率也极高。女性游客户外运动安全事故的发生一方面与女性本身的生理结构特点、冒险心理、风险与安全意识以及安全常识等因素有关，[1] 另一方面与经营者并未具备足够的性别意识，没有采取更实际、具有针对性的特殊安全保障措施有关。

（三）2021年女性旅游安全管理的主要进展与特点

1. 安全事件处理及时有效

旅游安全事件案例分析发现，女性旅游者的风险意识、独立意识有明显提升，在人身财产安全受到威胁的时候，懂得利用法律途径维护自身合法权

---

[1] 范向丽、覃海丽：《2017~2018年中国女性旅游的安全形势分析与展望》，载郑向敏、谢朝武主编《中国旅游安全报告（2018）》，社会科学文献出版社，2018。

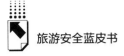

益，能够迅速向相关部门请求救援。此外，各地旅游景点安全警示工作体系逐渐成熟，能够在危险地段做出安全提醒，国内旅游安全相关部门也对旅游安全事件极为重视，能够及时采取应急救援措施。

2. 公众积极参与旅游安全管理

旅游安全管理部门通过网络、微博、标语等多种途径和手段宣传旅游安全，深入开展群众性安全文化活动，有效提升了公众社会参与的积极性和对旅游安全的关注度，切实提高了公众的自救互救技能。在旅游安全事故发生时，不少游客开始尝试救助发生事故的同行游客，这一公众互救行为逐渐得到社会支持。2021年6月，浙江衢州一名中年女性游客在旅游途中因身体原因陷入昏迷，同行40多名游客纷纷支持暂停旅游，先送病人到医院就医，并在途中为其提供一系列基础帮助。

3. 网络媒体起到监督警示作用

新媒体的盛行改变了传统生活交流方式，为人们获取信息提供了便利，[①] 这也加速了社会公共事件的传播。旅游安全事件发生后，网络媒体监管给景区形象恢复带来巨大压力，使各级旅游部门重视网络舆论管理，并制定科学的旅游公关应急方案，在安全事故发生时，能迅速采取正确公关措施控制事态发展，避免舆论发酵。同时，对安全事件进行曝光能警示女性出游安全。因此，旅游监管不能拒绝舆论监督，旅游安全管理工作需要有效地吸纳新媒体的优势。

三　2021年影响女性旅游安全的主要因素

（一）特种旅游项目经营者缺乏专业经营管理能力

特种旅游作为我国旅游业中一个新的旅游品种，因游客能够在体验

---

① 刘媛媛：《试论旅游管理中新媒体的应用》，《现代营销（下旬刊）》2018年第11期，第92页。

项目时在精神或心理上检验自己的能力并获得满足感而备受欢迎。但项目本身具有危险性、刺激性等特征，这就对项目设施的安全性、活动流程的规范性、工作人员的专业性、旅游者的风险意识等都有极高要求。目前，我国特种旅游仍存在安全管理结构不健全，设施安全监控不够，项目经营者对项目的专业知识、安全性认识严重不足等问题，加上多数游客本人对特种运动的风险感知并不强，导致滑翔、威亚、风筝冲浪等项目安全事故常有发生。

（二）旅游环境观察判断能力不够

当下，女性旅游者热衷于尝试自驾游、"驴友"游等自助游形式，[①] 但多数游客缺乏安全经验和知识，无法根据自身体能情况对旅游目的地安全状况做出谨慎评估和正确判断。比如前往海岛或不熟悉水域游玩时，常有游客因欣赏美景或追求拍出奇特照片而忽视水域变化，因缺乏水上自救能力而被困"孤岛"；进行登山运动时，忽视极端天气如降雨、路面冰冻等可能造成崴脚、滑倒、坠崖等风险。因缺乏风险防范意识，未提前采取规避措施、准备应急方案，女性游客事发后手忙脚乱、错误应对，从而错过最佳救援时机。

（三）旅游形式多样化加大安全管理难度

女性出游方式和选择越来越多样化、个性化、随机化，给旅游安全管理带来了新的挑战。虽然社会的安全意识宣传增强了大部分女性旅游者的自身安全防护意识，但女性仍缺少安全求生技能培训。安全意识增强不等于自身安全技能的提高。旅游形式的多样化、旅游安排的灵活性、旅游者旅游技能的不成熟都加大了旅游安全管理的难度。

---

① 范向丽、吴阿珍：《2019~2020年中国女性旅游的安全形势分析与展望》，载郑向敏、谢朝武主编《中国旅游安全报告（2020）》，社会科学文献出版社，2020。

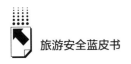
四 2022年女性旅游安全管理的建议与形势展望

（一）2022年女性旅游安全管理建议

1.疫情防控期间，安全管理工作应灵活高效

随着疫情防控越来越精准，旅客保持着积极出游意愿。疫情期间，国内游客养成了随机应变的旅游方式，常根据疫情防控形势调整出游计划。此外，"七普"数据释放积极因素，人口受教育程度明显提高，人口流动聚集趋势更加明显，国内旅游市场恢复具有巨大潜力。游客出游安排向多样化、灵活化转变，就女性游客安全管理而言，可以做好如下准备。首先，运营特种旅游项目的旅游企业应当增加设备运营前试运行检查、日常检查和维护保养、定期安全检查等工作。针对女性的特殊性，设计更人性化、安全系数更高的项目，增加女性专栏讲解，并做好乘客安全乘坐须知的普及工作。其次，考虑妇女儿童的特殊性，开发有针对性的周边游、亲子游、中老年游产品，采取更严谨周全的措施来保障女性和儿童的安全。最后，完善旅游安全警示体系、应急救援体系。在旅游安全事故发生前做好预测警示工作，事故发生时采取紧急救援处置措施，事故发生后做好人员安抚、起因调查、档案归档和反复学习工作。

2.旅游新业态发展下，强化网络安全管理

疫情期间，大众传媒、社交媒体等线上娱乐方式成为人们的主要休闲方式。同时，线上化、数字化加速向更多旅游业场景延伸，旅游大数据平台、智慧旅游公共服务、云旅游平台、线上数字化体验、沉浸式旅游场景等加速发展。同时，在生育政策潜力充分释放的同时，老龄化已成为我国的长期基本国情。旅游与文化、体育、健康、养老等幸福产业进一步融合发展。研学旅行、亲子旅游、老年旅游、康养旅居等具有广阔的市场前景。实现"双碳"目标也将促进生态旅游、绿色旅游、低碳旅游等发展。旅游新业态的快速发展和新媒体技术的进步助推了旅游业发展模式转变。在移动互联网与

网络传媒时代,人们获取旅游信息的渠道增多,更多旅游者会利用 OTA 平台挑选和对比旅游产品。每一项旅游产品都与女性生命安全息息相关。这要求 OTA 平台提高企业安全责任意识,在产品设计、筛选、运营和管理上更加注重安全要素,主动开展自我排查,补齐安全服务短板,建立企业安全评价机制。

3. 强化对旅游企业责任落实的监督检查

本研究收集的旅游安全案件中有多起由旅游设施问题、工作人员不规范操作等造成的游客伤亡事故。对此,旅游管理部门要切实履行属地监管责任,加强对企业建立和落实安全主体责任工作的指导督促和监督检查,重点检查特种设备安全、食品安全等风险源。充分利用网络、微信等媒介,全方位、多层次督促企业认真开展安全隐患自查自纠,实现隐患闭环整改,落实"生命至上,安全第一"。

(二)2022年女性旅游安全形势展望

本研究认为 2022 年我国女性旅游安全呈现以下发展趋势。(1)女性仍是市场主力军,受疫情影响旅行者考虑到跨省旅游的限制和不便,周边游需求加速释放,成为消费者周末休闲的主要形式。预计周边自驾、徒步登山、骑行等户外运动将更受欢迎。由于周边游的旅游环境常是旅游者熟悉的范围,加上我国游客安全意识逐步增强,虽然安全事件在短期内不一定会减少,但是发生频率可能有所下降。(2)国内旅游市场全面复苏。虽然 2021 年的春运、暑运和国庆节等出行高峰经历疫情,但这些时段的旅客运输量谷底越来越高。这说明随着疫情防控越来越精准,旅客仍然保持着积极的出行意愿,须做好旅游市场反弹的应对准备。(3)旅游新业态加速形成,"一老一小"成为市场热点。随着疫情防控转入常态化,对旅游景区和旅游企业而言,建设风险的可持续应对能力更为重要。

B.18
2021～2022年游客聚集性风险
形势分析与展望

林荣策　渠兴勤　胡清楷　殷 杰*

摘　要： 疫情常态化防控阶段，各地旅游市场逐步复苏，游客出游行为逐渐增多，聚集性安全事故也随之而来。2021年我国游客聚集性安全总体形势比较严峻，受到人、环境、设施等多因素的交互影响，整体安全事故类型复杂多样。同时，游客聚集性风险与新冠肺炎疫情不稳定性现状叠加，导致安全防控难度加剧。通过案例分析发现，游客聚集性安全事故呈现诱因复杂性、时空偶发性、风险多样性等特点。2022年，游客聚集性风险将朝着风险常态化、时空相对集中化和致因多元化等方向发展。建议从常态化疫情防控体系构建、针对性要点防范、联动式合作防范等方面入手，坚持疫情防控优先，抓实旅游业疫情风险防控；重塑风险防控意识，实施聚集性风险前置评估；加强"三多"协同联动，构建聚集性风险防控机制。

关键词： 疫情防控　聚集性风险　游客

高聚集游客群是指局部空间内聚集人数在50人以上，且游客密度高于

---

* 林荣策，硕士，华侨大学旅游学院副教授，研究方向为高校思想政治教育、旅游安全教育。渠兴勤，华侨大学旅游学院硕士研究生，研究方向为旅游安全。胡清楷，华侨大学旅游学院硕士研究生，研究方向为旅游安全。殷杰，博士，华侨大学旅游学院教授，研究方向为旅游安全。

2.0 人/m² 的高风险群体。[1][2] 随着大众出游的常态化，在特定时空条件下，游客容易出现高度聚集，形成高聚集游客群。2021 年国内旅游总人次达 32.46 亿人次，比 2020 年同期增加 3.67 亿人次，增加了 12.8%，恢复到 2019 年的 54%；国内旅游总收入达 2.92 万亿元，比上年同期增长 31%。[3] 国内旅游市场呈现复苏态势，各地旅游市场逐步活跃，高聚集游客群事件也时有发生。2021 年国庆黄金周期间，太白山景区因为索道运力不够，数百名游客滞留于索道站点。目前，我国已进入疫情常态化防控阶段，但区域性疫情时有反复，聚集性疫情防范和游客聚集性风险防范是当下旅游业安全管理的重点问题。

本研究借助各大主要搜索引擎，以"游客""事故""聚集""景区""拥挤""滞留"等关键词相互组合匹配搜索聚集性游客安全事故案例，选择来自主要报纸或权威网站的案例信息。据不完全统计，本研究共搜集到 2021 年游客聚集性风险案例 21 起，并呈现如下特征。

一 2021年我国游客聚集性风险概况与特征分析

（一）游客聚集性风险的基本特征

1. 风险诱发因素复杂多样

对本研究搜集到的案例进行分析发现，诱发游客聚集性风险的因素涉及天气、旅游环境、设施设备、个体安全意识、个体安全技能等多方面，并呈现风险诱发因素多样性的特征。5 月 3 日，山西省襄垣县龙凤滩旅游景区在无安全防护设施、无安全员专人管理的情况下，继续对游客开放经营，导致

---

① 殷杰、郑向敏：《高聚集游客群系统的结构解析与运行机理——理论与实践双重视角的研究》，《经济管理》2018 年第 8 期，第 120~134 页。
② 殷杰、郑向敏：《高聚集游客群安全的影响因素与实现路径——基于扎根理论的探索》，《旅游学刊》2018 年第 7 期，第 133~144 页。
③ 中华人民共和国文化和旅游部网站，http://zwgk.mct.gov.cn/zfxxgkml/tjxx/202201/t20220124_930626.html，2022 年 1 月 24 日。

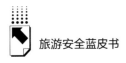

大量游客聚集岸边游玩，最终由于人数众多现场混乱，爷孙3人坠入水库溺亡；① 10月1日，河南郑州中牟景区因游客过量聚集，吊桥断裂，最终致使多名游客落水。②

2. 风险时空聚集性分布明显

以往研究表明③，游客规模、节假日（周末）、热门旅游目的地三者在时空上的耦合性极大地增加了游客聚集性风险。殷杰和郑向敏指出节假日、周末发生安全事故的概率远高于平日。④ 此外，热门旅游省份旅游业比较兴盛，旅游产品比较丰富，游客量大，聚集性安全事件发生在节假日（周末）、热门景点的比例远高于非节假日、非热门景点。同时，由于游客出游时间的集中性和目的地选择的趋同性，游客聚集性风险呈现时空聚集分布特征。

3. 事故结果呈现破坏性

游客聚集性风险最终导致骚乱、滑坠、溺水、交通事故、新冠肺炎感染等。7月29日，湖南张家界魅力湘西剧场出现新冠肺炎无症状感染者，最终形成聚集性疫情，导致景区关闭；⑤ 10月3日，陕西太白山索道因运力不够，数百名游客停滞在站点，加上大风天气，使得现场游客产生骚乱。可见，游客聚集性风险导致事故类型多样，防控难度大，特别是在新冠肺炎疫情防控常态化下，无症状感染者识别和排查难度较大，局部感染和暴发风险较高，旅游聚集性活动与聚集性疫情传染风险不容忽视。

① 《襄垣县龙凤滩旅游景区：三次发生重大安全事故溺亡七人》，搜狐网，https：//www.sohu.com/a/498072925_120108478，2021年10月29日。
② 《郑州一景区网红吊桥锁链崩断，桥身侧翻，多名游客落水!》，搜狐网，https：//www.sohu.com/a/493273519_120642782，2021年10月2日。
③ YIN J, ZHENG X, TSAUR R. Occurrence mechanism and coping paths of accidents of highly aggregated tourist crowds based on system dynamics, *PLOS ONE*, 2019, 14（9）：e222389.
④ 殷杰、郑向敏：《高聚集游客群安全事故的时空分异与空间演化分析》，《福建农林大学学报》（哲学社会科学版）2019年第1期，第59~66页。
⑤ 《紧急提醒：不要去这地旅游，所有景区景点关闭》，腾讯网，https：//xw.qq.com/cmsid/20210730A0551T00，2021年7月29日。

（二）游客聚集性风险的时空分布特征

本研究对案例进行逐一分解、编码，从时空两个维度来探究我国游客聚集性风险的分布特征。

1. 游客聚集性风险的时间分布特征

一年中除去1月、3月、4月、6月和11月，我国游客聚集性安全事故多发于余下7个月份。其中，5月、10月事故数量最多，合计占比达57.15%。案例统计显示，5月和10月是游客聚集性风险的高发期；2月、7月、8月、9月和12月是游客聚集性风险的次高发期；1月、3月、4月、6月、11月是低风险期（见图1）。

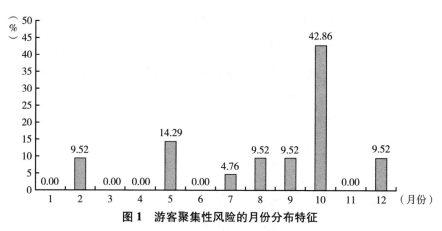

图1 游客聚集性风险的月份分布特征

对安全事故发生的具体时段（见图2）进行分析不难发现，安全事故发生在节假日、周末的比例远高于平日，合计达到85.72%。值得注意的是，游客聚集性风险多发于"十一"黄金周，占比达到42.86%，这表明国庆黄金周是我国游客聚集性风险的高发期；暑假和"五一"小长假也是游客聚集性风险的高发时段。根据风险与安全事故发生的时间来看，聚集性旅游安全事故比较容易发生在"十一"黄金周、"五一"小长假、寒暑假以及周末，这也表明疫情常态化防控阶段我国游客聚集性风险也呈现集中化与常态化特征，各级部门应加强聚集性疫情防范。

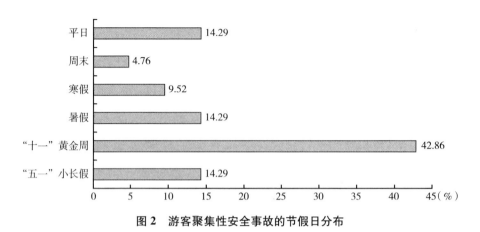

图 2 游客聚集性安全事故的节假日分布

2. 我国游客聚集性风险的空间分布特征

通过分析安全事故的省域分布情况可以看出，游客聚集性事故主要涉及16 个省级行政单位。其中，旅游聚集性安全事故发生数量最多的前四个省份依次为山东、河北、湖北、河南（见图 3）。

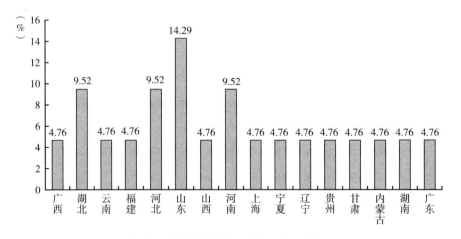

图 3 游客聚集性安全事故的省域分布

山东省素有"文化圣地，度假天堂"的美誉，历史悠久，文化灿烂，是齐鲁文化的起源地，旅游资源丰富，山东省有 2 座中国历史文化名村、10

座国家历史文化名城、6 处国家重点风景名胜区;① 湖北省地貌类型丰富，平原、岗地、丘陵和山地兼皆有之，资源丰富，风景优美，湖北省有 5 座国家历史文化名城、4 处世界遗产、5 处古文化遗址、12 家 5A 级景区、101家 4A 级景区;② 河北省作为首都"后花园"、华夏文明的重要发祥地，地貌多样复杂，丘陵、高原、平原、山地、盆地类型齐全，四季分明，是文化资源大省，具有 3 项 5 处世界文化遗产、227 项国家级非物质文化遗产项目、168 处全国重点文物保护单位等;③ 河南省享有"九州腹地、十省通衢"之美誉，是中国功夫之乡，中原文化博大精深，拥有 5 项世界文化遗产项目、7 座国家历史文化名城、113 处国家级非物质文化遗产名录项目、14 处 5A级景区。④ 这四个区域都是我国热门的旅游省份，旅游业比较兴盛，旅游产品比较丰富，与游客多样的旅游需求相契合。

从事故的发生环节来看，我国游客聚集性安全事故主要发生在游览、游乐、交通三个环节，占比分别为 47.62%、33.33% 和 19.05%（见图4）。其中，安全事故发生在景区内游览环节的比例最高。将景区作为旅游目的地是绝大多数游客出游时的习惯性选择，这导致景区成为事故易发场所。

从事故分布的场所类型来看，山岳、公园、遗址古迹、江河湖泊、公共区域等场所成为安全事故频发的场所。其中，事故发生最多的场所是江河湖泊类场所，占比达到 38.10%，这表明江河湖泊类场所是游客聚集性安全事故的高发、高风险区域。究其原因主要是江河湖泊类场所本身环境比较危险，如果安全配套或游客安全意识缺失就很容易发生落水溺水等危险。其次为公园类场所，占比 28.57%，公园类场所包括主题公园、森林公园，这类事故大多数是突发意外事件导致的伤害（见图 5）。

---

① 山东省人民政府官网，http：//www.shandong.gov.cn/col/col94094/index.html。
② 湖北省人民政府官网，https：//www.hubei.gov.cn/jmct/。
③ 河北省人民政府官网，http：//www.hebei.gov.cn/hebei/14462058/14462085/index.html。
④ 河南省人民政府官网，https：//www.henan.gov.cn/jchn/。

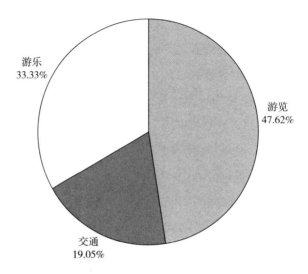

图4 游客聚集性安全事故的发生环节分布

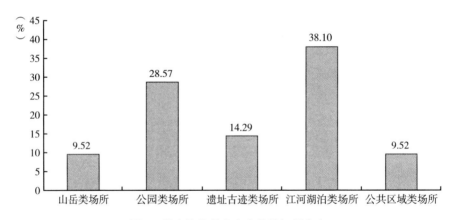

图5 游客聚集性安全事故的场所分布

从事故分布的空间节点来看（见图6），游客聚集性安全事故主要发生在热门景点、游览通道、交通工具、出入口、码头、观景台等空间节点。其中，热门景点发生的聚集性安全事故占比最大，达到33.33%；其次是在游览通道上发生的事故，再者是交通工具上的，占比分别为19.05%和14.29%。因此，防范聚集性风险必须注重对热门景点内、游览通道上、交通工具上的游客进行疏导和分流。

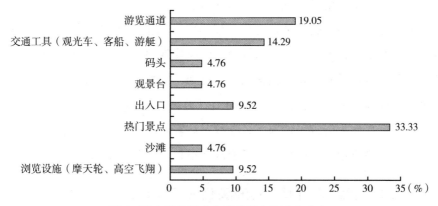

图6　游客聚集性安全事故的空间节点分布

二　游客聚集性风险的引致因素分析

根据事故因果连锁理论，人的不安全行为、物的不安全状态和个人因素、工作有关因素是事故产生的直接和间接原因。其中，管理缺陷是事故发生的根本原因。① 本研究分析得出诱发游客聚集性安全事故的因素主要包括以下几个方面。

（一）人员因素：缺乏风险认知与安全意识

人员因素是引发游客聚集性风险的重要因素，它主要指游客和旅游行业从业者两个群体因素。在聚集性风险防范中，如果游客和旅游行业从业者能够提高风险意识并对可能存在的风险源、风险因素等进行有效识别和判断，则能够极大降低安全事故的发生概率。一方面，由于游客对于目的地安全状况不了解，有意或无意地进入景区安全警示区域或不向游人开放的危险水域、深山林区等环境，加之自我安全防范意识不足，导致安全事故。10月10日，河南万岁山大宋武侠城景区免票首日，大批游客不服从工作人员引

---

① 谢朝武、申世飞：《旅游地环境风险对中国旅游突发事件的影响及其区域分布研究》，《地理科学进展》2013年第3期，第37~39页。

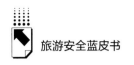

导冲进景区，造成混乱，险些发生踩踏事故。①

另一方面，旅游行业从业者缺乏整体性、持续性的风险观，缺乏对危机发生前、发生中以及发生后的系统全面的风险管理意识，导致游客群体旅游所需的危险区域警示标识、救援队伍人员和设施配备等不足，这也会增加游客聚集性风险。5月3日，山西省襄垣县龙凤滩旅游景区在无安全防护设施、无安全员专人管理的情况下，继续对游客开放经营，导致大量游客聚集岸边游玩，最终由于人数众多现场混乱，爷孙3人坠入水库溺亡。

（二）环境因素：自然环境的变化性和偶发性

不同类型的旅游目的地受气候条件、地理条件、交通条件等自然环境因素影响的程度也各不相同，这些环境因素客观存在于游客的旅游活动中，带来的游客聚集性风险程度也具有差异。江河湖泊类场所、公园类场所、遗址古迹类场所、山岳类场所、公共区域类场所等是游客聚集性风险发生的主要场所，且江河湖泊类场所是游客聚集性安全事故的高发、高风险区域，占比达38.10%，而江河湖泊类场所受自然因素影响较大，如暴雨、狂风、雷电、大雾等，这些不可控的自然环境因素加剧了游客聚集性风险。12月29日，广西桂林神岭瀑布景区因气候突变，数百名游客上山观赏雾凇被困。②因此，环境等客观因素对游客聚集性风险的影响亟须重点关注。

（三）管理因素：各监管主体未能有效发挥作用

旅游场所安全风险防控的实现涉及多个领域、多个层次，具体包括食品卫生安全检查、日常治安检查、消防安全检查、交通安全检查、财物安全监管等多个方面，参与的主体具体包括旅游管理、卫生服务、林业、水利、环保、质检、公安消防等多个部门。多部门管理容易出现职责权限、范围等方

---

① 《河南一景区免票首日大批游客"冲关"入园，险些发生踩踏事故》，网易新网，https：//3g. 163. com/dy/article/GLVEOKQ2053469LG. html，2021年10月10日。

② 《为赏雾凇爬山被困，桂林消防火速救援》，环球网，https：//baijiahao. baidu. com/s？id＝1720567114650265209&wfr＝spider&for＝pc，2021年12月31日。

面的相互交叉、模糊不清的情况，导致相关职责主体未能形成权责分明、协调统一、立体联动的风险防控体系，使得各行政管理机构与旅游企业、景区、旅游行业协会、游客、公众等的信息沟通和反馈联动不畅，各种安全隐患问题不能及时得到解决。5月3日，山西省襄垣县龙凤滩旅游景区的溺水事故，是景区发生溺水事故后没有吸取教训、加强安全整改的情况下，继续对游客开放经营再次导致重大安全事故。这不难看出，景区对于水库岸边安全防护设施配套和安全人员配备等安全措施没有落实，景区主管部门安全监管不到位，并未形成对景区安全整改落实情况的有效监管。

（四）设施因素：设备运行维护不到位

在特定的时空情境下，游客大量聚集，形成高聚集游客群。通常情况下，聚集场所内的设施设备会在游客人数增多的时候，进行高负荷、超负荷运行，这时常会导致安全事故。10月1日，河南郑州中牟景区吊桥上聚集过量游客，吊桥不堪重负断裂，致使数名游客跌落水中。[1] 同时，特定空间场所内的支持性设备、旅游活动开展的辅助性设备没有及时进行维护，成为威胁高聚集游客群安全的潜在风险源。10月2日，山东潍坊富华游乐园摩天轮运转过程当中，由于中心滑环处出现电路故障致使摩天轮吊厢空调断电，正在乘坐摩天轮的约40名游客被困。[2]

三 2022年我国游客聚集性风险发展趋势与防范建议

（一）2022年我国游客聚集性风险的发展趋势

1. 游客聚集性风险呈现常态化

尽管受新冠肺炎疫情影响，2020年国庆、中秋双节全国仍旧接待国内

---

[1] 《郑州一景区网红吊桥锁链崩断，桥身侧翻，多名游客落水！》，搜狐网，https://www.sohu.com/a/493273519_ 120642782，2021年10月2日。

[2] 《山东潍坊一摩天轮运行中冒烟，事发时轮上约40名乘客》，腾讯网，https://new.qq.com/rain/a/20211003A03GS000，2021年10月3日。

游客 6.37 亿人次，2021 年国庆假期国内旅游出游人次仍旧高达 5.15 亿人次。由此可见，旅游已成为大众休闲活动，是大众生活性活动，我国已进入大众旅游阶段。加之，大众休假时间的集中性和目的地选择的趋同性会使大众在相同时间选择相似或者相同的旅游目的地进行旅游活动，这容易引发游客高度聚集，形成游客聚集性风险。此外，我国仍面临"外防输入，内防反弹"的防疫压力，一些地区仍然有本土聚集性疫情出现，疫情扩散和外溢风险依旧存在。游客聚集性风险与新冠肺炎疫情风险叠加，容易形成游客聚集性疫情。由此可见，2022 年，我国游客聚集性风险仍旧呈现常态化特征。

2. 游客聚集性风险发生集中化

分析 2021 年聚集性安全事故发生时间，相应的事故出现在特殊时段，诸如法定节假日、寒暑假、周末等的概率比较高。我国的休假制度导致了大众休假时间的集中性，预计 2022 年大部分游客们出游时间还是会倾向于法定节假日、寒暑假、周末等特殊时段，我国游客聚集性安全事件的高发期仍会是这些特殊时段。游客聚集性风险仍具有明显的时间集中性。

3. 游客聚集性风险致因多元化

2021 年，我国游客聚集性安全事故表现出事故类型多样化、事故发生环节分散化以及事故发生场所复杂化。通过对游客群体的分析发现，游客涵盖了观光型旅游者、文娱消遣型旅游者、个人及家庭事务型旅游者、生态/探险型旅游者等多种类型，具有多样性，他们对于旅游产品和目的地的选择呈现个性化特征。预计 2022 年，我国游客聚集性安全事故仍将集中在各种类型的旅游活动上，特别是在旅游环境、社会环境、气候、个体安全意识、个体安全技能等方面，安全隐患仍然存在。

（二）2022年我国游客聚集性风险防范建议

1. 针对疫情，构建常态化风险防控体系

坚持疫情防控优先，抓实旅游业疫情风险防控。2022 年，旅游企业要始终把疫情防控摆在第一位，推动旅游安全等各项工作的落实。根据"谁组织、谁管理、谁负责"的原则，强化旅游安全主体责任，制定针对性应急预案，明晰疫情防控下各项安全突发事件的应急处理措施和流程。要合理控制旅行团队规模，跟进行程管理，确保各项防控措施覆盖游客招徕、组织、接待等各环节。旅游接待场所应构建常态化游客聚集性风险防范体系，坚持全面安全防护、全员风险监管、全时客流管理、全网信息管理、全域技术覆盖、全速游客入园、全力应急响应和全园安全服务。① 具体而言，应继续贯彻执行"限量、预约、错峰"要求，游客接待量不得超过最大承载量的50%，全面推行预约制度，实行游客分时段间隔入园游览，优化游览线路合理性设置，加强对游客的疏导和管控，避免人员聚集拥堵。② 同时，也可以将大数据应用于旅游业疫情风险防控，通过大数据提高数据的时效性和空间辨识度，对人群流动的趋势和风险做出规律性的推算和预测，积极做好预防措施。

2. 针对专项，强化要点集中式前置防范

强化风险防控意识，实施聚集性风险前置评估。要加强和重塑旅游风险防控意识，在时间上提前评估、主动预警、精准管控。一方面，作为旅游行政管理机构的政府和旅游企业要提升战略和全局思维，转变"重危机处理而轻风险预防"的落后观念，明晰旅游市场可能存在的各种风险，筑牢"防控并举，以防为先"的常态化、常规化风险管理意识。另一方面，要抓细做实风险规避的基础性工作即风险评估。通过数据挖掘、分析和处理等方式对目前我国旅游热门目的地的聚集性安全事故进行分析，概括提炼各热门目的地安全事故的发生规律，评估风险等级，并结合事故高发时间点，针对不同旅游主体实施四项"精准工作"即分级精准管控、风险意识精准提升、风险隐患精准排查、安防技术精准推广，开展主动情报预警等，做好各种聚集性风险前置评估工作。

---

① 殷杰：《防疫常态化 景区需做好"八全"工作》，《中国旅游报》2021年8月10日，第5版。

② 殷杰：《旅游安全治理需要强化多部门联合多业态联动》，《中国旅游报》2021年9月29日，第3版。

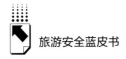
3. 针对常态，强化聚集联动式合作防范

加强"三多"协同联动，构建聚集性风险防控机制。在聚集性风险应对上要加强行政主管部门、旅游主管部门、旅游景区、游客、交通、住宿等多主体、多层次和多领域的"三多"协同联动，构建聚集性风险联防联控机制。首先，要明确各主体的责任归属，建立由党政领导牵头开展的联席会议制度。应急、公安、文旅、自然资源、农业农村等相关部门互联共建，按时通报情况、及时共享信息，分析解决安全管理重点问题，构建多部门多元共治的高质量合作治理格局。① 其次，在梳理聚集性风险全过程的基础上，制定风险防控流程。按照宣传教育、风险预警、风险处置和风险善后四个不同阶段进行防控，前后承接、各有侧重，根据不同实际情况制定适合的防控决策，加强各防控流程间的主体联动。最后，在法制、政策和执法等层面完善风险防控体系。在法制层面，建立健全旅游安全风险管理法律法规，推进旅游风险防控体系的保障机制建设；在政策层面，各责任主体要注重联动协作，加强部门间的沟通配合，合理调配社会资源，针对性制定各种风险处置预案，定期开展旅游企业预案演练；在执法层面，增强对旅游经营机构的管理，严格进行风险评估和处置预案建立情况督查，实施针对性的责任追究。同时，强化对游客风险尤其是聚集性风险的安全教育工作。

---

① 殷杰：《旅游安全治理需要强化多部门联合多业态联动》，《中国旅游报》2021年9月29日，第3版。

B.19
疫情防控常态化下大学生旅游
安全形势分析与风险防范

孙娟娟　吴高杨　许国玺*

摘　要： 分析疫情防控常态化背景下我国大学生旅游安全的总体形势对于强化大学生旅游安全管理具有重要意义。本文基于 2021 年 18 起大学生旅游安全事故，分析疫情防控常态化下我国大学生旅游安全的总体形势、事故类型、事故特征及事故成因，并对大学生旅游安全风险防范提出相关建议。结果发现，2021 年我国大学生旅游安全形势总体向好，但仍受疫情风险影响，传统安全风险时有出现。具体来看，2021 年我国大学生旅游安全事故类型主要为事故灾难；下午和夜晚是旅游安全事故高发时段；旅游安全事故涉及 13 个省份；旅游游览场所、旅游交通场所是事故高发场所；人为因素、环境因素、设施因素、管理因素是大学生旅游安全事故的主要诱因。疫情防控常态化背景下，大学生旅游安全事故的风险防范不仅需要医疗、保险、人才、制度等要素的综合保障，还需要高校、旅游主管部门、旅游企业、大学生"四位一体"的协同合作。

关键词： 疫情防控常态化　大学生旅游安全　风险防范

---

* 孙娟娟，华侨大学旅游学院党委组织员，主要研究方向为大学生教育管理。吴高杨，华侨大学旅游学院硕士研究生。许国玺，华侨大学旅游学院党委书记，主要从事教育管理研究。

近年来，我国高等院校学生人数不断增加，高等院校规模扩大，教育部全国教育事业统计结果显示，2021 年我国共有高等院校 3012 所，全国普通本专科院校共招生 1001.32 万人，在校生 3429.2 万人。[①] 随着经济发展，人们生活水平不断提高，大学生已成为当前旅游市场的主要消费群体。然而新冠肺炎疫情导致旅游市场受到巨大冲击，大学生旅游活动受疫情影响大幅减少。回顾 2021 年疫情防控常态化下我国大学生旅游安全形势，科学构建疫情防控常态化下大学生旅游安全管理体系，对保障大学生旅游安全具有重要意义。

一 疫情防控常态化下大学生旅游总体安全形势分析

疫情防控常态化背景下，大学生旅游活动频次相较于疫情前大幅度下降，但大学生旅游活动依然存在。在大学生旅游过程中，旅游安全事故仍偶有出现，如一般性意外事故、交通安全事故、气象灾害等，说明大学生旅游传统安全风险仍须得到重视。本研究在文化和旅游部等政府部门平台网站、中国旅游新闻网、新浪网、人民网、搜狐网、百度新闻等知名度较高、影响力较大的互联网平台，以 2021 年 1 月 1 日为起始点，通过"大学生旅游+事故""大学生旅游+失联""大学生旅游+受骗""大学生旅游+遇难"等关键词进行检索。据不完全统计，截至 2021 年 12 月 31 日，共检索到大学生旅游安全事故 18 起，如表 1 所示。

表 1　2021 年全国大学生旅游安全事故一览

序号	月份	地点	时段	情况	事故大类	事故亚类	信息来源
1	11	四川	夜晚	8 名大学生被困	事故灾难	一般性意外事故	http://k.sina.com.cn/article_6824573189_196c6b90502001a436.html

---

[①] 《2021 年全国教育事业统计主要结果》，教育部官网，http://www.moe.gov.cn/jyb_ xwfb/ gzdt_ gzdt/s5987/202203/t20220301_ 603262.html，2022 年 3 月 1 日。

续表

序号	月份	地点	时段	情况	事故大类	事故亚类	信息来源
2	12	湖北	夜晚	1 名大学生被困	事故灾难	一般性意外事故	http://k.sina.com.cn/article_1798653494_m6b35463603300y9lw.html
3	3	广东	上午	1 名大学生被困	事故灾难	一般性意外事故	http://gd.news.163.com/zhuhai/21/0318/10/G5C6QUND04179HV5.html
4	11	台湾	下午	1 名大学生死亡	事故灾难	交通安全事故	https://k.sina.com.cn/article_6145283913_16e49974902001j3wp.html
5	7	辽宁	下午	2 名大学生被困	事故灾难	一般性意外事故	https://baijiahao.baidu.com/s?id=1704779388001464241&wfr=spider&for=pc
6	6	山东	下午	1 名大学生物品丢失	社会安全	社会治安	https://k.sina.com.cn/article_2740635927_a35ac91700100zi6k.html
7	6	浙江	夜晚	65 名大学生被困	自然灾害	气象灾害	http://news.ycwb.com/2021-06/16/content_40074115.htm
8	3	浙江	下午	10 名大学生受伤	事故灾难	交通安全事故	http://www.shcafe.org/shzxxw/130710.html
9	12	云南	夜晚	1 名大学生感染疾病	公共卫生	病毒疫情	https://new.qq.com/omn/20211228/20211228A081KC00.html
10	3	福建	下午	2 名大学生死亡	事故灾难	高风险项目	https://baijiahao.baidu.com/s?id=1695123418851115141&wfr=spider&for=pc
11	4	云南	夜晚	2 名大学生被困	事故灾难	一般性意外事故	https://baijiahao.baidu.com/s?id=1697074009966170894&wfr=spider&for=pc
12	9	内蒙古	下午	1 名大学生被困	事故灾难	一般性意外事故	https://www.163.com/dy/article/GJSAL7A20534B96Q.html
13	8	广东	夜晚	1 名大学生死亡	事故灾难	高风险项目	https://baijiahao.baidu.com/s?id=1710517146132615556&wfr=spider&for=pc

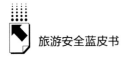
续表

序号	月份	地点	时段	情况	事故大类	事故亚类	信息来源
14	6	陕西	下午	1 名大学生失联	社会安全	社会治安	https://new.qq.com/omn/20210707/20210707A03FMT00.html
15	9	河南	上午	1 名大学生失联	社会安全	社会治安	https://www.sohu.com/a/509623946_120099904
16	10	江西	上午	1 名大学生失联	社会安全	社会治安	https://www.163.com/dy/article/GOM5LTTE05524KM3.html
17	11	山东	下午	2 名大学生被困	自然灾害	气象灾害	https://m.gmw.cn/baijia/2021-11-24/1302691724.html
18	1	四川	夜晚	4 名大学生被困	自然灾害	气象灾害	https://www.sohu.com/a/442701350_156578

（一）大学生旅游受新冠肺炎疫情风险影响仍在持续

2021 年，我国仍处于疫情防控常态化时期，坚持"外防输入、内防反弹"的总体防控策略。国家及地方教育主管部门对大规模聚集性活动依然较为审慎，提倡非必要不开展外出旅游活动，全国疫情得到基本控制，但仍有部分城市出现"零星"散发病例，既对当地旅游市场造成影响，也对全国旅游市场造成影响。据中国旅游研究院调查报告，疫情防控常态化时期，学生群体在非节假日的旅游订单占旅游订单总数的 22.84%。此外，疫情对95%的大学生出游产生影响，严重影响的比重为 51%，轻微影响的比重为44%。[①] 因此，大学生旅游受新冠肺炎疫情的影响仍在持续。

（二）大学生旅游安全事故类型多样，时空分布广泛，风险诱因复杂

从时间尺度上看，2021 年大学生旅游安全事故集中在 3 月、6 月、9 月、11

---

① 《2019 年学生游市场盘点及 2020 疫后出游意愿报告》，百家号，https://baijiahao.baidu.com/s? id＝1662835214194470969&wfr＝spider&for＝pc，2020 年 4 月 2 日。

月、12月。从事发时段来看，下午、夜晚是大学生旅游安全事故的高发期。从空间尺度上看，2021年大学生旅游安全事故发生地域广泛，涉及广东、山东、四川、云南、浙江等13个省份。从安全事故类型来看，2021年大学生旅游安全事故涉及交通意外、意外受伤、传销被骗等类型。事故原因既有安全观念不足、交通工具使用不当、个体冒险等大学生自身风险因素，也有气候环境变化等外部风险因素，这表明大学生旅游安全诱因存在复杂性。

二 2021年大学生旅游安全事故的类型和时空特征分析

本文对案例进行逐一分解、编码，从安全事故类型、时间、空间三个方面来探究2021年大学生旅游安全事故类型及时空分布特征。

（一）2021年大学生旅游安全事故类型

本文共收集了18起2021年大学生旅游安全事故。从事故大类来看，2021年大学生旅游安全事故以事故灾难为主，自然灾害、社会安全事件、公共卫生事件均有少量分布，如表2所示。

表2 2021年大学生旅游安全事故类型分布

事故大类	事故亚类	数量（起）	占比（%）
事故灾难	一般性意外事故	6	55.5
	交通安全事故	2	
	高风险项目	2	
自然灾害	气象灾害	3	16.7
社会安全事件	社会治安	4	22.2
公共卫生事件	病毒疫情	1	5.6

1.事故灾难

事故灾难指具有灾难性后果的旅游事故，在旅游活动过程中发生的、迫使旅游活动暂时或永久停止，并造成旅游人员伤亡、经济损失或环境污染的

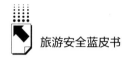
非预期事件。① 在本研究中，事故灾难包括一般性意外事故、交通安全事故、高风险项目，共10起，占大学生旅游安全事故总数的55.5%。具体而言，一般性意外事故共6起，均是大学生在旅游活动过程中被困景区。11月28日，8名大学生夜晚被困千佛山景区。交通安全事故共2起，其中1起是旅游大巴车安全事故，1起是自驾交通事故。3月19日，一辆载有10余名大学生的客车与拖拉机相撞，导致司机、导游、大学生不同程度受伤。高风险项目共涉及2起。8月20日，1名大学生体验"飞鱼"旅游项目，不幸身亡。事故灾难成为大学生旅游安全事故中占比最高的安全事故类型。一般性意外事故的发生主要是因为大学生追求刺激、热衷冒险，在旅游活动过程中缺乏理性判断，喜欢独自行动，自身安全意识薄弱。这类安全事故发生频率较高，因此，未来应该重点预防此类安全事故。

2. 自然灾害

自然灾害指对旅游活动可能造成破坏与影响的自然因素等灾害风险的总称，② 包括暴雨、台风、山洪等。在本研究中，3起自然灾害事件均为气象灾害，包括暴雨、积雪、涨潮。6月13日，65名大学生旅游过程中因暴雨被困，多名学生出现"失温"状况；11月20日，2名大学生因海水涨潮被困；1月2日，4名大学生因下雪道路结冰能见度较低行进困难被困。可以看出，夏季以暴雨自然灾害事件为主，而冬季以低温冰雪等自然灾害事件为主。因此，大学生在出游前应多关注天气状况，出游前应确保旅游安全设备齐全，尽量避免前往海岛、山区等自然环境复杂的地区。

3. 社会安全事件

社会安全事件指一般由人为因素造成或者可能造成严重的社会危害，并产生重大社会影响，需要采取应急处置措施的突发事件，③ 如偷盗、抢劫、传销诈骗等。在本研究中，大学生旅游社会安全事件共4起，均为社会治安事件，包括物品被盗、传销诈骗、游玩失联等。如，6月29日，一名女大学生被骗误入传销组织，失联一个月；6月19日，一名大学生毕业旅行过

---

① 谢朝武：《旅游应急管理》，中国旅游出版社，2013。
② 谢朝武：《旅游应急管理》，中国旅游出版社，2013。
③ 谢朝武：《旅游应急管理》，中国旅游出版社，2013。

程中手机被盗。因此，大学生旅游过程中应该妥善保管自己的财物，做好安全防护，提高旅游安全意识。

4. 公共卫生事件

公共卫生事件指造成或者可能造成社会公众健康严重损害的重大传染病疫情、群体性不明原因疾病、重大食物和职业中毒以及其他严重影响公众健康的事件。[①] 在本研究中，大学生旅游公共卫生事件共 1 起。12 月 16 日，云南一高校大学生"翻墙"外出旅游，回校确诊为"新冠肺炎"导致封校，安宁市、景洪市全员核酸。因此，学校要加强大学生校园安全管理，提高在校学生疫情防控意识，做好突发事件的应急管理。此外，大学生外出游玩的过程中，也应自觉做好疫情防范措施。

（二）2021年大学生旅游安全事故时间特点

由 2021 年大学生旅游安全事故时间分布（见图 1）可知，旅游安全事故多发于 3 月、6 月、9 月、11 月、12 月，上下半年大学生安全事故发生频率基本持平；第四季度（10~12 月）发生的旅游安全事故数量明显多于其他三个季度，表明第四季度（10~12 月）是大学生旅游安全事故高发期。

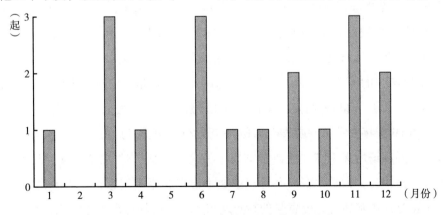

图 1　2021 年大学生旅游安全事故月份分布

---

① 国务院：《突发公共卫生事件应急条例》，方正出版社，2003。

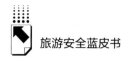
由 2021 年大学生旅游安全事故时段分布（见图 2）可知，旅游安全事故多发于下午和夜晚，共 15 例，表明下午和夜晚是大学生旅游安全事故高发期。

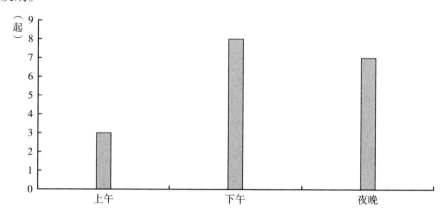

图 2　2021 年大学生旅游安全事故时段分布

（三）2021年大学生旅游安全事故空间特点

由 2021 年大学生旅游安全事故省份分布（见图 3）可知，旅游安全事故共涉及 13 个省级行政区，分布广泛。其中，广东、山东、四川、云南、浙江 5 个省份的事故发生频率相对较高，从空间分布来看，以我国南方地区为主。云南省富有"彩云之南"的美誉，旅游资源丰富、景区众多，四川省富有"天府之国"的美誉，自然风景优美，这两个省份都是我国热门旅游省份，与大学生追求新奇体验的特点相契合，因此旅游安全事故发生的频率比较高。

由 2021 年大学生旅游安全事故环节分布（见图 4）可知，旅游安全事故空间要素场所集中在"旅游游览场所"，次高发环节为"旅游交通场所"。这主要是因为，大学生在出游过程中通常会选择旅游景区作为旅游目的地，在游览过程中求新奇、爱冒险的特点使得大学生容易做出不遵守旅游景区相关规定的行为，导致安全事故的发生，因此游览场所成为事故高发场所。此外，大学生在旅游交通场所中，存在安全事故不可控性，安全意识淡薄，不系安全带也是旅游交通场所发生安全事故的原因之一。

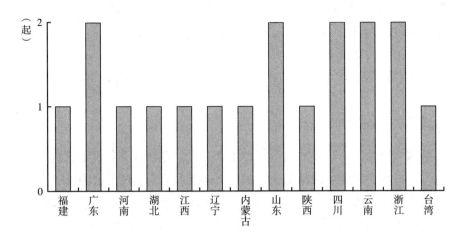

图 3　2021 年大学生旅游安全事故省份分布

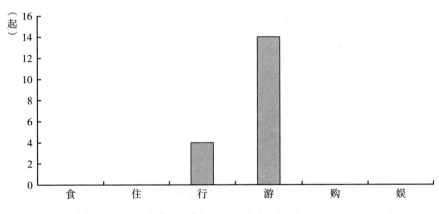

图 4　2021 年大学生旅游安全事故环节分布

三　大学生旅游安全事故成因分析

安全系统理论和事故致因理论在旅游安全领域广泛应用。① Bentley 根据

---

① Bentley T. , "How safe is adventure tourism in New Zealand? An exploratory analysis", *Applied Ergonomics*, 2001.

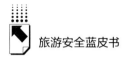

"事故致因理论"构建了探索旅游安全事故的致因框架,认为旅游安全事故在很大程度上不是单一因素导致的,而是人为因素、环境因素、设施因素、管理因素中的两种或两种以上因素共同作用的结果。[①] 因此,本文以事故致因理论为基础,对大学生旅游安全事故的引致因素进行系统分析。

(一)人为因素

导致大学生安全事故的人为因素主要有大学生自身因素和旅游从业人员因素。一方面,大学生风险意识薄弱、安全意识不强、轻视旅游风险进而追求刺激体验的危险行为是导致安全事故的重要因素。4月4日昆明两名大学生驾共享汽车前往摩天岭景区游玩并过夜,由于旅游准备不足,被困摩天岭,且车上并未配备救援应急物品。另一方面,旅游从业人员安全管理不到位、安全意识不足也是导致大学生旅游安全事故的因素。8月20日,一名大学生未穿救生衣体验"飞鱼"(冲浪)项目意外身亡。

(二)环境因素

导致大学生安全事故的环境因素主要有大学生旅游活动过程中遇到的自然灾害,如暴雨、暴雪、台风、泥石流等,还有社会环境因素,如道路环境差等。[②] 由于大学生长期在学校内学习生活,缺乏对非惯常环境变化的了解,且生存自救能力不足,一旦发生旅游安全事故容易被困。11月20日,日照市张家台码头2名大学生不了解潮汐规律在海边礁石游玩,海水上涨,二人无法离开礁石被困;6月13日,浙江省宁波市65名大学生因未做好旅游路线规划,遭遇暴雨被困。

(三)设施设备因素

旅游景区设施设备是旅游活动有序开展的基本条件,但设施设备也存在

[①] Bentley T. , "How safe is adventure tourism in New Zealand? An exploratory analysis", *Applied Ergonomics*, 2001.

[②] 邹永广、朱尧:《大学生旅游安全事故形成机理及防控机制》,《福建农林大学学报》(哲学社会科学版)2017年第6期。

诸多风险因素，如设施设备安全质量不过关、设施设备老化严重、安全应急设施设备不齐全等。一方面，由于游客数量增加，旅游景区内设施设备出现超负载的情况致使安全隐患增加；另一方面，部分旅游项目本身就具有较高的风险性，如滑翔、蹦极、冲浪、跳伞等，这类高风险旅游项目不仅需要旅游体验者拥有专业知识技能及一系列安全设施设备来作为安全支撑，还需要专业人士全程提供安全援助。由于大学生风险意识较为薄弱，风险判断能力不高，容易发生高风险旅游项目事故。

（四）管理因素

大学生旅游过程中的管理风险通常是旅游企业、旅游目的地相关部门在旅游活动的组织和运行过程中监督管理不到位、责任落实不到位从而导致安全事故。[①] 一方面，对旅游企业及旅游从业人员选配审核不当是导致大学生旅游安全事故的重要因素。3月19日，10名大学生乘坐旅游大巴车发生交通意外，后经查旅行社涉嫌违规雇用旅游客车租赁公司，该大巴车无道路许可证及营运资质，此外，导游无导游资格证。另一方面，旅游企业缺乏系统性的旅游应急管理体制、机制、法制和预案，安全责任落实不到位，安全管理人员缺乏风险观念和风险管理能力，3月19日，2名大学生体验直升机观光项目身亡，涉事直升机公司存在安全责任落实不到位、安全人员配备不齐全、安全检查管理存在漏洞等问题。

四　疫情防控常态化与大学生旅游安全事故风险防范

旅游风险预防的基本目标是消除旅游安全隐患，避免旅游安全事故的发生。大学生旅游安全事故的风险防范是一个系统性工作，需要医疗、保险、人才、制度等要素的综合保障。回顾2021年，疫情防控常态化背景下，旅

[①]　谢朝武：《旅游应急管理》，中国旅游出版社，2013。

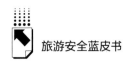
游安全形势更加严峻，大学生旅游安全事故类型多样化，安全事故诱因复杂，存在安全管控困难等难题。因此，未来大学生旅游安全风险防范需要高校、旅游主管部门、旅游企业、大学生"四位一体"协同合作，减少大学生旅游安全事故的发生。可以采取的风险防范措施如下。

（一）高校：加强校园安全管理，丰富旅游安全教育内容

高校是大学生旅游安全教育的引导者。疫情防控常态化背景下，高校首先要加强校园安全管理。一方面，高校要对学生做好疫情安全教育工作及疫情心理疏导工作，做好大学生日常的监测预防与安全管理，落实每日报告制度。另一方面，高校要重视学生安全教育工作，丰富旅游安全教育内容，将旅游应急管理、旅游安全技能训练纳入大学生旅游安全教育课程；归纳总结历年大学生旅游安全事故的风险源、旅游事故的薄弱环节，总结提炼具有普遍性意义的规避或防范举措。此外，高校还要加大旅游安全教育宣传力度，定期开展大学生旅游安全教育知识技能网络答题比赛，降低大学生旅游安全事故的发生概率。

（二）旅游主管部门：加强旅游市场监督责任，强化旅游安全应急工作能力

旅游主管部门是确保旅游企业、旅游景区合规、合法、安全运行的监督主体。因此，只有加强旅游市场监督、强化旅游安全应急工作能力，才能保证大学生选择合法合规的旅游企业、旅游景区安全地开展旅游活动。一方面，旅游主管部门应加强旅游企业、旅游景区的安全监督管理工作，对旅游企业营运车辆、客车司机、旅游从业人员的合法资质进行审核；对旅游景区的安全设施设备进行系统规范性检查。另一方面，充分利用公安、武警等应急队伍，建设具有较强专业能力的旅游应急管理队伍；确保旅游应急资源的供给，如救援工具、通信设备、照明设备等。此外，由于部分大学生安全观念不足、安全意识薄弱，旅游主管部门应当制定相应的保险政策，将应急救援、医疗救助纳入保险保障范围，对大学生旅游保险进行更全面、更深入的市场推广。

（三）旅游企业：健全旅游安全保障体系，提高从业人员安全意识

旅游企业是旅游安全工作的责任主体。因此，健全旅游安全保障体系，提高从业人员安全技能，才能够让大学生旅游安全得到相应保障。一方面，旅游企业应构建高校、政府部门、家长、学生"四位一体"信息沟通反馈机制，通过短信、旅游在线平台对监测到的旅游风险信息进行科学研判评估，预测风险发展趋势，形成旅游风险报告和管控建议；加强旅游景区内的安全引导、安全指示，为大学生旅游提供安全预警信息。另一方面，合理选拔员工，定期开展安全培训与安全事故模拟演练；对员工安全操作进行制度化管理，定期对员工的设施设备操作流程及安全技能进行抽查考核，保证旅游从业人员具备实操技能及安全技能。此外，对涉及操作高风险旅游项目的从业人员还要实施安全确认化制度，保证景区旅游项目正常安全运行。

（四）大学生：提高旅游安全意识，加强自救能力

安全是大学生旅游的必要前提。因此，大学生要提高旅游安全意识，加强安全自救能力，这样才能够趋利避害地完成旅游活动。一方面，大学生应当提高旅游安全意识。大学生在学校的日常学习生活中应加强文明旅游行为和安全风险意识的培养，在开展旅游活动前应做好充足的疫情防范措施和安全防范保障，做好相应的旅游目的地攻略，遵守旅游目的地相关规章制度，查询旅游目的地的天气、自然环境等。另一方面，大学生要加强自救能力。旅游过程中，应时刻保持警惕；掌握户外安全事故的应急处理方法。此外，如果发生了旅游安全事故，应当保持冷静，先自救、再互救，确保自身旅游安全。

参考文献

[1] 谢朝武、张俊：《我国旅游突发事件伤亡规模空间特征及其影响因素》，《旅游学刊》2015 年第 1 期。

B.20
2021年旅游安全指数报告与旅游安全
热点问题分析*

邹永广　杨　勇　吴　沛**

摘　要： 本文基于旅游安全度和游客安全感模型，对2021年旅游地安全
状况进行分析，结果显示，样本地旅游安全度与旅游安全抵抗力
指数值呈现较安全状态，而安全风险入侵度指数值整体处于中警
状态，在空间分布上呈现环状分布特征。游客安全期望波动明
显，安全感知呈上升趋势，游客安全感空间上呈现带状分布。本
文对评价结果折射出的如何帮助旅游企业度过生存危机、如何保
障假日旅游安全、如何规范市场中旅游产品的安全品质、如何保
障老年旅游者安全等旅游安全热点问题进行了剖析。同时提出了
疫情精准防控、多举措并行、加大行业监管力度、推动设施服务
适老改造等管理建议，为制定合理的旅游安全管理策略提供了理
论基础和实际参考。

关键词： 旅游安全指数　旅游安全度　游客安全感

2021年是中国旅游业极不平凡的一年，在疫情防控常态化背景下，国
内旅游市场开始了漫长的有序复苏阶段，旅游业也进行了最为深刻的变革，
不仅数字化转型从被动适应变为主动拥抱，而且供给优化与需求适配相互促

---

* 本研究受国家社会基金项目（19CGL032）资助。
** 邹永广，华侨大学旅游学院教授、博士研究生导师。杨勇、吴沛，华侨大学旅游学院硕士研
究生。

进，红色旅游、冰雪旅游、周边游等业态为旅游业恢复带来了新的生机。但与此同时，旅游安全形势仍然十分严峻，尤其是在境外疫情防控压力持续增大、国内疫情局部暴发的形势下，目的地旅游安全的不稳定性愈发凸显。因此科学研判目的地的旅游安全状况，构建目的地旅游安全评估模型，并根据评估结果进行分析和预警，不仅能为目的地旅游安全管理提供科学依据，而且对于当前旅游业恢复发展具有现实指导意义。

一 2021年旅游安全指数调查与评估方法

本文根据《2018年旅游安全指数报告与旅游安全热点问题分析》中构建的"旅游安全度"指数和"游客安全感"评价指标，收集了2021年的旅游安全指标样本，并对其进行了详细的抽样调查。

（一）旅游安全度

旅游安全度是目的地旅游系统在各种风险因子的干扰下，内部各种系统之间能够组织有序、协调运行，抵抗风险挑战，维持目的地旅游系统稳定的程度。[1] 城市是游客的主要活动场所和载体，本文选取31个省会城市和直辖市为样本，收集了相关的统计资料。2021年的各项评价指标数据，主要来源于《中国文化文物和旅游统计年鉴》和《中国统计年鉴》等，部分统计指标资料来源于各样本城市官方网站及旅游政务网站。其中部分数据存在空缺，因该指标历年均有统计，本文根据历年数据采用趋势递推法，对2021年的经济指标进行了分析。基于前期目的地旅游安全度的研究，[2] 本文将目的地旅游安全抵抗力和风险入侵度划分为五个等级（见表1）。[3]

---

[1] 邹永广：《目的地旅游安全评价与预警》，社会科学文献出版社，2018。
[2] 邹永广：《目的地旅游安全评价研究》，华侨大学，2015。
[3] 郑向敏、谢朝武：《中国旅游安全报告（2019）》，社会科学文献出版社，2019。

表1 旅游安全抵抗力、风险入侵度和安全度指数评定级别

等级	抵抗力和入侵度指数区间	抵抗力	入侵度	安全度指数区间	安全度
1	(0,0.25]	重警 (恶劣级别)	安全 (理想级别)	(0,1]	重警 (恶劣级别)
2	(0.25,0.5]	中警 (较差级别)	较安全 (良好级别)	(1,1.3]	中警 (较差级别)
3	(0.5,0.75]	预警 (一般级别)	预警 (一般级别)	(1.3,2]	预警 (一般级别)
4	(0.75,1]	较安全 (良好级别)	中警 (较差级别)	(2,4]	较安全 (良好级别)
5	(1,+∞)	安全 (理想级别)	重警 (恶劣级别)	(4,+∞)	安全 (理想级别)

（二）游客安全感

游客安全感是指在特定的时间和空间环境下，在不受外部环境影响的情况下，使游客免遭身心压力、伤害或财产损失的综合主观情感。在前期相关研究的问卷基础上，本文根据旅游业面临的安全风险状况进行了相应调整得到游客安全期望和游客安全感知问卷，[①②] 于2021年9～12月对全国31个主要样本旅游地进行了问卷调研，问卷发放基于随机性原则尽量减少测量误差，共发放问卷2060份，收回有效问卷1978份。随后，综合采用熵值法对游客的安全感知和安全期望进行了测算。在此基础上，以旅游安全感知与安全期望值之间的比例作为游客安全感指标（见表2）。

---

① 邹永广：《目的地旅游安全度的时空分异研究——以全国31个重点旅游城市为例》，《经济管理》2016年第1期，第127～136页。

② 邹永广、郑向敏：《旅游目的地游客安全感形成机理实证研究》，《旅游学刊》2014年第3期，第84～90页。

表 2　旅游安全感知、安全期望和安全感指数评定级别

等级	旅游安全感知和安全期望指数区间	安全感知	安全期望	安全感指数区间	安全感
1	$(0,0.25]$	重警 （恶劣级别）	安全 （理想级别）	$(0,1]$	重警 （恶劣级别）
2	$(0.25,0.5]$	中警 （较差级别）	较安全 （良好级别）	$(1,1.3]$	中警 （较差级别）
3	$(0.5,0.75]$	预警 （一般级别）	预警 （一般级别）	$(1.3,2]$	预警 （一般级别）
4	$(0.75,1]$	较安全 （良好级别）	中警 （较差级别）	$(2,4]$	较安全 （良好级别）
5	$(1,+\infty)$	安全 （理想级别）	重警 （恶劣级别）	$(4,+\infty)$	安全 （理想级别）

二　2021年样本地旅游安全指数的总体状况

从整体上讲，样本地旅游安全度和旅游安全抵抗力指数呈现较安全状态，而安全风险入侵度指数属于中警（较差级别）。本文收集了31个地区的旅游安全度样本资料，并对其进行了分析，结果见表3。总体来看，各抽样点的旅游安全度平均为2.64，整体属于较安全状态。在抽样地中，有3个城市是处于安全水平的；12个城市处于较安全水平；9个城市达到了一般预警级别；4个城市处于中警级别；处于重警级别的城市有3个，占比9.68%。根据样本旅游地旅游安全抵抗力指数可知，12个城市处于安全水平，11个城市达到了预警级别，3个城市达到了中警级别。在样本旅游地旅游风险入侵度排名中，8个城市处于安全水平；7个城市处于较安全水平；15个城市为预警级别；处于中警级别的城市有1个。

样本地旅游安全度空间分布表现出非均衡特征。整体上可以看出，旅游安全度处于安全水平的城市有3个，分别是贵阳、海口和合肥；有12个城市处于较安全水平，它们的分布比较分散；旅游安全度属于中警级别的城市

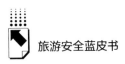

有4个，分别为东北的长春、哈尔滨，西南的昆明和西北的西安；旅游安全度处于重警级别的城市为石家庄、兰州和拉萨，共3个。

表3　旅游安全度得分和名次

名次	样本地	抵抗力	名次	样本地	入侵度	名次	样本地	安全度
1	北京	1.8624	1	上海	0.7856	1	贵阳	9.2554
2	上海	1.5362	2	广州	0.7416	2	海口	8.9876
3	重庆	1.4549	3	南京	0.7249	3	合肥	7.7917
4	天津	1.4032	4	西安	0.7135	4	太原	4.0000
5	杭州	1.2360	5	郑州	0.7026	5	西宁	3.8002
6	成都	1.2135	6	天津	0.6985	6	沈阳	3.2643
7	长沙	1.1952	7	武汉	0.6884	7	济南	3.1028
8	郑州	1.1034	8	北京	0.6762	8	银川	2.8302
9	济南	1.0826	9	石家庄	0.6532	9	北京	2.7542
10	广州	1.0746	10	哈尔滨	0.6412	10	长沙	2.7016
11	南京	1.0436	11	长春	0.6349	11	杭州	2.6764
12	武汉	1.0126	12	重庆	0.6215	12	成都	2.5093
13	合肥	0.9615	13	拉萨	0.5947	13	南宁	2.4885
14	福州	0.9136	14	兰州	0.5862	14	重庆	2.3409
15	南昌	0.8614	15	昆明	0.5624	15	天津	2.0088
16	太原	0.8016	16	南昌	0.5549	16	上海	1.9554
17	西安	0.7832	17	成都	0.4836	17	福州	1.9331
18	长春	0.7412	18	福州	0.4726	18	郑州	1.5704
19	沈阳	0.7015	19	杭州	0.4618	19	南昌	1.5523
20	哈尔滨	0.6824	20	乌鲁木齐	0.4517	20	武汉	1.4709
21	贵阳	0.6812	21	长沙	0.4424	21	广州	1.4490
22	昆明	0.6524	22	呼和浩特	0.4218	22	南京	1.4396
23	石家庄	0.6316	23	济南	0.3489	23	呼和浩特	1.4046
24	南宁	0.6112	24	南宁	0.2456	24	乌鲁木齐	1.3309
25	乌鲁木齐	0.6012	25	沈阳	0.2149	25	长春	1.1674
26	呼和浩特	0.5925	26	太原	0.2004	26	昆明	1.1600
27	兰州	0.5432	27	银川	0.1496	27	西安	1.0976
28	拉萨	0.5217	28	合肥	0.1234	28	哈尔滨	1.0642
29	银川	0.4234	29	西宁	0.0846	29	石家庄	0.9669
30	海口	0.4368	30	贵阳	0.0736	30	兰州	0.9266
31	西宁	0.3215	31	海口	0.0486	31	拉萨	0.8772

由目的地游客安全感指数可知，在疫情影响下，游客安全感知值整体高于游客安全期望值，表明我国整体疫情防控形势良好，使游客切身感受到了旅游目的地的安全状况，如表4所示。一方面，样本城市的游客安全感知和安全期望不完全吻合，杭州、武汉、贵阳等城市安全感知排名靠前，而海口、福州、成都等城市的安全期望排名靠前；另一方面，游客安全感大于1的样本城市共有17个，表明仍有不少城市游客的心理安全感存在落差，游客安全感亟待提升。

从空间分布来看，中西部城市游客安全感相对较高。从整体上看，样本旅游地游客安全感指数差异较小，样本城市平均处于中警状态。其中，8个城市样本处于预警状态，占比25.81%；9个城市处于中警状态且主要分布在西部地区，占比29.03%；其余14个城市则处于重警状态，占比45.16%。与2020年相比，2021年游客安全期望、安全感知以及游客安全感指数整体呈上升趋势。

表4　游客安全感得分和名次

名次	样本地	安全期望	名次	样本地	安全感知	名次	样本地	安全感
1	海口	0.7892	1	杭州	0.8832	1	贵阳	1.8261
2	福州	0.7549	2	武汉	0.8645	2	银川	1.8057
3	成都	0.7149	3	贵阳	0.8426	3	乌鲁木齐	1.8004
4	郑州	0.7028	4	合肥	0.8124	4	杭州	1.7929
5	济南	0.6425	5	济南	0.7724	5	长春	1.7471
6	北京	0.6345	6	长春	0.7539	6	武汉	1.6580
7	天津	0.6024	7	乌鲁木齐	0.7416	7	合肥	1.3832
8	合肥	0.5873	8	银川	0.7234	8	长沙	1.3690
9	重庆	0.5726	9	长沙	0.7018	9	沈阳	1.2451
10	南京	0.5634	10	郑州	0.6957	10	济南	1.2021
11	南昌	0.5413	11	福州	0.6753	11	太原	1.1901
12	武汉	0.5214	12	北京	0.6471	12	拉萨	1.1553
13	西安	0.5146	13	重庆	0.6259	13	昆明	1.1376
14	石家庄	0.5139	14	海口	0.6014	14	重庆	1.0930
15	长沙	0.5126	15	成都	0.5814	15	北京	1.0198

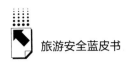
续表

名次	样本地	安全期望	名次	样本地	安全感知	名次	样本地	安全感
16	广州	0.5114	16	南京	0.5716	16	南京	1.0145
17	杭州	0.4926	17	天津	0.5489	17	兰州	1.0121
18	上海	0.4725	18	沈阳	0.5247	18	郑州	0.9898
19	贵阳	0.4614	19	太原	0.5019	19	南宁	0.9873
20	长春	0.4315	20	石家庄	0.4962	20	石家庄	0.9655
21	太原	0.4217	21	昆明	0.4379	21	哈尔滨	0.9532
22	沈阳	0.4214	22	南昌	0.4251	22	呼和浩特	0.9376
23	哈尔滨	0.4210	23	拉萨	0.4216	23	西宁	0.9334
24	呼和浩特	0.4204	24	兰州	0.4158	24	天津	0.9111
25	乌鲁木齐	0.4119	25	哈尔滨	0.4013	25	福州	0.8945
26	兰州	0.4108	26	呼和浩特	0.3942	26	成都	0.8132
27	银川	0.4006	27	西安	0.3846	27	南昌	0.7853
28	昆明	0.3849	28	广州	0.3746	28	上海	0.7722
29	南宁	0.3564	29	上海	0.3649	29	海口	0.7620
30	西宁	0.3724	30	南宁	0.3519	30	西安	0.7473
31	拉萨	0.3649	31	西宁	0.3476	31	广州	0.7324

三 2021年样本地旅游安全指数的主要特征

（一）样本地旅游安全度指数

1. 旅游安全度受风险入侵的影响较大

整体来看，样本地城市的旅游安全抵抗力之间差异显著，而城市入侵度排名整体呈下降趋势，即样本地旅游安全度指数受风险入侵的影响较大，且与城市入侵度指数显著负相关。

具体来说，尽管贵阳、海口和合肥的城市抵抗力较差，分别位于抵抗力排名的第21、30和13位（见表3），但是由于上述三个城市的入侵度指数较低，三个城市的城市安全度较高，处于安全状态。同样，对于广州、南京等地来说，虽然其城市抵抗力指数在 31 个城市间处于前列，但由于其风险入侵度较高，此类城市的旅游安全度排名较为靠后。因此，可以推论出相较于城市抵抗力，样本地旅游安全度指数受风险入侵度的影响较大。

降低旅游风险入侵度需要从提高旅游安全抵抗力做起，强化旅游安全预警，强化旅游安全隐患排查，提高政府与游客的旅游风险防护意识。各级政府部门须通过安全管理条例与措施、安全培训与教育、安全监督与检查、安全预警与演练等防微杜渐，减少风险入侵的可能。

2. 旅游安全度在空间上呈环状分布特点

样本地旅游安全度整体呈现由中心向四周、由东南向西北逐渐降低的趋势。具体来说，处于较安全状态以上的城市，如重庆、合肥、太原等地均分布在我国的内陆，福州、南昌、广州等东南部沿海城市的旅游安全度普遍处于一般预警状态，而西南地区、西北地区以及东北地区的样本城市多处于中度、重度预警状态。即位于我国边缘地区的样本城市旅游安全度较低，多处于平均值以下。

结合研究结论，我国与其他国家和地区的交界城市如昆明、拉萨、哈尔滨等地受风险入侵的可能性较大，原因不仅在于如地势、气温等自然环境的影响，也包括公共卫生、社会安全等社会环境的影响，样本地旅游安全度在空间上呈现由中心向四周、由东南向西北逐渐降低的分布态势。

（二）样本旅游地游客安全感指数

1. 游客安全感主要表现为"游客安全感知"和"安全期望"的主观反应

总的来说，虽然游客安全期望排名波动较大，但无明显趋势变化；而游客安全感知排名整体呈波动上升趋势，与安全感变化趋势一致，即样本地游客安全感指数受游客安全感知的影响较大，且与安全感知指数显著正相关。

具体来说，贵阳、银川、乌鲁木齐等游客安全感排名处于前十位的样本城市，其游客安全感知排名也居前列，而游客安全期望的排名分布波动较大，前中后列均有分布，即游客安全感指数主要与游客安全感知相关。同样，游客安全感指数处于重警状态的上海、西安、广州等地，其游客安全感

知亦处于中警状态，即游客样本地的安全感知较差，从而影响了游客的安全感指数。因此，可以推论出相较于游客安全期望，样本地安全感指数受游客安全感知的影响更大。

提升旅游者的安全感，政府和导游应从治安状况、旅游环境、服务要素、安全信息以及地域文化等方面着手提高景区（景点）的旅游安全氛围，从而增强游客的目的地安全感知。我国正处在疫情常态化防控阶段，社会卫生安全是旅客最关心的安全问题，旅游环境安全已逐渐成为游客安全感知的关键影响因素。因此，改善旅游环境，传递安全旅游信息，加强环境卫生安全治理，提高旅游目的地的防疫意识，能够有效改善目的地的游客安全感知，提高游客安全感。

2. 游客安全感在空间上呈带状分布特点

本地旅游安全度形势整体呈带状分布，由南部向北部延伸，样本地游客安全感依次呈现重警—预警—重警—中警—重警的分布态势。具体来说，31个样本地中有将近一半的城市处于重警状态，且主要分布在我国南部福建—广东—广西—海南沿海一带、中部河南—山西—陕西—四川—青海一带以及北部黑龙江—内蒙古沿线；处于预警状态的样本城市则主要分布在浙江—贵州等地；而处于中警状态的城市则横向分布在山东—山西—甘肃一带。

四 2021年旅游安全热点问题剖析

（一）疫情风险呈局部入侵态势，如何提升旅游企业安全抵抗力

疫情防控进入常态化阶段，国内局部地区出现的零星暴发和聚集性疫情给旅游企业带来了系统性的生存压力和挑战，如何科学地应对疫情带来的机遇与挑战，提高旅游企业的安全性是目前旅游企业面对的重大课题。2021年1~12月，石家庄、上海、广州、青岛、南京、郑州、泉州、天津、西安等多个城市出现疫情反弹的情况，且多出现在旅游旺季，这对导游、景区工作人员、酒店服务员等从业人员的影响较大，旅游业复苏与发展面临严峻考

验。目前，在全国范围内登记的旅游代理商达 4 万多家，旅行社企业员工超过百万人，疫情导致的用工需求减少使得许多旅游企业被迫裁员、调整组织架构和优化经营模式，旅行社的出境旅游业务和跨省团队游、长线游业务受到极大限制。旅游企业是疫情防控的关键主体，因而维持旅游企业的结构和功能，提升旅游企业应对风险危机的抵抗能力亟须得到更多的关注。

（二）假日旅游高聚集风险不容小觑，如何营造安全旅游环境

疫情持续影响下，假日旅游带来的大量人流车流使得我国的文化、旅游景点面临日益严峻的旅游安全形势，其主要特征如下。首先，境内外差异化疫情发展态势令我国假日旅游安全压力持续加大。当前，澳大利亚、新西兰等国家的疫情已经得到了很好的控制，但是部分国家疫情防控形势仍然严峻，如何在假日期间应对外部输入的严峻考验仍是重要问题。其次，节日期间人口聚集所带来的危险是不容忽视的。高聚集存在疫情感染的风险，并且设施设备超额运转，各种潜在危险因子极易导致安全事故。最后，假期常常伴随旅游的季节性安全问题。"五一""十一"期间我国部分地区开始进入汛期，各种异常天气的出现很可能引发多种自然灾害，多种因素叠加导致假期旅游安全风险严峻复杂。因此各个地区应根据本地疫情防控形势，科学合理保障假日旅游安全。

（三）如何规范旅游设施开放运行，保障旅游者身心健康安全

旅游设施的安全是保证旅游者安全的重要物质基础，同时也是提升游客安全感的有力工具。近年来新闻报道了各类旅游设施的安全隐患，尤其是在网络上走红的高风险旅游项目如玻璃栈道、热气球、高空跳伞等，旅游设备的安全管理日益复杂化。当前，我国的一些高风险旅游项目的监管仍属空白，从器材、运营商到工作人员等都存在"山寨"问题，不仅使参与项目的旅游者的安全难以保证，而且对行业发展尤为不利。综合来看，这些旅游产品出现的问题可以归结为以下三个方面。第一，行业规范标准缺失。一些新兴的旅游设施尚未有国家层面与行业层面的相关标准进行规范。第二，监

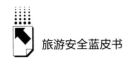

管主体的缺位。设施属性的多样性决定了监管的复杂度，与之相关的文化和旅游、市场、质监和安监等部门都负有监管职责，存在相互推诿的现象。第三，设施本身的缺陷。由于新兴产品的供求错位关系，急于求成的景区、旅行社在利益的驱动下没有把好质量关，存在安全隐患。因此，规范市场中旅游设施安全品质可谓任重道远。

（四）如何保障老年旅游者安全，提升老年游客的安全感

随着中国进入人口老龄化时代，老年旅游市场的占比也越来越重，如何提升广大老年游客的获得感、幸福感、安全感日益引起关注。中国旅游研究院发布的《中国国内旅游发展年度报告2021》显示，2019年国内游客中，45~64岁的共14.56亿人次，65岁以上的2.86亿人次，65岁以上的老年游客占到国内游客总数的4.8%。由于老年游客的身体状况、技术运用、旅游观念存在特殊性，因此针对老年游客群体的旅游服务设计、安全救援准备亟须提上日程。当前"银发旅游"市场中存在诸多不规范事件，如"老年人报名参团被多收费""老年游客参团旅行意外亡故"等，老年游客的生命财产权被严重损害。这些问题充分暴露出我国旅游业的基础设施建设和配套服务仍是以满足年轻游客的需求为主，而在满足老年游客需求上则考虑较少、准备不足。未来需要针对老年游客市场提供精细化服务和产品，确保老年旅游健康持续发展。

五　建议与对策

（一）多举措并行，助力旅游企业稳步复产

旅游业的复苏与发展，一方面要有国家的金融、政策支持，在外部为旅游企业提供更多支持条件；另一方面需要旅游企业练好内功，依靠自身寻求发展机会。

（1）政府顶层政策设计要注重旅游产业竞争力重构。在国家和地方政

府层面，要制定和出台一系列减费、降税、金融支持措施，帮助旅游企业纾困解难。旅游主管部门要利用好政策方针提升旅游企业长期的市场竞争力，并且借助疫情推动形成高效、安全、可靠的市场运行体系。同时应该梳理当前的支持政策，例如成立疫情专项补助基金、联合金融机构成立金融帮助组、为小微旅游企业提供员工稳岗补贴等，形成"政策工具包"，切实帮助相关旅游企业和员工渡过难关。

（2）旅游企业要自力更生，创新求变。旅游企业的复工复产关键要靠自身努力。首先，应该专门成立政府政策研究小组，充分利用政府和主管部门出台的各项援助政策，借助政策红利更好地帮助旅游业渡过难关；其次，旅游企业应该做好长期同疫情做斗争的准备，深思熟虑、未雨绸缪，在做好开源节流工作的同时，积极调整组织机构，寻求长期发展；最后，面对疫情带来的旅游者需求变化，积极创新产品和服务，不断开拓休闲、度假、康养、体验的新产品、新业态、新服务，适应疫情防控常态化形势下的旅游发展。

（3）积极运用数字化技术，赋能企业转型。面对疫情影响下大众的健康理念、消费习惯、出行方式等发生的深刻变化，旅游企业应该开展数字化创新，利用数字化技术对业务流程、内部组织等方面进行重构，对景区、酒店的运营成本进行控制。通过数字化技术挖掘新的细分市场和旅游需求，增强旅游企业的韧性和弹性，倒逼行业进行数字化转型。

（二）科学研判假日聚集风险，全方位打造假日旅游安全环境

要深刻认识到当前疫情防控常态化的形势和假日期间疫情防控的重要性，加强假日期间的风险预控和应急响应工作，全方位确保节日期间的安全和秩序。

（1）旅游管理机构应加强对旅行社的管理与引导。在假日旅游活动开展之前，督促旅行社和娱乐场所开展设施设备的安全检查，全面排查可能存在的安全风险和薄弱环节，防患于未然。督促相关部门提前做好应急预案，利用现代技术及时预测预警客流信息，保障假日期间旅游活动正常有序。

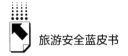

（2）强化旅游企业安全主体责任。坚持贯彻落实"限量、预约、错峰"的政策规定，配合当地政府做好疫情防控工作，提醒游客做好疫情防护措施。其中部分旅游景区要严格按时按段控制人流，利用智慧旅游系统科学合理制定开放措施，既保证旅游景区的资源能够得到合理的配置，实现最大化利用，同时也能够为游客提供一个安全舒适的游览环境。

（3）规范旅游者安全行为。旅游者首先要意识到当前的疫情防控形势仍然严峻，必须遵守游览场所的有关防疫规定，提前做好行程规划，并且养成佩戴口罩、保持安全距离、勤洗手不聚集的安全习惯。在旅游活动开始之前要准确判断自身的身体素质和安全技能是否能够应对游览场所可能出现的突发情况，要在有保障的情况下参加各类旅游活动。

（三）压实安全生产责任，保证旅游设施安全质量

随着众多高风险网红旅游项目的出现，各种设施设备的监管亟待加强。旅游监管部门和旅游企业必须加快监管制度编制和落实产品安全责任以保障旅游设施的安全。

（1）加强行业监管，对于新兴的旅游设施要加快推进国家相关安全标准制定，建立有效可行的监管机制，定期开展风险评估、安全检查和应急演练，堵塞监管漏洞，形成监管合力，规范行业发展。尤其是针对特种设施设备，要认真理性评估安全风险，做好安全调查报告，严格落实"谁审批，谁负责"的制度，最大限度地保证设施安全。

（2）旅游企业要实事求是地引进旅游项目。旅游景区要避免盲目跟风，根据景区自身情况和特色选择合适的旅游项目，而不是一味地迎合旅游者的需求，把网红项目当作景区获利的"万金油"。同时，对厂家生产的设施产品要进行反复检查，把好质量关。要采取高标准引进旅游设施，切实保障游客的生命安全。

（3）旅游者要采取冷静审慎的态度选择旅游项目。在参加玻璃栈道、热气球、高空跳伞等高风险旅游项目时要根据自身的实际情况，做好体能技能和物资准备，不盲目地把旅游冒险活动当作旅游探险活动，要为自己的安

全负责。同时在选择旅行社之前应该了解旅行社的资质，避免可能带来的各种纠纷。

（四）推动设施服务适老改造，强化老年游客安全意识

老年群体在旅游过程中受制于自身条件会遇到各种困难，安全问题尤为突出，提升老年旅游安全品质刻不容缓。

（1）对旅游网站网页和手机客户端进行适老化改造。在网页方面，应该在内容上做到"应减尽减"，为老年人专门增加无障碍工具栏，增大网页字体，增加语音播放功能，同时屏蔽所有广告。在手机客户端方面，针对老年群体量身定制适老化版本，为老年人操作提供便利。同时针对部分老年人不会操作的情况，旅游网站可以开通老年专项24小时人工客服，为老年人出行保驾护航。

（2）加快旅游景区设施"适老化"改造。旅游景区应该转变观念，面对旺盛的老年旅游需求，在景区适当增加一些"适老化"设施。比如，针对旅游厕所的设计要考虑到老年人的身体情况；考虑到老年人的身体素质，应该适当增加休息设施；由于老年人腿脚不便，应该修建平整宽敞的观赏道路等，从多方面进行景区"适老化"改造建设。

（3）大力规范老年旅游市场。引导老年旅游者树立正确的消费观念，养成正确的行为习惯，对欺诈事件加大处罚力度，严厉打击老年旅游线路价格欺诈、擅自改变旅游行程以及老年保险赔偿纠纷等侵害老年旅游者权益的行为，进一步完善老年人医疗服务、适老化配套设施，促进"银发旅游"市场健康持续发展。

B.21

2021~2022年中国体育旅游
安全形势分析与展望

张少平　杨佩琪　吴耿安*

摘　要： 体育旅游是体育产业和旅游产业深度融合的新兴产业形态，是人们喜闻乐见的现代生活方式。本研究采用案例分析法分析了2021年181起中国体育旅游安全事故的类型、时空分布与发生原因，并针对性提出管理建议。研究发现：从事故类型看，体育旅游事故类型多样化，陆地项目事故最多，登山事故数最高，野外游泳死亡率最高；从事故原因看，被困事故最多，溺水死亡人数最高；体育旅游安全事故呈现时空分布广泛的特征，从时间尺度上看，全年12个月均有发生，暑假7、8月是高峰，从空间尺度上看，事故发生地域广泛，分布于28个省区市，其中浙江事故数最高。总体特点为时空要素高度耦合、事故波及范围广影响大、隐患众多防范难度大。可通过开展安全教育、制定法律法规、强化管理、建立预警体系、构筑救援网络以及开发保险产品来推动中国体育旅游高质量发展。

关键词： 体育旅游　休闲　登山事故　溺水事故

　　体育旅游是体育产业重要的组成部分。体育旅游具有健身性、休闲性、交际性、参与面广、关联性强等特征，其发展不仅契合从全民健身到全民健

---

* 张少平，华侨大学旅游学院党政办公室主任，副研究员，主要研究方向为旅游高等教育、旅游安全。杨佩琪，华侨大学旅游学院硕士研究生。吴耿安，华侨大学旅游学院副教授、硕士生导师，主要研究方向为体育旅游、旅游安全。

康的转型目标,同时也满足旅游产业与体育产业深度融合的发展需求。《关于加快发展健身休闲产业的指导意见》(2016)、《关于进一步扩大旅游文化体育健康养老教育培训等领域消费的意见》(2016)以及《关于大力发展体育旅游的指导意见》(2016)等系列文件都强调了推动体育旅游产业发展的重要性。此外,《"十四五"体育发展规划》(2021)明确指出,要将体育旅游作为"体育+"工程纳入现代体育产业体系,打造国家体育旅游示范基地,建设体育文化旅游带、民族体育旅游融合示范区,创建国家体育旅游示范区,鼓励乡村开通体育旅游小程序平台,打造乡村体育旅游精品线路,要将发展体育旅游作为推进冰雪产业升级、乡村振兴、体育事业协调发展、体育产业高质量发展等国家战略的重要抓手。本研究通过回顾和总结2021年我国体育旅游安全形势以及安全事故类型、时空特征和发生原因,对2022年体育旅游安全形势做出前瞻性判断,为未来体育旅游的高质量发展提供对策和建议。

一 2021年中国体育旅游安全的总体形势

体育旅游集体育学、教育学、管理学、旅游学、经济学等多学科于一体,是个实践性强的交叉学科。体育旅游是体育产业和旅游产业深度融合的新兴产业形态,是以体育运动为核心,以现场观赛、参与体验及参观游览为主要形式,以满足健康娱乐、旅游休闲为目的,向大众提供相关产品和服务的一系列经济活动,涉及健身休闲、竞赛表演、装备制造、设施建设等业态。[①] 与传统旅游项目不同,体育旅游项目不仅包括观赏具有挑战性、刺激性的体育竞技赛事,还鼓励参与者体验或亲身参与各类体育活动,导致各类安全事故频繁发生。根据文化和旅游部数据中心和马蜂窝旅游联合发布的《中国体育旅游消费大数据报告(2021)》,2021年中国体育旅游在北京冬

---

① 《国家旅游局 国家体育总局关于大力发展体育旅游的指导意见》(旅发〔2016〕172号),https://www.sport.gov.cn/jjs/n5039/c781833/content.html,2016年12月22日。

奥会带动下高速发展，参与人数高速增长，中国体育旅游的市场正在以30%~40%的速度快速增长，远远高于全球体育旅游的平均增速。① 此外，全球新冠肺炎疫情对旅游者安全也造成了威胁。疫情常态化防控下，体育旅游安全成为研究焦点。

本研究采用关键词检索法，在百度、必应等搜索引擎以及新华网、人民网、搜狐网、8264 户外运动网等新闻网站、门户网站以"体育旅游+安全""户外运动+安全""滑雪+游客安全""垂钓+游客安全""游泳+游客安全""游客+运动安全""体育旅游+受伤""体育旅游+死亡"等为关键词收集 2021 年 1 月 1 日至 2021 年 12 月 31 日在中国境内发生的体育旅游安全事故，分别按陆地项目、水上项目和空中项目等进行了分类、整理，并对部分指标进行了统计、分析。据不完全统计，2021 年共发生体育旅游安全事故 181 起（见表1），受伤 66 人，失联 1 人，死亡100 人，涉及 28 个省区市。

表 1　2021 年中国体育旅游安全事故一览（部分）

事故大类	事故小类	事故原因	编号	时间	事发地点	事件概况	伤亡情况（人）	
							受伤	死亡
陆地项目事故	滑雪	碰撞	1	1 月 4 日	河北张家口	滑雪时被裸露电线绊倒，头部着地，不幸身亡		1
陆地项目事故	越野赛	失温	76	5 月 22 日	甘肃白银	景泰县第四届黄河石林山地马拉松百公里越野赛遭遇突发降温、降水、大风的高影响天气，部分参赛选手失温，造成重大伤亡	8	21

① 《2021 年中国体育旅游产业的发展趋势》，品橙旅游，https://www.pinchain.com/article/238900，2021 年 1 月 28 日。

续表

事故大类	事故小类	事故原因	编号	时间	事发地点	事件概况	伤亡情况（人）	
							受伤	死亡
水上项目事故	野外游泳	溺水	77	5月22日	河北沧州	5人戏水溺亡		5
水上项目事故	野外游泳	溺水	78	5月22日	山东临沂	2人游玩落水溺亡		2
陆地项目事故	登山	被困	87	6月13日	浙江宁波	户外活动经验不足的67名大学生,因途中遭遇暴雨山洪,被困山中		2
水上项目事故	野外游泳	溺水	89	6月17日	福建厦门	2名男子下海游泳,不慎发生意外		2
水上项目事故	野外游泳	溺水	101	7月9日	山西永济	6名学生假期在黄河边玩耍溺水		6
水上项目事故	野外游泳	溺水	105	7月10日	湖南湘潭	5人游玩意外溺水		5
水上项目事故	野外游泳	溺水	117	7月18日	贵州从江	6人入河游泳溺水	2	4
水上项目事故	野外游泳	溺水	120	7月22日	上海奉贤区	4人下海游玩被海浪卷走		4
陆地项目事故	登山	被困	126	8月1日	广东江门	26名"驴友"到台山市都斛镇莲花坑山上游玩,被突发山洪围困		2
水上项目事故	野外游泳	溺水	132	8月8日	辽宁抚顺	7人水库游玩,4人溺水	2	2
水上项目事故	野外游泳	溺水	133	8月8日	广东廉江	4名小学生洼地戏水溺亡		4
陆地项目事故	登山	滑坠	151	9月12日	辽宁葫芦岛	2名"驴友"在葫芦岛虹螺山坠崖遇难		2
水上项目事故	潜水	溺水	153	9月26日	广西河池	广西都安九顿天窗潜水事故,2人死亡		2

事故大类	事故小类	事故原因	编号	时间	事发地点	事件概况	伤亡情况（人）	
							受伤	死亡
陆地项目事故	登山	滑坠	166	10月24日	山西晋城	一对父子在抱犊寨一线天（未开发景区）登山时从岩石上滑落,坠入水中遇难		2
陆地项目事故	露营	疾病	181	12月11日	浙江杭州	杭州一家三口夜间在野外宿营时一氧化碳中毒致一男子身亡		1

注：案例以时间为序；因篇幅限制，仅展示首、尾案例及死亡人数为2人及以上的案例。

二 体育旅游安全事故类型与时空特征分析

本研究对案例进行逐一分解、编码，分析事故的类型，从时间、空间两个维度来研究体育旅游安全事故的分布特征。

（一）体育旅游安全事故的类型

为便于统计，按照体育旅游运动的水陆空属性，将事故细分如下。水上项目：野外游泳、溯溪、溪降、潜水、漂流、垂钓等；陆地项目：登山、徒步穿越、滑雪、攀岩、露营、越野赛、探洞等；空中项目：滑翔伞、滑索等。总体来看，体育旅游事故类型多样化，具体如下。

1. 陆地项目事故最多

2021年发生最多的是陆地项目事故（147起），占总事故数的81.22%。主要原因在于陆地项目是发展最久、环境多样、适合全季候开展、参与人数最多的项目。事故数最低的是空中项目事故，仅3起，占比为1.66%，主要原因是空中项目参与成本高、技能要求高、入门门槛高，属于小众项目，参与人数较少，事故相对少（见图1）。

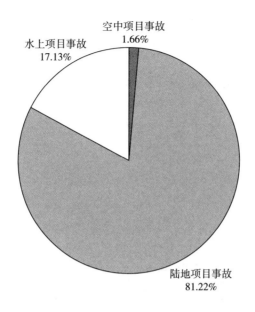

图1 体育旅游安全事故类型统计

2. 登山事故数最高，野外游泳死亡率最高

从图2可见，体育旅游安全事故数量最高的是登山（104起），占比57.46%，其次是徒步穿越（23起），占比12.71%，居第三的是野外游泳（15起），占比8.29%，三项合计占全年事故数的78.45%。登山是参与度广、最普及、入门门槛最低的体育旅游项目，但由于滑坠、失温、暴雨、中暑等原因易发生意外，事故数较高；徒步穿越对体育旅游者的体能、技能、装备都有较高的要求，且该项目过程中易出现被困、滑坠、失温、突发疾病等意外事故；野外游泳监管难度大，野外水体水下环境复杂，易出现事故。

从死亡人数来看，最多的是野外游泳（37人），占比37.00%；其次是越野赛（21人），占比21.00%，均来自甘肃白银"5·22"百公里越野赛事故；排第三的是登山（18人），占比18.00%，三项合计占全年死亡人数的76.00%。除甘肃白银"5·22"百公里越野赛事故外，野外游泳死亡率最高，达2.47人/起，其中一个原因是，溺水事故只有4分钟黄金救援时

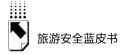

间，野外游泳无法获得有效救援。值得关注的是，徒步穿越死亡8人，其中3人是死于非法穿越秦岭"鳌太线"。①

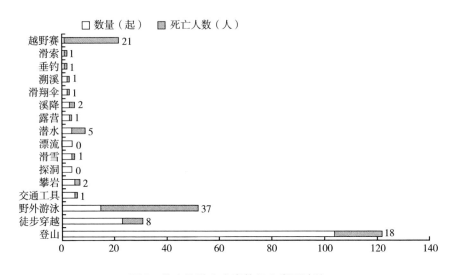

图2 体育旅游安全事故细分类型统计

3. 被困事故最多，溺水死亡人数最高

根据事故原因，按被困、滑坠、溺水、疾病、碰撞、失温、违法违规7个因素分类统计，事故数量前三位分别为被困（85起）、滑坠（43起）、溺水（21起），占全年事故数82.32%。死亡人数前三分别是溺水（47人）、失温（23人）、滑坠（18人），占全年死亡人数的88.00%（见图3）。被困虽然高发，但是全年死亡人数较少，主要得益于救援及时。甘肃白银"5·22"百公里越野赛事故、穿越"鳌太线"事故的失温情形为体育旅游者提供了惨痛的活教材。

---

① "鳌太线"即纵贯秦岭鳌山与太白山之间的主山脉线路，是秦岭山脉海拔最高的一段主脊，被誉为"中华龙脊"，是国内最艰难的徒步线路之一。整个路途140公里，走完全程至少需6~7天，要翻越17座海拔3000米以上的高山，行走在第四纪冰川遗迹形成的石海、刃脊和角峰之间。鳌太线气候变化莫测，素有"一天之内历四季，十里不同天"之说。2018年4月16日陕西太白山国家级自然保护区管理局、陕西省森林公安局第二分局已发布禁止"鳌太穿越"的公告。

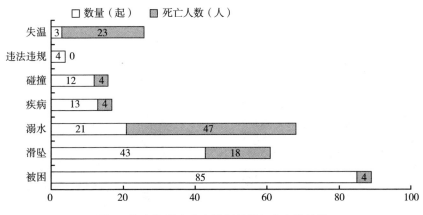

图3　体育旅游安全事故原因及死亡人数统计

（二）体育旅游安全事故的时空特征

体育旅游安全事故呈现时空分布广泛的特征。从时间尺度上看，全年12个月均有发生，暑假七八月是高峰；从空间尺度上看，事故发生地域广泛，分布于28个省区市，其中浙江事故数最高。

1. 体育旅游安全事故的时间特征

体育旅游安全事故主要集中在第2、3季度，共105起，占比58.01%，相应死亡人数也是最高，达到88人，占比88.00%（见图4）。

从月份分布来看（见图5），7月是事故高发期（29起），占比16.02%，其次是8月（21起），占比11.60%，3月和5月各20起，各占11.05%。7月和8月正值学生暑假，参与各类户外运动相对集中，容易出现意外事故。同时，7月和8月也是避暑纳凉时节，野外游泳共有27人溺水身亡，7月和8月成为体育旅游伤亡较大的时段。死亡人数最多的是5月，共35人，平均死亡1.75人/起，也创下历史新高。发生事故最少的月份为11月和12月，此时段正值冬季，体育旅游人次较少，是事故发生率相对较低的原因。

从事故发生的日期类型来看（见图6），发生在周末的事故（87起）最

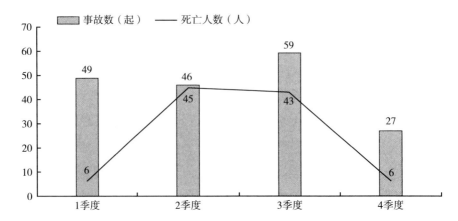

图 4　体育旅游安全事故的季节分布

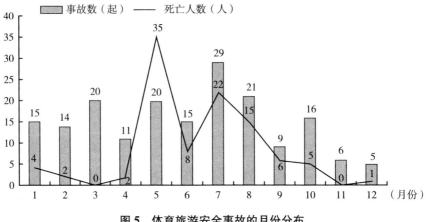

图 5　体育旅游安全事故的月份分布

多，占比 48.07%；发生在工作日的事故（57 起）次之，约占 31.49%；发生在节假日的事故 37 起，占 20.44%。工作日的事故数高于节假日约 11 个百分点，从侧面说明了退休后从事体育旅游的人数较多，而老年人在旅游过程中易突发心脏病、脑卒中、高原反应、低血糖等疾病，故引发的事故逐步增多。周末、节假日事故数占全年的 68.51%，说明当前体育旅游参与时间以非工作时间为主。周末是体育旅游事故累计死亡人数最多的时间段，全年达 65 人，占 65.00%；节假日中，劳动节死亡人数最多（死亡 6 人，失联 1人），其中发生地在秦岭的相关事故死亡 3 人、失联 1 人，推升了该假期的死亡人数。5 月 22 日单日死亡人数最多，达 28 人，成为中国体育旅游史上的"黑色星期六"。

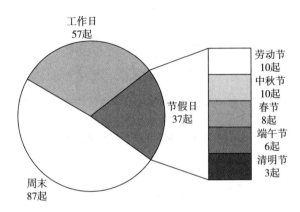

图 6　体育旅游安全事故的日期类型分布

2. 体育旅游安全事故的空间特征

对 181 起体育旅游安全事故进行分析发现，事故发生地域集中在华东、华北地区（见图 7），西南、华南、西北地区亦不能忽视，其中，华东地区 62 起、华北地区 31 起，占全年的五成以上；西南地区 24 起、华南地区 23起、西北地区 20 起，占全年的 37.02%。华东是我国经济发达地区，人们生活水平较高，体育旅游开展较多，事故发生比例高。华北、西南、西北、华南主要是地貌复杂及部分地区环境恶劣易造成体育旅游事故。剔除甘肃白银"5·22"百公里越野赛事故影响，从图 7 可看出体育旅游安全事故数量越多，死亡人数也相对越高。

从省份分布来看（见图 8），事故分布较为广泛，涉及 28 个省区市。事故多发的省区市前五位分别是：浙江 25 起，占比 13.81%；广东 18 起，占比 9.94%；北京、陕西各 16 起，各占 8.84%；四川 15 起，占比 8.29%。上述五省份发生的事故约占全国的 49.72%。这五个省份中，登山事故最多的是北京（15 起），野外游泳事故最多的是浙江（2 起）。

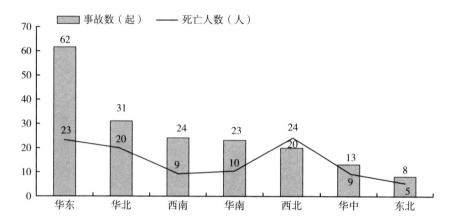

图7 体育旅游安全事故的地区分布

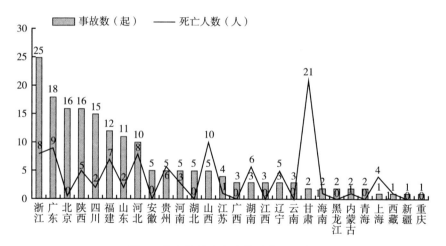

图8 体育旅游安全事故的省份分布

从死亡人数来看,甘肃最多(21人),且单次事件死亡人数最多,来自甘肃白银"5·22"百公里越野赛事故。其次是山西10人,较高的数据来源是6名学生黄河边溺亡。①

_____

① 《山西永济6名学生在黄河边游玩溺水》,中国应急信息网,https://www.emerinfo.cn/2021-07/09/c_ 1211233385.htm,2021年7月9日。

（三）体育旅游安全事故的特点

1. 时空要素耦合

体育旅游风险客观存在，无论陆地、水上、空中，体育旅游活动开展区域是致灾事故高发区。以徒步穿越为例，"鳌太线"影响力最大，壮观的第四纪冰川地貌、风光绚丽的亚高山灌丛草甸带，是难得的旅游体验，但全程160多公里无补给点、天气变幻莫测、高强度线路极易造成体力透支、高原反应、迷失方向、失温，危险性非常大，2021年"五一"节期间就遇难两人。[①] 从时间上来说，"鳌太"穿越的窗口期一般为5~9月，伤亡事故基本发生在这个时段。野外游泳时空耦合也非常明显，多发生在七八月的沿海沿河湖等涉水地区。

2. 事故影响深远

迷路、被困、受伤、个人疾病、自然灾害等体育旅游安全事故影响范围主要集中在自然景区内，也有不少体育赛事发生意外，因为参与群体多波及范围广，社会关注度高影响大。甘肃白银"5·22"百公里越野赛事故震惊了全社会，引起了国家对路跑赛事安全问题的重新审视。国家体育总局办公厅在5月28日当天连发两个通知，要求加强路跑（包括马拉松、半程马拉松、10公里、5公里等）赛事安全管理工作，[②] 进而决定暂停山地越野、戈壁穿越、翼装飞行、超长距离跑等新兴高危体育赛事活动。

3. 隐患防范艰巨

体育旅游项目涉及多个主体，包括体育旅游者、政府部门、行业组织、主承办方运营方、当地居民等，防控难度大。体育旅游活动组织管理不规范、运营执行不专业、违反安全生产制度，参与者缺乏经验和专业性培训等

---

① 《截止5月5日，秦岭事故确认两名驴友遗体》，8264户外运动网，https://www.8264.com/wenzhang/5645912.html，2021年5月6日。

② 《体育总局办公厅关于加强路跑赛事安全管理工作的通知》，国家体育总局官网，https://www.sport.gov.cn/n315/n20001395/c20997084/content.html，2021年5月28日。

是事故发生的主要原因。6 月 13 日浙江宁波 65 名大学生被困山中，[①] 主要原因就是大学生缺乏相关的专业知识和实践经验、能力。同时，体育旅游项目本就有一定的风险性，以登山为例，山野救援条件差，再考虑到天气因素和其他不利因素，在准备不足的情况下一旦发生事故，极易造成悲剧。此外，政府部门有效监管难度大，以野外游泳为例，虽然屡次禁止，但溺水事故仍多发于水库、河道和海边。

三 体育旅游安全事故发生的主要原因

综观 2021 年 181 起体育旅游安全事故，本研究从"人失误""环境不安全""物故障"和"管理差"因素出发，把体育旅游安全事故发生的主要原因归结如下。

（一）体育旅游者安全认知水平薄弱

"说走就走爬野山看秦岭漂亮大草甸结果迷路被困"[②] 是一起典型的体育旅游安全事故。该事故中三人没有登山经验，仅仅携带瑜伽垫、帐篷便上山，可见其安全认知水平太薄弱，轻视准备工作，应急物资准备不足，体力体能未经过训练，应急能力不足。另外，体育旅游者多为运动爱好者，对运动技能的自信往往放松了防范，忽视安全问题。如 10 月 30 日上海潜水教练殷某某在贵州洞潜遇难，[③] 值得注意的是，殷某某是潜水俱乐部公司的法定代表人，是 PADI 开放水域教练、SDI 开放水域教练、TDI 技术潜水教练。此次事故应归咎于其安全风险认知不足、设备检查不到位。不可忽视的是，体育旅游者对安全问题内涵存在认知误区，低估了项目难度、危险系数、野

---

① 《上海 65 名大学生雨天宁海爬山被困》，8264 户外运动网，https：//www.8264.com/wenzhang/5651105.html，2021 年 6 月 14 日。

② 《女友和闺蜜让男友带着进秦岭爬山，结果迷路了》，8264 户外运动网，https：//www.8264.com/wenzhang/5657341.html，2021 年 8 月 11 日。

③ 《上海潜水教练在贵州洞潜遇难！遗体由其公司救援人员打捞上岸》，搜狐网，https：//www.sohu.com/a/498714477_ 161795，2021 年 11 月 2 日。

外地形、极端天气，高估了身体素质、心理素质，应急措施失当，导致在活动中病发、受伤、受困或遇险。

（二）体育旅游存在环境隐患

自然环境存在的潜在危险也是诱发体育旅游安全事故的因素之一。较多体育旅游项目的开展高度依赖原始生态的自然环境，如少数民族地区骑马、狩猎、射箭等体育旅游项目往往举办在人迹罕至、项目设施少、辅助保护设备少、补给救助力量少、对自然环境预测水平较低的自然环境中，容易发生安全事故；甘肃白银"5·22"百公里越野赛事故中，大风、降水、降温的高影响天气造成的身体急性失温成为21名参赛选手死亡的主要原因。① 无独有偶，《2021年度中国户外探险事故报告》显示，2021年事故数上升最显著的是大众参与度较高的野外游泳和登山两个项目。② 暗流、漩涡、深度深、水温低、杂物等环境因素是野外游泳频频"吃人"的主因。登山事故多半由于山高坡陡、氧气稀薄、沟深林密、地势险要、山洪暴发等。

（三）体育旅游安全法律规章、标准匮乏

体育旅游的安全保障法律法规建设存在严重滞后等问题。法律规章不完善，特别是涉及野外生存、户外探险、越野赛的体育旅游项目安全管理问题无明确的法律法规。此外，针对高危险性体育项目目录外的体育旅游项目，无具体针对性法律法规，部门规章和地方立法、规范性文件也极少涉及。国家体育总局也意识到诸如山地越野、戈壁穿越、翼装飞行、超长距离跑等项

---

① 《白银景泰"5·22"黄河石林百公里越野赛公共安全责任事件调查报告》，甘肃省政府官网，http：//www.gansu.gov.cn/gsszf/c100002/c100010/202107/1643566.shtml，2021年6月25日。

② 《2021年度中国户外探险事故报告》，中国探险协会官网，http：//www.chinacaa.com.cn/content/86/2554.shtml，2022年2月24日。

目的规则不完善、安全防护标准不明确。[①] 体育旅游安全的相关国家标准、行业标准也不完善。

（四）体育旅游安全管理不规范

目前，政府主管部门只负责审批高风险体育项目，对体育旅游项目、大型体育活动取消行政审批，仅依据《体育场所开放条件与技术要求》（GB 19079）进行指导。缘于体育旅游项目的综合性，主承办单位跨政府多部门（如体育、旅游、商务、住建、农业、林业、园林绿化、水利、环保、应急等），往往出现交叉管理、多头管理、模糊管理的窘况，甚至有的活动的主承办单位只挂名不监管，履职不到位，尽责不充分，赛事机构叠床架屋，形式主义、官僚主义问题突出，工作作风不严不实。政府对体育旅游项目运营方和从业人员的资质认定、对体育旅游活动的监督管理均严重缺位。如中国探险协会组织无探险经验的高中生参加青少年腾格里沙漠探险项目，无医护人员跟随、未教授野外生存技能，过程中一名高中生意外身亡，[②] 此事件就暴露了沙漠探险体育旅游项目处于管理的真空状态。同时，体育旅游行业也无明确的安全监管执法机构。

四　2022年中国体育旅游安全形势与管理建议

受北京冬奥会带动，2022 年体育旅游特别是冰雪体育旅游人数将激增，故体育旅游安全形势严峻，体育旅游安全事故类型将继续呈现多样化、时空分布广、防范难度大、伤亡事故仍有发生等特点。

---

① 《体育总局办公厅关于暂停相关体育活动的通知》，国家体育总局官网，https：//www. sport. gov. cn/n315/n20001395/c20997017/content. html，2021 年 5 月 28 日。

② 《揪心！北京 16 岁高中生参加沙漠探险不幸身亡，更多细节曝光》，百度网，https：//baijiahao. baidu. com/s？ id=1707789738527011964&wfr=spider&for=pc，2021 年 8 月 11 日。

习近平总书记指出："安全是发展的前提，发展是安全的保障。"[1] 政府部门应加强 7 月、8 月的安全监管，特别是野外游泳；同时加强对登山、徒步穿越、野外游泳等高事故率项目的管理，加强对水上项目、空中项目的审批、监管，对取消审批的体育旅游项目、大型体育活动提供技术指导并加强事中事后监管，杜绝出现类似甘肃白银"5·22"百公里越野赛事故，管住"鳌太线"等"死亡路线"，织密织牢安全发展的法定"三管三必须"[2] 责任体系，筑牢夯实安全发展的根基，促进体育旅游高质量发展。具体管理建议如下。

（一）开展体育旅游安全教育

面向体育旅游者、参与者和从业者，开展安全教育，提升安全防范意识、应急措施水平、自救能力与安全技能。应使体育旅游者完全了解体育旅游项目的危险性质，能正确估量自己的身体情况和心理情况、社会环境等，敬畏自然、珍视生命、知进知退，正视一切客观存在的安全风险并做好充足的事前准备。定期组织体育旅游活动经验交流与分享，强化参与者对体育旅游风险危害的认知和敏感度。通过安全教育规范体育旅游主承办方运营方的安全文化建设和职业道德建设。将体育旅游安全教育引入中小学，进课堂进教材，帮助青少年树立正确的生命观，培养安全意识，训练生存技能。通过安全教育，提高公众对体育旅游安全的认知，唤起全社会对体育旅游安全问题的关注。

（二）制定体育旅游安全法律法规

贯彻好新《安全生产法》，同时借鉴国外体育旅游安全保障法律体系，

---

[1] 《习近平：关于〈中共中央关于制定国民经济和社会发展第十四个五年规划和二〇三五年远景目标的建议〉的说明》，中国政府网，http://www.gov.cn/xinwen/2020-11/03/content_5556997.htm，2020 年 11 月 3 日。

[2] 2021 年版《安全生产法》第三条：安全生产工作实行管行业必须管安全、管业务必须管安全、管生产经营必须管安全。

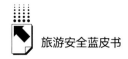

结合我国国情和实际制定专门性的体育旅游安全法律法规，明确体育旅游安全管理机构的权限、责任和义务，指导体育旅游产业的和谐发展，从而将体育旅游安全管理纳入法制化轨道，做到有法可依，为体育旅游业的发展提供有力的法制保障。通过制定体育旅游安全法律，以法律的形式指导体育旅游者、从业者、参与者的行为，强化从业者的安全防范意识，同时授权地方政府依法制定本地区的体育旅游安全规章制度、规范性文件、地方标准，完善体育旅游安全责任制度和登记备案制度，明确责任主体，依法依规履行安全责任义务。建议借鉴旅行社质量保证金制度，建立体育旅游保证金制度，进一步保障体育旅游者权益。同时，政府应构建体育旅游监督机制。

（三）强化体育旅游安全管理

进一步强化体育旅游安全管理，体育、旅游、文化、工商、行政、卫生、公安、应急等部门要加强联动，明确体育旅游安全工作的管理任务和责任，明确专门机构负责安全工作的组织及协调，将体育旅游切实纳入管理范畴，健全纵向到底、横向到边的安全责任管控和落实体系。严格按照国务院《大型群众活动安全管理条例》履行审批程序和报备制度。将风险评估作为举办体育旅游项目的重要前置条件，指导体育旅游项目主承办方做好安全生产标准化建设，健全可操作的"一案三制"①。同时，加强对体育旅游项目承办方运营方的管理，提高承办运营大型体育旅游项目的准入门槛。指导成立体育旅游行业协会，发挥协会的行业自治、行业规范、行业促进、行业监督功能。

（四）建立体育旅游安全预警体系

政府应围绕体育旅游安全要素收集相关信息并采取科学的方法做出判断、发出警告，建立完善的体育旅游安全预警系统。要加强体育旅游项目从工程可行性研究报告到经营管理的全过程审查、监督、管理，建立行业危机

---

① "一案三制"是指突发公共事件的应急预案、应急机制、应急体制和应急法制。

预警系统，确立安全预警的指标体系，分析可能存在的安全问题和隐患，识别潜在的安全威胁，探明风险诱因，在体育旅游特点的基础上建立常态安全问题保障措施系统，消除各类安全问题。如针对大型体育旅游项目，提供全面的危机预警，完善体育旅游安全预警内容和信息，开展预警信息的调查、分析、研究和公布，提出可能引发的体育旅游安全事故类型，做好风险等级评定，针对性制定预防、解决和控制策略。

（五）构筑体育旅游救援网络

建议各地体育部门、旅游部门、应急部门联合设立体育旅游救援中心，坚持"人民至上、生命至上"发展理念，协同医疗机构、专业救援组织、志愿者机构建设专兼职救援队伍。救援中心加强与地方公安、消防、卫生、市场监督、林草、气象等部门联动，事前与医疗机构保持联系，科学编制救援预案，在发生安全事故后，进行应急救援。政府应大力扶持和发展民间救援力量，作为国家救援的有效补充和后备军。救援中心还应广泛开展救援技能培训，重视培育商业化救援公司，壮大体育旅游社会救援力量。力争形成全国覆盖的体育旅游救援网络，增强应急救援的科学性、协同性、时效性，减少事故伤亡。

（六）开发体育旅游保险产品

支持保险公司根据体育旅游行业的风险、规律、特点，开发适合体育旅游相关方的系列保险产品，为体育旅游行业服务，降低体育旅游不确定风险导致的体育旅游者人身和财产损失，减少体育旅游主承办方运营方的后顾之忧，为出险救援提供保障。在体育旅游保险投入市场前，建议体育旅游主承办方购买责任险、体育旅游者购买户外运动险。同时，加大体育旅游保险的宣传推广力度，增强体育旅游保险的社会认同感，培育健康的体育旅游保险市场。

区域安全篇

B.22
2021~2022年北京市旅游
安全形势分析与展望

韩玉灵　崔言超　周　航　陈学友*

摘　要： 2021年，北京市旅游业虽受疫情持续影响，但整体逐步回暖。
面对疫情挑战，北京市文化和旅游局积极应对，科学统筹常态化
疫情防控，进一步夯实了疫情防控常态化条件下全市旅游业安全
生产基础，实现了无旅游安全问题投诉、无旅游安全责任事故发
生的目标，行业安全管理工作取得明显成效，总体安全形势良
好。展望2022年，北京市文化和旅游局将着力解决旅游业安全
发展不平衡、不充分的问题，全面提升旅游业安全管理水平。

关键词： 北京市　旅游安全　安全管理

一　2021年北京市旅游安全的总体形势

2021年，面对新冠肺炎疫情的挑战，北京市积极应对，科学统筹常态
化疫情防控和旅游业恢复发展，以满足广大人民群众在疫情之下的旅游需
求。旅游市场呈现逐步回暖、恢复向好态势。2021年北京市共接待游客

---

* 韩玉灵，北京第二外国语学院教授、北京法学会旅游法研究会副会长。崔言超，北京市文化
和旅游局安全与应急处（假日办）处长。周航，北京财贸职业学院讲师。陈学友，北京市文
化和旅游局安全与应急处（假日办）副处长。

25512.8万人次，同比增长38.8%。其中外省来京游客12881.1万人次，同比增长32.6%；市民在京游客12607.2万人次，同比增长45.9%；入境游客24.5万人次，同比下降28.2%。旅游总收入达4166.2亿元，同比增长43%。① 但以疫情为主的影响因素依旧复杂多变，对旅游业产生了较大影响。在此背景下，北京市文化和旅游局不断提高疫情防控能力，深入开展隐患排查工作，加强旅游安全风险控制，全力保障全市旅游行业安全稳定。北京市全年未发生涉旅疫情事件，北京市文化和旅游局共接到企业上报的3起事故灾难类旅游安全突发事件，为一般事件，均得到妥善处置，未造成严重负面影响。

二 2021年北京市旅游安全形势的特点

（一）疫情是影响旅游安全的主要因素

2021年北京市虽未发生疫情相关的旅游安全突发事件，但疫情的突发性和持续性依然是旅游业发展的限制因素。北京市多次根据疫情形势调整防疫政策、提升进京管控等级，旅游业受到较大影响。2021年8月1日，北京市宣布严控中高风险地区人员进京，对出现病例地区的人员限制进京，暂停来京航班、列车、客车班线。强化进京通道管控，铁路、民航和公路检查站严格查验。2021年10月22日，北京市暂停了跨省旅游，要求未出发的跨省旅游团队，必须立即取消或变更旅游行程，对已在京的来京跨省旅游团队，必须在京暂停旅游活动。对北京市旅行社组织在京人员已出京的旅游团队应遵守当地和北京市的疫情防控措施，符合返京政策后，方可组织返京。2021年12月24日，岁末年初，境外回国人员增多，国内人员流动更加频繁，进出京迎来高峰期，北京市决定暂不恢复进出京跨省团队旅游及"机

---

① 《北京市旅游市场总体情况》，北京市文化和旅游局官网，http：//whlyj.beijing.gov.cn/zwgk/zxgs/tjxx/lyzt/202202/t20220209_2607178.html，2022年2月9日。

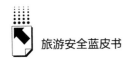

票+酒店"业务，继续暂停出入境团队旅游及"机票+酒店"业务。在此背景下，2021 年北京市接待外省来京游客、市民在京游客人数依然实现了超过 30%的增长，旅游正在逐渐成为人民群众的"刚需"。但旅游必然会伴随着人员流动，疫情传播风险大，防控形势严峻复杂。

（二）事故灾难是旅游安全突发事件的易发类型

本年度发生的旅游安全突发事件均为事故灾难，其中 1 起为景区施工人员不慎摔倒事件、1 起为游乐设施故障事件、1 起为旅游大巴刮蹭隔离墩的交通事故，3 起事件共导致 15 人受伤，无死亡。纵观往年旅游安全突发事件的类型，事故灾难由于具有突发性特征，是最易发生的旅游安全突发事件类型之一。旅游具有聚集性特点，尤其是团队旅游涉及的游客人数较多，一旦发生交通事故，往往会导致多人受伤，甚至死亡。另外，疫情防控造成反复停工停产，部分旅游设施设备存在停运、缺乏保养的情况，也存在旅游企业人员教育培训不到位、安全生产投入不足等问题，使得安全隐患和安全风险叠加，从而引发旅游安全突发事件。

（三）旅游景区是旅游安全突发事件的易发地点

本年度北京市发生的 3 起旅游安全突发事件中有 2 起发生在景区，且为游乐型景区。景区内大型室外游乐项目本身具有一定的风险性，一直是旅游安全管理关注的重点项目。2021 年北京市市民在京游客数量占接待游客总数的 49.4%，游客构成的这一特征决定了在京旅游各环节中，旅游景区是游客停留时间最长、活动内容最为集中的场所，旅游景区发生旅游安全突发事件的概率增加。再者，为满足游客日益多元化、个性化的旅游需求，旅游景区的旅游项目愈发丰富，其安全管理工作应引起高度重视。

（四）节假日是旅游安全突发事件的易发时期

2021 年北京市节假日出游人数显著增多，增加了旅游安全管理工作的难度。"五一"假期，北京市接待旅游总人数 842.6 万人次，同比 2020 年增长 81.9%，按可比口径计算恢复到 2019 年的 98.4%；旅游总收入 93 亿元，同比 2020 年增长 1.2 倍，按可比口径计算恢复到 2019 年的 86%。① 国庆假日七天按可比口径计算，全市接待旅游总人数 861.1 万人次，较上年同期基本持平，恢复至 2019 年同期的 93.5%，旅游总收入 108.2 亿元，较上年增长 15.0%，恢复至 2019 年同期的 96.8%。② 可见假日经济强劲恢复，消费潜力得到了有效释放，疫情防控常态化对旅游安全管理工作是较大的挑战，北京市文化和旅游局积极提前部署，防风险、除隐患，避免旅游突发事件发生。另一旅游高峰期为暑假期间，也正值北京市汛期，为保障旅游安全，汛期临时关闭景区 810 家次，关闭乡村民宿、乡村旅游民俗户 3.1 万家次，先后有 4000 余个旅行团约 7 万人因降雨改变或取消行程。

三 2021年北京市旅游安全工作的主要进展

（一）强化工作统筹，推进安全管理责任落实

北京市文化和旅游局制定印发了《北京市文化和旅游行业 2021 年安全与应急工作要点》，明确行业安全管理 8 大类 26 项具体工作任务，抓紧抓实了全市文化和旅游行业安全工作的研究部署、责任落实、宣传引导、教育培训、规范化建设、景区防汛、假日旅游、督查检查、风险评估、应急演练及处置、值班值守和信息报告等工作，明确了行业安全管理的主攻方向和重点任务。在国家重大政治活动、重要节日、重点时间，对旅游重点行业、重点领域、重点区域、重点部位、重点单位进行安全生产督导检查，有力推动了全市旅游行业安全生产工作措施的落实落地。督促旅游单位在安全生产中做到抓明确目标、抓健全机构、抓保证人员、抓保障投入、抓制度措施、抓紧

---

① 《五一假期游客热情高涨 首都文旅市场持续火爆》，北京市文化和旅游局官网，http://whlyj. beijing. gov. cn/zwgk/xwzx/gzdt/202105/t20210505_ 2380824. html，2021 年 5 月 5 日。

② 《2021 年国庆节假日文化和旅游行业七天情况》，北京市文化和旅游局官网，http://whlyj. beijing. gov. cn/zwgk/xwzx/gzdt/202110/t20211007_ 2507641. html，2021 年 10 月 7 日。

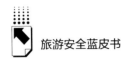

盯重点、抓宣传教育、抓培训演练、抓风险评估分级管控与隐患排查治理、抓督导检查。进一步落实安全管理责任，完善行业制度建设，健全旅游市场综合协调机制，与北京市公安局、市交通委、市市场监管局、市城市管理综合行政执法局、市园林绿化局等部门联合印发了相关制度文件，形成了旅游市场安全生产联合监管。

（二）突出疫情防控，提高安全服务保障能力

因疫情形势反复且具有复杂性，旅游业安全仍面临风险。尤其是节假日期间，出游人数逐渐增多，疫情防控仍是本年度旅游安全重点工作之一。北京市严格落实党中央、国务院和市委市政府关于假日旅游安全服务保障和疫情防控工作要求，坚持疫情防控为先，严守景区最大承载量和瞬时承载量两个限量底线。强化科技手段支撑引领，联合高德、百度等平台，加强动态人流分流提醒，积极引导市民安全出行、预约出行、错峰出行。结合携程、美团、马蜂窝等网络预订检索等手段，梳理形成"网红打卡地"清单，要求各区加强有关区域的监测监督。假日期间，向全市景区和旅游企业提出疫情防控风险排查要求，督导景区严格落实疫情防控措施，提醒游客做好自我防护，对景区入口、核心景点、狭窄路段等人群集聚区域加大巡查疏导力度，防止游客聚集扎堆。督导属地政府和街道、乡镇加强对网红打卡地，以及河道、沟域、道边、绿地等非景区的现场秩序管控，督导相关部门加大安全生产隐患排查力度，严防人员扎堆聚集，确保火灾防控、食品安全、餐饮卫生、住宿卫生安全。

（三）深化排查治理，夯实行业安全管理基础

北京市文化和旅游局加强研究部署，持续推进全国安全生产专项整治三年行动，推动建立从根本上消除隐患的制度措施。开展消防安全隐患专项检查，除做好行业日常消防安全管理和检查外，还着力开展了行业冬春火灾防控、"防风险、除隐患、保平安"消防安全隐患集中排查专项行动、打击森林违法用火专项行动、"两会"期间森林景区防灭火专项行动、等级旅游景

区野外火源专项治理行动、电动自行车治理专项行动等。除专项活动外，北京市文化和旅游局委托专业机构，围绕重点时段，针对重点旅游单位、重点区域开展安全生产督查抽查，督促旅游单位健全完善安全生产责任体系，狠抓风险防控责任和隐患排查治理措施落实，妥善解决了行业安全管理力量不足、督查抽查不到位等薄弱问题。疫情防控方面，持续研判疫情防控常态化行业安全生产形势，针对旅游单位因疫情防控反复停工停产，未满负荷运转，设备设施停运、缺乏保养，人员教育培训不到位，安全生产投入不足，风险与隐患叠加等不利因素，及时印发《关于强化安全风险研判切实做好行业安全生产工作的通知》，督导不同业态在落实好疫情防控指南的情况下，针对性开展防汛、消防、特种设备、大型游乐设施、高风险旅游项目、用电用气等方面找隐患、查风险、补漏洞，严防旅游单位带病运行酿成事故。本年度市区两级共出动检查人员 38900 余人次，检查文旅单位 36100 余家次，消除各类安全隐患 7900 余处，基本实现了行业安全检查全覆盖，有效遏制了事故发生。

（四）加强风险管控，完善安全风险管控体系

2021 年北京市文化和旅游局完成了经济型酒店、社会旅馆等非星级酒店安全风险评估报告、应急资源调查报告、应急能力评估报告，全市经济型酒店、社会旅馆安全风险评估制度体系进一步健全。为保障重大活动期间城市运行安全和社会平稳有序，编制了重大活动期间风险建议清单和标准，指导等级旅游景区、星级饭店、文化娱乐场所完成重大活动期间风险识别、分析、评价、控制，风险评估报告编制及风险电子地图绘制等工作。指导各区文化和旅游局落实行业安全风险分析、研判、管控等行业管理责任，组织开展常态化、经常性安全风险评估，定期开展行业安全生产风险会商，动态更新安全风险。在国家重大政治活动、重要节假日、季节更替期间，督导旅游单位加大安全风险评估力度，落实风险管控措施，推动行业安全风险评估工作常态化、规范化、精细化。以落实旅游行业安全生产等级评定技术规范为契机，持续督促行业进一步落实安全生产标准化建设教育培训、对标自建、

期满复核等工作,并将安全风险评估、旅游单位落实安全生产主体责任情况等纳入标准化评审和复审。此外,本年度开展了自然灾害综合风险普查工作,并通过旅游信息化建设,加强了对重点时段重点景区的远程监测。

(五)借助有效载体,提升行业安全意识

2021 年,北京市文化和旅游局以"应急宣传进万家"为载体,不断拓展宣传渠道,深化培训内容,促进行业安全意识提升。推动落实旅游行业应急管理、安全生产、防灾减灾宣传培训进机关、进宾馆饭店、进景区、进旅行社等,集中开展了一系列有效果、接地气、有亮点、贴近一线职工和社会公众的宣教活动。多渠道组织旅游企业和从业人员学习习近平总书记关于应急管理、安全生产、防灾减灾的重要论述,以及安全相关法律法规、行业安全生产等级评定技术规范等。针对行业安全管理重点,有针对性地开展了线上安全培训,并通过北京旅游网官方微博、E 直播、虎牙、官方抖音账号等平台同步播放,扩大培训覆盖面和影响力。以开展行业安全生产月活动为抓手,开展了"2021 文化和旅游安全宣传咨询日"活动,通过展品展示、发放宣传资料、专家讲解、答题互动等方式,吸引了众多市民游客参与。围绕疫情防控、重大活动、假日、汛期和旅游高峰期等安全保障工作,组织市级应急演练 31 场次、区级应急演练 332 场次,总参训人数达 14500 余人次,切实提升了行业领域应急处置能力。本年度,全市共开展各类安全培训 50 余场次,参训人数 5100 余人次,发放各类安全宣传材料 84500 余份,普及安全知识,培育安全文化。

四 2022年北京市旅游安全形势展望与管理建议

(一)旅游安全形势展望

从旅游安全影响因素来看,由于疫情在全世界未得到根本控制,全球疫情大流行仍在高位运行,德尔塔、奥密克戎变异株持续蔓延,以疫情为主的

多元风险仍是影响旅游安全的主要因素。但经过几年的探索实践，北京市立足疫情防控常态化，坚持"外防输入、内防反弹"，严格落实各项疫情防控措施，预计发生涉旅突发疫情的可能性较小，旅游安全突发事件的总体数量将得到有效控制。

从旅游安全突发事件类型来看，旅游环境日益丰富，游客已经不满足于传统的旅游形式，更加追求个性化、多样化的旅游方式。疫情背景下，游客也更倾向于自驾游、家庭游等旅游形式，目的地选择更为灵活、旅游活动内容更为丰富，也使得涉旅安全形势趋于多元化，具有更多的不确定性。

从旅游安全突发事件易发时间来看，北京市旅游业回暖迹象明显，预计2022年北京市民在京旅游市场将进一步扩大，外省来京旅游人数也将逐步增加。尤其是随着冬奥会、冬残奥会的成功举办，其场馆、举办地将成为新的网红打卡地或景点，外省来京人数、入境旅游人数可能出现大幅度增加。"五一""十一"等节假日期间，旅游人数可能出现新高，旅游景区、酒店等室内外旅游消费需求将显著提高，旅游系统及相关场所可能面临人手不足、防疫物资局部短缺、防控和应急处置压力大等问题，对旅游安全管理工作提出了挑战。

（二）旅游安全管理工作建议

1. 推进安全规范化建设

进一步推进旅游行业安全生产责任落实、教育培训、宣传引导、风险管控、隐患排查、规范化建设、景区防汛、假日旅游、应急演练及处置、值班值守和信息报告等安全生产工作。引导旅游企业主动开展安全生产标准化建设工作，推进行业标准化建设提质增效。持续推进行业安全生产责任保险投保工作，利用专项培训、安全检查、隐患排查治理、安全生产标准化建设等多种形式宣传安全生产责任保险，引导企业积极购买安全生产责任保险，进一步降低企业安全生产风险。

2. 加强应急能力建设

依据应急预案管理相关法律法规，开展应急预案专项整治，健全完善应急预案、突发事件报告制度，开展企业应急预案教育培训。严格落实应急值守制度，按照"早发现、早报告、早控制、早解决"的方针，快速妥善处置旅游安全突发事件，并及时报告旅游安全突发事件信息。对承担全国"两会"等重大活动和大型活动服务保障任务的旅游企业，开展安全风险评估和隐患排查，严格落实安全责任。加强重要时段、重点区域示范性演练活动，认真研判假日旅游安全形势，统筹谋划部署假日旅游工作，动态调整并严格落实疫情防控措施，强化旅游安全服务保障。

3. 推进隐患排查治理体系建设

立足疫情防控常态化，坚持"外防输入、内防反弹"，严格落实疫情防控责任，督促旅游相关场所严格落实防疫措施，加强隔离酒店疫情防控安全检查，确保隔离酒店疫情防控、安全管控无死角、无漏洞、无盲区。针对人员密集场所，重点围绕火灾防控、用电用气安全、特种设备管理、有限空间防护等方面开展隐患排查。开展 A 级景区隐患排查治理，督促对高风险旅游项目、玻璃栈道、大型游乐设备设施等定期检测、定期开展安全风险评估和隐患排查治理，对新兴旅游项目实施安全管理，督导建立大客流预报预警制度、流量控制方案和应急预案，开展汛期专项安全检查等。围绕在京游、来京游、出京游和出境游等，督促旅行社做好疫情防控、旅游线路安全风险评估、旅游包车安全、出游安全风险提示、行前安全教育、安全预案、应急处置、信息报告等方面的安全工作。继续依托社会技术力量，围绕重点时段，对全市重点旅游企事业单位、重点区域开展安全生产督查抽查。

4. 加强安全宣传教育培训

持续开展安全相关法律法规、制度标准的宣传贯彻，督导企业健全安全风险分级管控措施，完善隐患排查治理制度，建立全员安全生产责任制。针对疫情防控常态化安全生产特点，面向旅游行业安全管理人员、专职安全员、企业主要负责人等，开展理论、疫情防控、安全风险分级管控、隐患排查治理、安全生产专项整治三年行动、应急管理及突发事件处置等方面的教育培训。针对国家重大活动、假日、汛期、暑期、旅游高峰期、冬春季森林防灭火等重点时段，利用各类媒体，及时发布自然灾害、事故灾难、公共卫生事件、社会安全事件的预警预报，开展旅游安全风险防范、应急处置以及假日服务保障等安全常识和提示信息宣传，协同相关部门加强强降雨及雨后地质灾害风险危害知识的宣传，引导游客安全旅游。

B.23
2021~2022年港澳旅游安全形势分析与展望

陈金华　张健中　郭　彤　罗熙琳*

摘　要： 2021年受疫情持续影响，港澳旅游安全形势严峻。全年共发生旅游安全事件172起，同比减少83.5%，以事故灾难、自然灾害、公共卫生事件为主，但疫情时间跨度大，对港澳旅游业复苏造成巨大影响，如入境游客大幅度减少、旅游产业停滞不前等。展望2022年，港澳地区要做好疫情防控工作，加强公共卫生、食品卫生的安全检查监督工作；加快科技赋能与旅游产业转型，增强旅游安全数字化管理；在中央政府的领导下，促进港澳与大湾区旅游安全一体化建设，重塑安全、稳定、舒适的国际旅游目的地形象。

关键词： 旅游安全　香港旅游　澳门旅游

2021年，香港受疫情持续影响，旅游人次由2020年的356.4万人次下降到9.1万人次，同比降低97.4%。① 2021年3月开始，赴澳门旅游的人数明显上升，内地游客也逐步增多，除10月受疫情影响人数骤减外，赴澳旅游人次较2020年明显上升，入境旅游人次由2020年的589.7万人次上升到

---

* 陈金华，博士，华侨大学旅游学院教授，主要研究方向为区域旅游资源开发与安全管理。张健中，澳门酒店旅业商会会长。郭彤、罗熙琳，华侨大学旅游学院硕士研究生。
① 香港旅游发展局，https://www.discoverhongkong.cn/china/hktb/newsroom/tourism-statistics.html。

2021 年的 770.6 万人次，同比增长 30.7%①（见图 1）。总之，疫情对港澳旅游业的影响深远，旅游业亟须转型升级。

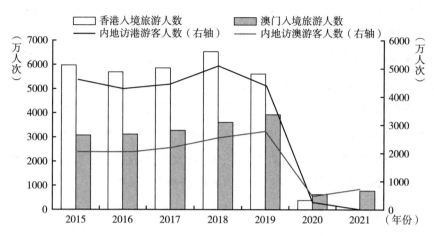

图 1　2015~2021 年港澳入境旅游人数及内地访港澳游客人数分析

资料来源：香港政府统计处，https：//www.censtatd.gov.hk/sc/。澳门特别行政区统计暨普查局，https：//www.dsec.gov.mo/zh-CN/。

一　2021年港澳旅游安全总体形势

通过谷歌、百度等主流搜索引擎，以"香港旅游""澳门旅游"组合"台风""交通事故""疫情感染""火灾""抢劫""暴恐""偷拍"等为关键词进行案例搜索，结合香港、澳门主流媒体旅游安全事件的新闻报道，时间限定为 2021 年 1 月 1 日到 2021 年 12 月 31 日，对港澳两地 2021 年旅游安全事件进行整理分析。据不完全统计，2021 年港澳共发生旅游安全事件 172 起，其中香港 68 起、澳门 104 起，两地旅游安全形势具有明显特点。

---

① 澳门特别行政区统计暨普查局，https：//www.dsec.gov.mo/zh-CN/。

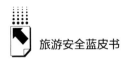

（一）疫情影响下港澳旅游业发展缓慢，局部回暖

香港疫情仍然严重，自2020年2月8日正式宣布封关，截至2021年12月，全球访港旅客9.1万人次，其中内地访港旅客5.9万人次，仅为1998年的4.8%。随着香港疫情的持续扩散，香港旅游业受到严重冲击，赴港游客逐步减少，旅游业遭受重创，旅游从业人员面临失业风险。

澳门旅游业恢复已驶入"快车道"，澳门是目前唯一低风险的出境游目的地。虽内地还未恢复团体境外游，但自由行只须持核酸检测证明便可自由出入。自2020年9月23日内地恢复办理赴澳门旅游签注以来，内地赴澳旅游人数逐步回升。据澳门旅游局公布的最新数据，2021年1~4月，访澳旅客由1月的55.7万人次，上升至4月的79.5万人次（见图2）

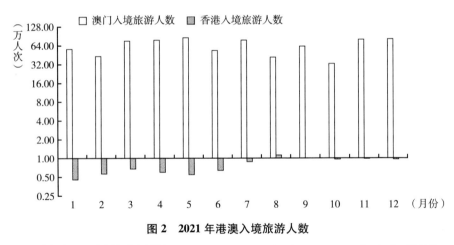

图2　2021年港澳入境旅游人数

资料来源：香港旅游发展局，https：//www.discoverhongkong.com/tc/index.html。澳门特别行政区政府旅游局，https：//www.macaotourism.gov.mo/zh-hans/。

（二）海陆交通事故频发

港澳旅游安全事件中，交通事故占比较大，多为私家车与旅游巴士出现意外事故。港澳都为滨海城市，因此海上游艇、游轮也是其交通的一大主力，海上安全事件也随之增多。以香港为例，6月13日，香港1辆巴士与私家车相撞，司机死亡，7人受伤；6月27日，香港仔游艇发生火灾事故波及30多艘船只，部分船只沉没，35人被疏散，1人受伤；9月16日，1轮渡在码头碰撞石墩，致7人受伤；11月18日，1辆巴士发生侧翻，事故导致1人死亡、11人受伤，其中1人重伤。而澳门方面，1月12日，亚马喇前地1辆大巴与客货车发生碰撞，2人受伤；1月16日，私家车与旅游大巴发生交通意外，1人受伤。

（三）自然灾害波及较广

2021年港澳旅游安全受自然灾害的影响比较严重。以台风"圆规"和"狮子山"为例，受台风"圆规"影响，香港取消进港航班65班，多项公共服务和社会活动被取消，澳门多地被水浸，14条步行街被关闭；受台风"狮子山"影响，香港多地出现淹水，多条道路发生交通事故，旅游业举步维艰。

（四）部门联动，应对疫情影响

自疫情以来，港澳旅游遭受重大冲击。在此期间，港澳政府向旅游企业开户派钱、减免相关牌照及税项费用，以求刺激、维持行业发展，相关旅游主管部门、旅游企业积极协作，在疫情相对稳定时，抓住时机，陆续举办相关活动，如澳门举办葡韵嘉年华、美食节、观光节及无人机表演等，结合澳门回归22周年、冬至、圣诞、新年等具体时间点，吸引内地游客。同时，香港和澳门在疫情防控常态化下，积极与内地进行深度合作交流，如2021年9月27日，"大美太行在山西"晋港澳旅游业界座谈会在山西长治举行，深入探讨新冠肺炎疫情防控常态化下晋港澳三地的旅游交流合作。①

---

① 《晋港澳旅游业界探讨疫情下深度交流合作》，黄河新闻网，https://hhfocus.com/zh-cn/post/1d8742.html，2021年9月27日。

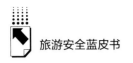

二 2021年港澳旅游安全的概况与特点

（一）旅游安全事件的类型

依据国务院颁布的《特别重大、重大突发公共事件分级标准》，将2021年港澳旅游安全事件分为以下四类：自然灾害、事故灾难、公共卫生事件、社会安全事件。本文选取2021年20起具有代表性的旅游安全事件进行归类分析，如表1所示。

表1 2021年港澳地区主要旅游安全事件

事件类型	时间	地点	主要内容	伤亡情况（人）		安全事件等级
				死亡	受伤	
自然灾害	2021年10月12日	香港	受台风"圆规"影响，香港进出航班取消，港珠澳大桥关闭。	0	0	较大
	2021年6月2日	澳门	暴雨侵袭澳门，多地被水浸，道路瘫痪，商户关闭。	0	3	一般
	2021年10月8日	香港澳门	台风"狮子山"使香港、澳门多地被水浸，交通瘫痪，出现山洪，造成一棚架倒塌。	1	6	较大
事故灾难	2021年2月4日	澳门	爹美刁施拿地大马路码头海面有渔船发生火灾，两艘渔船损毁，3人受伤。	0	3	一般
	2021年2月10日	澳门	黑沙环新街南华新村一餐厅发生火灾，未造成人员伤亡。	0	0	一般
	2021年5月1日	澳门	青洲大马路发生交通意外，一电车与巴士相撞，1人受伤。	0	1	一般
	2021年6月13日	香港	香港沙田大涌桥路与沙田围路十字路口，一辆小巴与一辆私家车相撞，造成1死7伤。	1	7	较大

续表

| 事件类型 | 时间 | 地点 | 主要内容 | 伤亡情况（人） | | 安全事件等级 |
				死亡	受伤	
事故灾难	2021年6月27日	香港	香港仔南避风塘发生游艇火灾事故,30多艘船只受损,35人疏散。	0	1	一般
	2021年8月22日	香港	大埔广福道发生一起严重的交通事故,造成1死9伤。	1	9	较大
	2021年9月16日	香港	一艘由坪洲开往中环6号码头的渡轮靠岸时,因浪急右船头撞向码头石墩,造成至少7人受伤。	0	7	一般
	2021年11月18日	香港	香港大围大埔公路一辆巴士侧翻,事故导致1人死亡、11人受伤,其中1人重伤。	1	11	较大
公共卫生事件	2021年1月1日~2021年12月31日	香港澳门	截至2021年12月31日14时,香港确诊新冠病例3939例,死亡66例,澳门确诊新冠病例33例。	66	—	特大
	2021年3月15日	香港	香港湾仔一餐厅发生食物中毒,累计18人出现腹泻等症状。	0	18	较大
	2021年3月16日	澳门	澳门居民由欧美出发经台北桃园机场转机回澳,共发现4人确诊,26个密切接触者。	0	—	较大
	2021年10月11日	香港	尖沙咀一餐厅发生食物中毒,32人出现腹痛、腹泻、恶心、呕吐和发烧等症状。	0	32	较大
	2021年9月1日~2021年10月10日	香港	79名患者感染侵入性乙型链球菌住院,出现了败血症、脑膜炎等症状。	7	—	较大
社会安全事件	2021年1月14日	澳门	1名内地男子涉嫌诈骗两名赌客5万元,遭警方抓捕。	0	0	一般
	2021年1月16日	澳门	内地多名游客赴澳旅游,出关时携带超额现金被海关关员截查。	0	0	一般

续表

事件类型	时间	地点	主要内容	伤亡情况（人）		安全事故等级
				死亡	受伤	
社会安全事件	2021年4月9日	香港	香港警方在富翠楼一单位搜出一个接驳电线枪及未完成的爆炸装置，并缴获100克低能量炸药，6人被警方逮捕。	0	0	一般
	2021年6月12日	澳门	1名内地女游客因被抢劫金钱在澳门酒店客房被分尸。	1	0	较大

资料来源：香港《文汇报》、香港《大方报》、《澳门日报》、澳门《大众报》、今日头条等主流媒体新闻报道。

1. 自然灾害

2021年港澳地区旅游安全事件中自然灾害以台风为主。台风"圆规""狮子山"导致的暴雨，使得港澳地区多地被水浸，交通受阻，意外事故频发，造成港澳与内地航班取消，港珠澳大桥关闭，巴士暂停服务，前往港澳地区旅行的游客也被滞留在香港和澳门，对当地居民和游客的人身及财产安全产生巨大影响。

2. 事故灾难

2021年港澳地区发生的事故灾难在全年港澳地区旅游安全事件中占比较大，以火灾、交通事故为主，交通事故约占事故灾难的一半。澳门发生的旅游交通事故较多，主要因为澳门旅游业相比香港复苏更为快速，但香港发生的交通事故所造成的影响较大，且多是由操作不当及设施设备等因素造成的。火灾引起的安全事故也不容忽视。2021年1月19日，澳门美副将大马路喜风台发生火灾，导致包括游客在内的约150名住户疏散；3月31日，香港葵涌村发生火灾，200名住户疏散撤离；4月16日，香港秀茂坪发生火灾致4人死亡2人受伤。

3. 公共卫生事件

公共卫生事件主要包括传染病、食物中毒等。截至2021年12月31

日，港澳地区新冠肺炎确诊达 3972 人，死亡达 66 人。香港发生多起食物中毒事件，10 月 2 日，香港已有 79 人感染侵入性乙型链球菌，7 人死亡，致死率超过新冠肺炎疫情；10 月 11 日，香港尖沙咀一家餐馆发生食物中毒事件，32 人出现腹泻等症状。传染病事件虽所占比例较小，但危害依旧很大。

4. 社会安全事件

2021 年港澳地区社会安全事件主要包括非法偷渡、走私贩毒、赌博诈骗、暴力行为等。在新冠肺炎疫情期间，盗窃案、抢劫案较之往年有所减少，但网络犯罪手法趋于复杂化和高科技化。据香港有关部门不完全统计，2021 年诈骗案有七成与网络诈骗有关，涉及金额高达 8.1 亿元，澳门司警局公布的数据显示 2021 年澳门网络罪案项目相比 2020 年增加 34.4%。① 内地旅客前往澳门旅游期间，超量携带货币出境时有发生，涉嫌违反《携带外币现钞出入境管理暂行办法》等相关规定。

（二）旅游安全事件的特点

1. 疫情时间跨度大影响深远

由于疫情的不确定性以及病毒的不断变异，港澳旅游形势依旧比较严峻，虽局部地区旅游已逐步恢复，但较疫情之前仍有很大的差别，特别是疫情严峻的香港，其旅游业的发展目前主要依靠当地居民休闲消费，恢复力度比较小。虽然港澳地区已开放口岸允许内地旅客赴港澳旅游，但国际上的疫情形势严峻，还未得到有效控制。内地游客出于安全考虑，多选择在内地旅游。

2. 事件类型集中

2021 年港澳地区发生的旅游安全事件以事故灾难为主，事故灾难又以火灾和交通事故为主。交通事故不仅可能是由人们违反道路交通安全法规造

---

① 《2021 年澳门社会治安保持稳定良好局面》，海外网，https://baijiahao.baidu.com/s？id=1723185754845224515&wfr=spider&for=pc，2022 年 1 月 28 日。

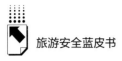
成的，也可能是受自然灾害的影响，例如 2021 年港澳地区受台风影响，道路积水、塌陷等，造成较大的交通安全隐患。

3. 时空集中性

从发生时间上看，多发生于节假日、寒暑假期间，同时，当地人日常休闲过程中的聚集引起的食品中毒等安全事件也比较多，如 2021 年 12 月 7 日，香港北角一餐厅举办晚宴，11 人食物中毒。① 从发生地点上看，多集中于娱乐场所、酒店、餐厅、商铺等人流量大的场所，香港旅游安全事件多集中于油尖旺区、西贡区，澳门的旅游安全事件多集中于花地玛堂区、大堂区、氹仔路等。

三　影响港澳地区旅游安全的主要因素

（一）自然环境因素

港澳地区旅游安全事件受自然环境因素的影响较大，尤其是新冠肺炎疫情，对目的地形象造成一定影响。另外，港澳地区受台风、暴雨等自然灾害的影响较大，受台风"狮子山"和"圆规"的影响，港澳地区出现强烈暴风雨造成交通瘫痪，交通事故频发，也使得海上轮渡游艇以及陆上交通工具全部停运，港珠澳大桥穿梭巴士暂停服务，多处旅游景区暂停开放。

（二）人员因素

2021 年赴港澳旅游的不少游客陷入"练功券"等诈骗、盗窃、信任滥用、非礼等事件，并且偷渡事件时有发生，不仅有内地游客偷渡到港澳地区，也有因疫情从香港偷渡入境等各种旅游安全事件，对游客及当地居民的

① 《北角一食肆 6 男 5 女疑食物中毒》，香港商报网，https：//www.hkcd.com/newsTopic_content.php？id=1310224，2021 年 12 月 6 日。

人身财产安全造成巨大损害。如2021年9月6日，粤港澳警方部署开展"雷霆2021"联合打击行动，澳门"练功券"系列诈骗案21人落网。旅游从业人员如酒店工作人员操作不当，导致自身或游客健康受到伤害；旅游大巴司机操作不规范，导致交通事故，如2021年11月18日，司机危险驾驶致使旅游大巴侧翻，造成1死11伤。

（三）设施设备因素

旅游安全事件的诱因还体现在基础设施设备老旧、故障多发以及智能化防疫设备不足等方面。如2021年香港地铁列车发生掉门事件，湾仔至鲗鱼涌站暂停服务约3小时；澳门路氹银河酒店发生天花板坍塌事件，造成5名工人受伤。此外，港澳地区多处电路老化引起火灾，旅馆和当地居民楼墙体脱落，升降机没有定期安全维修检测导致升降机厢出现平层偏差引致乘客绊倒受伤。

（四）管理因素

因疫情管理制度的差异，港澳特区对大型突发公共卫生事件仍无法像内地一样实施严格的安全管控。如病毒不断变异且管控不足，香港疫情依旧严峻。在此情况下，香港旅游及相关产业营业额和就业率持续低迷，旅游经济产业的恢复仍有很大的不确定性。除疫情等因素影响之外，阻碍香港旅游相关产业复苏的原因还在于内地经济实力和居民购买力逐年上升，但海关免税额水准未能做出相应调整等。

四　2022年港澳地区旅游安全管理对策与形势展望

（一）港澳地区旅游安全管理对策

1.提升管理标准，规范安全措施

目前，疫情形势依旧严峻，港澳地区应继续加强防疫宣传，提高人们的

防疫意识，严格执行相关卫生防疫标准，包括正确佩戴口罩、养成勤洗手的习惯、保持社交距离等；根据疫情形势的变换完善和改进旅游业安全防疫管理标准，港澳地区可继续推广"安心出行"和"疫苗通行证"以及"场所二维码"，利用移动终端来监测人员健康状况以及流动状态，更好地控制新冠肺炎疫情。大力推动港澳居民的疫苗接种，加强社区保护屏障，早日实现"动态清零"，旅游企业积极配合政府采取防疫指引政策，提高旅游从业人员素质。香港和澳门可根据疫情的发展趋势，推出"旅游气泡"。在疫情防控常态化背景下，有限度地恢复内地游客入境旅游，与周边地区和国家签订协议，积极推广港澳地区的自然、人文等具有代表性的景点，为港澳旅游业疫后发展带来新机遇。

2. 创新旅游业态，探索旅游新模式

香港旅游企业要借助科技手段，大力推广"旅游·就在香港"计划、"香港正当时"活动，以最优惠、最精彩的行程吸引内地客赴港旅游；积极推广"香港历史博物馆""香港文化博物馆""M+博物馆"等线上虚拟展览等，促使当地居民和外来游客更加了解香港，促进消费，逐步恢复香港旅游经济；实行跨领域合作，推进香港成为中外文化艺术交流中心，将文化、体育、旅游相融合，形成"旅游+"的发展模式。

澳门旅游企业可持续推广"感受澳门"计划、"心出发·游澳门"本地项目等，积极推广"澳门自然文化"和"澳门民俗文化"虚拟展览，让人们在疫情期间看到不同主题的展览，增加本地居民和访澳旅客兴趣，通过智慧旅游加强疫情期间人们对目的地的旅游体验感和新鲜感，加强地方防疫监管措施，建设安全稳定的旅游生态环境。

3. 构建重大疾病监测防控体系，增强旅游业的抗风险能力

创建稳定且可持续发展的突发事件防御体系，加强港澳地区旅游风险承受能力，构建政府主导、部门协调的管控形式，借助互联网及5G技术形成"互联网+人力安全管控"的旅游模式，提高游客的安全指数，减少游客顾虑，让游客放心旅游、安心出游，保证疫情期间游客安全出游。

（二）港澳地区旅游安全形势展望

1. 风险治理效能有效提升

受新冠肺炎疫情影响，香港旅游业备受打击，跌到冰点。因此，香港政府应不遗余力继续支持旅游业，通过各种手段控制疫情，尽早打开香港与内地以及其他地区的旅游通道。可用专项资金支持并发展旅游产业，拓展本地文化创意活动与项目，开辟绿色旅游，并为本地居民和游客介绍更多的历史文化知识，提升其旅游体验。在逆境中开拓新思路，如在网络上开展"云旅游"，通过短视频或直播的形式，将香港旅游景点和特色文化发布到媒体平台上。创新疫后香港旅游业的发展机制，充分挖掘香港人文环境，利用5G、大数据、物联网等新技术，提高旅游业质量和服务水平，助力文旅融合。

2. 粤港澳大湾区携手抗疫，深化旅游产品及体验

澳门和珠海疫情已趋于稳定，来往两地的旅客和居民可通过一码互通的模式开展短线游。香港疫情在2022年上半年仍处于相当严峻的局面，为此，港澳地区在中央政府的大力支持下，要借助大湾区的发展优势，推动两岸三地卫生防疫部门紧密合作、协同发展，构建各类流感病毒、疫情及突发公共卫生事件的数据共享平台，建立粤港澳大湾区疫情防控系统，提高港澳地区防控与应对疫情的能力，保障本地居民和外来游客的人身安全。共同制定疫后旅游业复苏及发展计划，加快大湾区旅游经济恢复计划。加快推进粤港澳大湾区人才高地建设，创新旅游人才治理体制机制，鼓励旅游人才协同发展，促进旅游人才集聚，互补互通共同合作。

要促进香港与深圳、澳门与横琴的优势互补，为港澳旅游发展带来新机遇，加强与其他产业的合作，同时发挥国际枢纽作用，深化"一程多站"式旅游，遵循"引进来"和"走出去"两个方面。把国际上的大型赛事活动、会展会议等盛世活动带到港澳地区，将内地具有中国特色的活动，通过港澳国际化的平台带上国际舞台，从而更好地发挥港澳地区的枢纽作用，为游客提供更多样化的旅游产品以及更好的旅游体验。

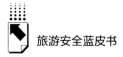
3.运用数字化技术，加快产业转型

港澳地区政府应加强旅游服务业的数字化建设，如改进移动支付、移动终端等系统设备，在景区景点、酒店、餐饮、零售业等旅游行业中推广智能应用；推进机器人、智能终端、自助服务等在服务过程中的常态化运转；采用"线上+线下"相结合的模式，减少工作人员与游客之间的接触，减少线下感染风险；利用大数据收集、整理、分析社会舆情，从而更好地在疫情防控常态化下为游客提供安心舒适的旅游环境。

B.24

2021~2022年台湾旅游安全形势分析与展望

黄远水　梁旷映雪　陆丽羽*

摘　要： 2021年台湾受新冠肺炎疫情影响严重，旅游安全形势严峻。台湾接待旅游人次创历史新低，观光产业变"惨业"。本文系统分析了2021年台湾旅游安全事件的特点和主要影响因素，发现2021年旅游安全事件数较2020年有所减少，但伤亡率极大增加，特别是交通事故伤亡惨重；2021年安全事件季节差异明显，空间分布不平衡；新冠肺炎疫情的影响较上一年有所增大，严重威胁旅游安全。2022年台湾旅游安全事件发生频次将趋于稳定化、事故灾难趋于集中化、疫情防控趋于常态化。因此，台湾地区应当加强新冠肺炎疫情防控与管理、完善旅游基础设施、提升旅游安全意识、完善旅游救援系统、营造安全旅游环境，逐步恢复旅游产业。

关键词： 台湾　旅游安全　新冠肺炎疫情

2021年，新冠肺炎疫情对台湾旅游业造成重创。台湾"交通部观光局"公布的数据显示，2021年赴台游客人数继2020年断崖式下跌后，再创近10年最低纪录，仅为140479人次，不足2020年赴台游客人数的四分之一（见

---

* 黄远水，华侨大学旅游学院教授，博士，海峡旅游研究院院长。梁旷映雪、陆丽羽，华侨大学旅游学院硕士研究生。

图 1）。特别是 5 月中旬暴发本土新冠肺炎疫情后，台湾连续两个多月维持三级防疫警戒，① 使得游客人数进一步锐减。2021 年 6 月，台湾境内各景点游客数同比大减 84.5%，多数县市衰退超过 90%，金门、马祖游客接待人数出现"挂零"。旅游安全是旅游业发展的晴雨表和指向标，营造安全的游览环境才能够保障旅游业持续发展。基于此，本研究对台湾 2021 年旅游安全形势进行研判，并展望 2022 年形势，对其特征和影响因素进行深度剖析，为台湾旅游安全建设提供依据。

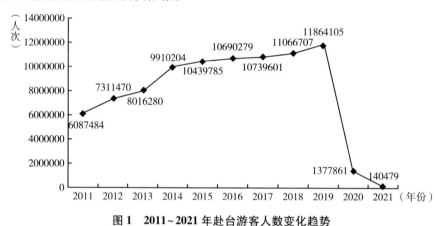

图 1　2011~2021 年赴台游客人数变化趋势

资料来源：台湾"交通部观光局"行政咨询系统，https：//stat. taiwan. net. tw/introduction。

　　为了准确反映台湾旅游安全的实际情况，本研究主要通过百度新闻、新浪新闻、澎湃新闻、环球网、凤凰网咨询、你好台湾网等主流网站收集台湾旅游突发事件案例，使用"台湾+旅游""台湾+游客""台湾+旅游+事故""台湾+酒店（饭店）""台湾+景区""台湾+食物中毒""台湾+死亡""台湾+受伤"等关键词收集相关案例，并对案例进行逐一筛选，剔除信息不全案例，共获取 20 起典型案例。

---

① 台湾三级防疫警戒：单周出现 3 件以上社区群聚事件/一天确诊 10 名以上感染源不明之本地病例。要求：外出时全程戴口罩；停止室外 10 人以上、室内 5 人以上之聚会；仅保留必要服务，其余营业及公共场所关闭；针对群聚社区进行快速围堵，民众不得任意离开围堵区。

一 2021年台湾旅游安全的总体形势

2021年台湾旅游业受新冠肺炎疫情影响，游客人数锐减，但2021年台湾旅游突发事件的伤亡人数较2020年并未减少，反而呈现一定的上升趋势。据不完全统计，2021年台湾共发生旅游安全事件20起，死亡人数68人，受伤人数366人。具体情况为：事故灾难事件11起，其中旅游交通安全事故2起，共造成237人受伤、55人死亡，涉水事故4起，共造成8人死亡，火灾事故2起，共造成22人受伤、4人死亡，其他事故3起，造成1人受伤；公共卫生事件6起，共造成106人受伤、至少1人死亡；自然灾害2起；社会安全事件1起。

表1 2021年台湾旅游安全事件一览

事件类型	细分类型	事件时间	事件地点	主要内容	伤亡情况（人）	
					受伤	死亡
事故灾难	交通安全事故	3月16日	宜兰县苏花公路	游览车撞向路边山崖，造成多人伤亡，车中乘客多为新北市居民，前往花莲旅游	39	6
		4月2日	花莲县	"太鲁阁号"408次列车，被边坡滑落的工程车迎面撞击，导致1~6车脱轨，造成多人伤亡	198	49
	涉水事故	10月14日	苗栗县风美溪苦花潭	1名男子发生溺水意外	0	1
		10月16日	新北市双溪区虎豹潭	6人被洪水冲走，2人失踪	0	5
		10月19日	花莲县	1名高中生海边戏水被海浪卷走	0	1
		10月	新北万里海水浴场	戏水时溺水身亡	0	1

续表

事件类型	细分类型	事件时间	事件地点	主要内容	伤亡情况（人）	
					受伤	死亡
事故灾难	火灾事故	3月18日	嘉义市阿里山	正值旅游旺季发生森林火灾,阿里山公路被迫封闭	0	0
		6月30日	彰化市乔友大楼（防疫旅馆）	防疫旅馆发生火灾事故,火势持续8小时	22	4
	其他事故	10月1日	花莲市区火车站附近	7层楼高的漫波假期酒店整栋倒塌,3辆轿车被压毁	0	0
		11月22日	阿里山林铁眠月线	1名男性登山客意外摔伤	1	0
		12月23日	台中市	满载游客的过山车卡在了35米的高空五六分钟	0	0
公共卫生事件	食物中毒	1月14日	嘉义县	小学组织毕业旅行,途中学生疑因食物中毒呕吐、腹泻,被送医治疗	106	0
	疫情	4月20日	桃园市诺富特防疫旅馆	确诊新冠肺炎的华航机师和一般客人混住	0	0
		4月24日	台湾	一名菲律宾返台男性在隔离旅馆猝死	0	1
		5月15日起	台湾	本土新冠肺炎疫情暴发单日病例突破纪录,台北市、新北市升至第三级警戒	—	—
		12月10日	台湾	出现首例新冠病毒变异毒株"奥密克戎"感染病例	—	—
		12月16日	桃园市桃园防疫旅馆	群聚疫情已有8个确诊个案	0	0

事件类型	细分类型	事件时间	事件地点	主要内容	伤亡情况（人）	
					受伤	死亡
自然灾害	气象	3月起	日月潭	台湾面临56年来最严重干旱,日月潭出现大面积干涸,地面已龟裂成块状	—	—
		10月10日	宜兰县南澳乡"神秘沙滩"海蚀洞	受台风外围环流影响,海水涨潮,16名游客及4只狗受困于洞中	0	0
社会安全事件	航空业务事件	5月10日	松山机场	立荣航空B7-9091航班班机爆胎,迫降松山机场	0	0

二 2021年台湾旅游安全形势分析

（一）旅游安全形势较为严峻

2021年受新冠肺炎疫情的影响,台湾旅游人数大幅度下降。2021年台湾旅游安全形势较为严峻,虽然台湾旅游突发事件仅20起,但2021年旅游安全事件的伤亡率远超2020年,至少造成366人受伤、68人死亡。其中,事故灾难和公共卫生事件数量最多,伤亡最为严重。2021年,台湾发生旅游事故灾难11起,造成260人受伤、67人死亡;公共卫生事件6起,造成至少106人受伤、至少1人死亡;自然灾害事件2起;社会安全事件1起(见图2)。

（二）旅游安全事件的季节差异明显

2021年台湾旅游安全事件呈现较强的季节性。但不同的是,2020年

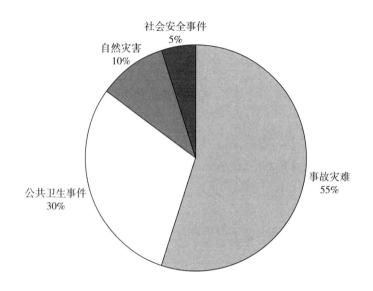

图 2　2021 年台湾旅游安全事件类别和比例

旅游安全事件较多集中于 7 月，而 2021 年 7 月基本未出现旅游安全事件，事件主要集中于 3～5 月和 10～12 月，尤其是 10 月最为显著，涉及旅游事故灾难 5 起、自然灾难 1 起。其主要原因是 2021 年 5 月中旬台湾暴发本土疫情，台北市、新北市升至第三级防疫警戒，台湾其他地区也同步升级，很多游乐场所、景区关闭。台北市、新北市防疫警戒至 7 月底才降为二级。① 因此，3 月至 5 月中旬，本土疫情并未全面暴发，并恰好处于花季，加上 4 月初的清明假期，台湾本土游客增多。10 月，疫情防控规定分阶段松绑，一些娱乐场所逐步开放。并且此时台风较多，常有雷阵雨，导致河川流量变化大，加之河川坡度陡，暴涨的溪水让游客反应不及，出现了多起涉水事故。

---

① 台湾二级防疫警戒：出现感染源不明之本地病例。要求：未戴口罩可予以开罚；停办室外500 人、室内 100 人以上之集会活动；营业场所启动人流管制；必要时，强制关闭休闲娱乐公共场所。

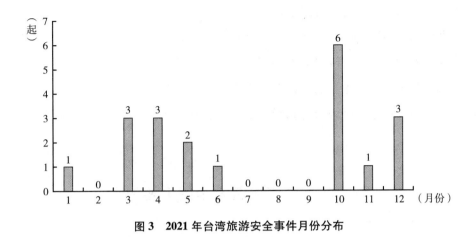

图3 2021年台湾旅游安全事件月份分布

（三）旅游安全事件的空间格局不平衡

2021年台湾旅游安全事件呈现不平衡分布。台湾北部、中部和南部①的旅游安全事件数量分别为8起、6起和3起。其中，北部是旅游安全事件的高发区域。具体来看，花莲县、嘉义县均发生3起，是旅游安全事件较为集中的地区。桃园市、新北市、宜兰县各发生2起，苗栗县、台北市、彰化县、南投县、台中市各发生1起。

（四）旅游安全事件影响深远

旅游安全事件对台湾旅游业造成深远影响，特别是旅游交通事故和涉旅公共卫生事件。2021年台湾旅游交通安全事故虽然相对前几年有所减少，仅有2起，但伤亡严重。3月发生在苏花公路的游览车撞山事故，造成39人受伤、6人死亡。4月发生的"太鲁阁号"火车出轨事件，正值清明假期，出游人数众多，该事件造成198人受伤、49人死亡。在涉旅公共卫生事件上，2021年新冠肺炎疫情重创台湾旅游业，多家旅行社和酒店倒闭，

---

① 台湾北部主要包括台北市、基隆市、新北市、桃园市、新竹县、新竹市、宜兰县、苗栗县，中部主要包括台中市、彰化县、南投县、花莲县和金门，其余地区为南部。

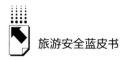

大量旅游从业者转行。桃园市防疫旅馆4月出现的感染病例与一般客人混住以及台湾12月出现的聚集性疫情对赴台旅游造成了严重的负面影响。5月中旬暴发的台湾本土疫情以及台湾首例新冠病毒变异毒株"奥密克戎"感染病例的出现，严重影响了台湾旅游业，对游客安全造成了极大威胁。2021年新冠肺炎疫情是影响台湾旅游安全的主要问题，更是未来亟须解决的问题。

三　影响台湾旅游安全的主要因素

事故因果连锁理论（Accident Causation Sequence Theory，ACST）认为伤亡事故的发生是一系列具有因果关系的事件相继发生导致的结果，是在同一时空之下，人的不安全行为和环境的不安全状态同时出现导致的。按照这一逻辑框架，本研究将台湾旅游安全事件的主要影响因素归纳为三个方面：不安全的环境因素、不安全的旅游者行为因素、不安全的环境与旅游者行为交互作用因素。

（一）不安全的环境因素

不安全的环境因素包括不安全的自然环境因素和不安全的社会环境因素。

不安全的自然环境因素指的是各种自然灾害和凶猛野生动物、有毒植物、昆虫等，以及环境污染、核辐射、传染病等环境因素。2021年，受台风外围环流影响，16名游客被困于宜兰县南澳乡"神秘沙滩"海蚀洞中，次日上午才获救，对游客安全造成严重影响。此外，台湾岛位于亚欧板块与太平洋板块交界处，地壳运动活跃，地震频发，虽没有对旅游者安全造成直接影响，但带来了一定的旅游安全隐患；2021年台湾遭遇百年未有之干旱，日月潭等景点水位急剧下降，影响航班、列车等交通运输业以及观光产业的正常运行，间接影响了旅游安全。可见，台湾地区存在地震、台风、暴雨、泥石流等不安全的自然环境。

不安全的社会环境因素指的是与政治、经济、文化、法制等相关的社会管理失职导致的社会不安定因素，如火灾、食物中毒、流感传染、人身攻击等因素。"太鲁阁号"408次列车发生重大交通事故，1~6车厢脱轨，导致49人死亡、198人受伤，旅游安全受到了严重的威胁；游览车撞向山崖，造成6人死亡、39人受伤。可见台湾旅游交通安全事态越发严重，形势严峻。

（二）旅游者不安全行为因素

跨时空、跨文化的体验行为构成了旅游活动。旅游者个人不安全行为也是诱发旅游安全事件的重要因素。2021年16名游客不听当地沙滩车从业者的好心劝导，执意留在沙滩野营，因海水涨潮被困于海蚀洞中一夜，获救后惊恐不已；一行24人前往阿里山乡眠月线登山，1名男性登山客摔伤。这些事件与游客们有意识的冒险旅游心理相关，同时，也反映出部分游客安全意识较为薄弱。此外，旅游者的自身健康情况、自身素质修养等对其安全状况具有一定影响，如旅游者心脏病突发、熬夜猝死、走失等，也容易引发旅游安全事件。

（三）不安全的环境与旅游者行为交互作用因素

在实际旅游活动中，旅游环境状态与旅游者的行为是相互依存、相互影响的。不安全的环境状态容易引发旅游者思维混乱、判断失误，进而加大旅游安全事件的发生概率；反之，旅游者的不安全旅游行为也会加剧旅游环境状态的不安全性，进而引发新的不安全的旅游环境状态。2021年台湾旅游涉水事故频发，当游客发生溺水事故之时，感知到周边的环境是不安全的，容易产生恐惧和慌乱，加之部分游客自救意识薄弱，从而做出一些危险动作，如挣扎等，进一步加剧了事故带来的伤害，进而加剧环境风险。因此，旅游环境状态与旅游者行为之间相互依存，交互影响着旅游安全。

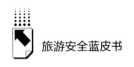

四 2022年台湾旅游安全形势展望与管理建议

（一）形势展望

受各类因素影响，预计2022年台湾游客数量将持续减少，旅游安全事件数量以及伤亡规模将呈现下降趋势，但旅游安全事件依旧时有发生，旅游安全仍是旅游活动关注的重要因素。

1. 发生频次稳定化

近几年来，台湾旅游安全事件发生数量相对稳定。一方面，台湾当局重视旅游观光产业，不断提升旅游市场适应力；另一方面，受新冠肺炎疫情的影响，游客数量骤降，达到历史新低，旅游活动随之减少，进而旅游安全事件发生概率变小，但疫情的不稳定性增加了旅游安全事件的可能性。

2. 事故灾难集中化

台湾遭遇百年未有之大旱，天气干燥，增加了火灾发生的概率。台风是台湾频发的气象灾害，而台风容易引致暴雨，引发洪涝、泥石流等灾害，加大了涉水事件发生的可能性。此外，台湾地势曲折，山路险要，容易引发道路交通安全事故。从2021年台湾旅游安全事件数量来看，旅游安全事故灾难占据半数以上，可见旅游安全事故灾难依然是台湾2022年重点防范的内容，特别是涉水事故。

3. 疫情防控常态化

与2020年相比，2021年台湾疫情防控形势不容乐观，疫情防控管理力度相对较弱，新冠病毒变异毒株"奥密克戎"的出现，不但严重威胁了台湾居民的自身安全，也威胁着赴台游客的生命健康，极大抑制了游客赴台旅游意向。综上，新冠肺炎疫情严重影响了台湾旅游业的发展，危及旅游者安全，疫情防控常态化管理是台湾2022年的社会关注重点。

（二）管理建议

根据2021年台湾旅游安全事件的特点和成因，本研究提出如下建议。

1.加强安全风险防控，保障游客出游安全

台湾旅游管理部门、旅游企业以及社会各界应当增添旅游安全所需设备、设施和资金，不断完善台湾旅游基础设施，挖掘和消除旅游安全隐患，降低旅游安全事故的发生率和死亡率；利用智慧化管理手段，加强交通、气象、水利等部门联动，通过预警平台实时播报风险动态信息，构建旅游安全风险防控平台；相关管理部门应当提升安全管理水平，科学设立旅游安全标识系统，引导游客安全游览；培育旅游安全管理人才，对于旅游安全设施设备要定时开展安全检测与监控，做好安全风险防控工作，制定旅游安全风险预案，为旅游活动的实施保驾护航。

2.增强游客安全意识，共同维护旅游安全

游客进行旅游活动时，自身应当提升旅游安全意识。游前清晰认知台湾地区的自然环境、社会环境以及各类旅游安全隐患，并提前做好应对准备。合理制定出游计划，包括出游时间、旅游线路。若遇到突发情况，及时调整旅游计划。另外，旅游管理部门应当积极引导和鼓励旅游者采取安全行为，做好游前旅游安全教育，提升其突发事件应对能力。

3.加强新冠肺炎疫情防控，保障游客生命健康

台湾地区应增加医疗物资和卫生防护用品的供应，扩大疫情防控设施设备投入；加强出入境人员的检测，预防变异病毒流动传播，防止疫情传播扩散，加强疫情防控常态化管理，维护社会稳定，构建利于旅游业开展的社会环境，有序推进旅游业复苏。

4.完善旅游救援系统，营造安全旅游环境

台湾地区应当不断完善包括核心机构、救援机构、外围机构在内，由旅游接待单位、旅游救援中心、医疗、消防、交通、武警、公安、通信、保险等多部门和多人员参与的社会联动旅游救援系统，加强旅游安全救援演练，

降低旅游安全事件的损失率，消除不安全旅游环境状态和旅游者不安全行为的交互，营造安全的旅游环境。

参考文献

［1］ 黄远水、向飞丹晴：《2011～2012 年台湾旅游安全形势分析与展望》，载郑向敏、谢朝武主编《中国旅游安全报告（2012）》，社会科学文献出版社，2012。

［2］ 黄远水、张庆：《2012～2013 年台湾旅游安全形势分析与展望》，载郑向敏、谢朝武主编《中国旅游安全报告（2013）》，社会科学文献出版社，2013。

［3］ 黄远水、张庆：《2013～2014 年台湾旅游安全形势分析与展望》，载郑向敏、谢朝武主编《中国旅游安全报告（2015）》，社会科学文献出版社，2014。

［4］ 黄远水、孙盼盼：《2014～2015 年台湾旅游安全形势分析与展望》，载郑向敏、谢朝武主编《中国旅游安全报告（2015）》，社会科学文献出版社，2015。

［5］ 黄远水、陈龙妹：《2015～2016 年台湾旅游安全形势分析与展望》，载郑向敏、谢朝武主编《中国旅游安全报告（2016）》，社会科学文献出版社，2016。

［6］ 黄远水、陈龙妹：《2016～2017 年台湾旅游安全形势分析与展望》，载郑向敏、谢朝武主编《中国旅游安全报告（2017）》，社会科学文献出版社，2017。

［7］ 黄远水、郁敏超：《2017～2018 年台湾旅游安全形势分析与展望》，载郑向敏、谢朝武主编《中国旅游安全报告（2018）》，社会科学文献出版社，2018。

［8］ 黄远水、吴佩谕：《2018～2019 年台湾旅游安全形势分析与展望》，载郑向敏、谢朝武主编《中国旅游安全报告（2019）》，社会科学文献出版社，2019。

［9］ 黄远水、张梦娇、王芷安：《2019～2020 年台湾旅游安全形势分析与展望》，载郑向敏、谢朝武主编《中国旅游安全报告（2020）》，社会科学文献出版社，2020。

［10］ 黄远水、赖丽君、李智莉：《近十年台湾旅游安全形势分析》，载郑向敏、谢朝武、邹永广主编《中国旅游安全报告（2021）》，社会科学文献出版社，2021。

Abstract

"ANNUAL REPORT ON CHINA'S TOURISM SAFETY AND SECURITY STUDY (2022)" (Blue Book of Tourism Safety), is the annual research report written by experts organized by College of Tourism, Huaqiao University, Tourism Safety Research Institute and Center for Tourism Safety & Security Research of China Tourism Academy. It is an important part of BLUE Book Serial Publication of Social Sciences Academic Press. This year's Blue Book of Tourism Safety is consisted of two parts-General Report, Special Reports. And the Special Reports are further divided into four chapters of Industry Safety, Safety Incidents, Safety Management and Regional Safety.

Beginning with the overall picture of China's 2021 tourism safety and security situation, the General Report comprehensively analyzed the safety and security situation of the main branches of China's tourism industry-lodging, catering, transportation, attractions, shopping and entertainment, and travel agency, etc., and deeply analyzed the situation of each type of tourism incidents including natural disasters, accidents, public health incidents, and social security incidents. By reviewing 2021's major administrative issues of different tourism subjects, the General Report analyzed the influencing factors of China's tourism safety and security in 2021 and provided prospects for China's safety and security situation of tourism in 2021.

Compared with 2020, when China was fully affected by COVID-19, the tourism industry recovered gradually in 2021 thanks to the favorable influence of China's epidemic prevention and control situation and policies. Although tourism safety problems still exist, the overall development of tourism is stable. Under the unified leadership of the CPC Central Committee and the State Council, with the

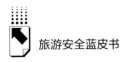
support of party committees and governments at all levels, the tourism industry continue to adhere to the "safety first, prevention first, comprehensive management" approach, to carry out the production safety law of the People's Republic of China law of the People's Republic of China supply the work safety committee of the State Council member unit of production safety work tasks, such as safety rules, Coordinated efforts have been made to normalize epidemic prevention and control and tourism safety management, and the overall situation of tourism safety in China is stable under the impact of COVID-19.

Branches of tourism industry security includes: housing industry is a drop in the total number of security incidents, the travel agency enterprise survival difficult, tourism shopping security events, traveling scenic area basic stable security situation, present steady positive stance of tourist traffic safety, tourist food safety overall situation gets better, tourist entertainment security incidents dropped. From the classification of events, the number of security incidents involving brigade natural disasters increased significantly, the death toll has increased overall grim situation involving brigade public health security, security events emerge in endlessly, wade brigade accident disaster overall situation gets better, mountain outdoor sports accident disaster, social security incident involving brigade the overall smooth, but still faces big challenges.

According to the general report, the overall situation of tourism safety in 2021 is stable, but factors affecting tourism safety are still complex and diverse. Among the personnel factors, the multiple tourism subject risk factors will continue to affect the tourism safety in China. In terms of environmental factors, multiple environmental risks, mainly COVID-19, will bring severe challenges. Tourism facilities and equipment safety hazards need to be taken seriously and investigated. In addition, the tourism safety management system and mechanism still need to be improved. In 2020, China has made optimization in strengthening preparation for tourism safety prevention, promoting early warning and monitoring of tourism safety, strengthening supervision of tourism safety production and improving tourism safety governance capacity. In 2021, traffic restriction and reservation at tourist attractions will be normalized and refined, prevention of tourism public health risks under COVID-19 will be more intelligent, tourism safety management will be more institutionalized and systematic, technology, transportation and tourism will further integrate and develop, and safety warning will play an important role in the steady development of tourism. In addition, the emerging high-risk entertainment projects are the key difficulty of tourism safety prevention and control.

The Special Reports are consisted of four Chapters-Industry Safety, Safety Incidents, Safety Management and Regional reports. Chapter of Industry Safety synthetically analyzed the safety situation of tourist lodging, tourist catering, tourist transportation, senic spots, tourist shopping, tourist entertainment and travel agency industry. Chapter of Safety Incidents comprehensively analyzed the situation of tourism-related natural disaster, tourism-related accidents, tourism-related public health and tourism-related social security. Chapter of safety management is mainly organized around tourism safety administration management, holiday travel safety, self-service travel safety, female travel safety, travel agency liability insurance, travel safety warning, annual hot events of travel safety, and the safety and management of homestay business under the background of the normalization of the epidemic. A series of articles; The regional security chapter mainly provides an in-depth analysis of the tourism security situation and management experience of Beijing, a representative of China, and also introduces the security situation of Hong Kong, Macao and Taiwan, outbound tourism and inbound tourism.

Keywords: Safety in Tourism Industry; Tourism Safety and Security Incidents; Tourism Safety and Security Management; Safety in Tourism Region

Contents

I   General Report

II   Special Reports

Abstract: Although the COVID - 19 continues in 2021, but tourism accommodation enterprises under the national policy vigorously support, through their own self-help and adjustment, gradually to the transition of greening, digital, multiple forms, which make our country tourist lodging industry safety incidents have declined from 2020, the total accident and social security incident is still the main part. There is a significant difference in the polarization of off-season and peak season. August and December are the main and secondary peaks of safety incidents in tourism accommodation industry. In particular, public health problems in the accommodation industry have attracted more attention. Looking ahead to the safety situation of tourism and accommodation industry in 2022, epidemic prevention and control should be further strengthened. Developing crisis management mechanisms; increasing intelligent applications; implement reward and punishment measures in place.

Keywords: Tourism and Accommodation Industry; Security Emergencies; Tourism Security

B.3 Analysis and Outlook on the Security Situation of China's Tourism Catering Industry in 2021－2022

Wang Jingqiang, Zhang Chi, Wu Jingyuan and Guo Yanbi / 029

Abstract: In 2021, China's tourism industry recovered in an orderly manner, and the tourism and catering industry gradually recovered. In the normal prevention and control stage, there are still some medium-high risk areas, which still have a periodical impact on the local tourism and catering industry. Food and beverage takeout business is still developing rapidly; Tourism catering security situation is good; the types of tourism food safety accidents and facilities safety accidents account for more, and the causes of the accidents are more complex. Looking back at 2021, the safety situation of tourism and catering industry has been significantly improved comparing with 2020, and the total number of accidents has been significantly reduced. Looking forward to 2022, the safety of takeaway food and the safety of imported cold chain food transportation is still the focus of attention from all walks of life. Intelligent catering safety system is still the technical guarantee for the rapid development of tourism catering industry. At the same time, all sectors of society should further enhance the awareness of epidemic prevention, focusing on the prevention of catering risks.

Keywords: Tourism and Catering Industry; Catering Industry Safety; Takeout Business Security; Food Safety

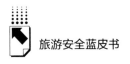
B.4 Analysis and Prospect of the Safety Situation of China's
Tourism Transportation Industry in 2021－2022

Shi Yalan, *Liang Wenyue and Huang Shiqi* / 044

Abstract：In 2021, the situation of COVID－19 epidemic prevention and control was basically stable. The domestic tourism traffic safety was in a stable and good trend, and the transportation system continued to develop stably and with high quality. The traffic safety situation of civil aviation was stable, but railway and water transportation traffic accidents occurred sometimes. More attentions should be paid to the traffic safety accidents on tourist roads and in scenic spots. The inducements of tourism traffic safety accidents were complex and changeable. Drivers, traffic facilities and bad weather can lead to accidents. Tourism traffic safety has made important progress in infrastructure construction, safety and epidemic prevention, passenger transport supervision and technological innovation. In 2022, with the impact of smart and safe travel, traffic and tourism integration and outbound tourism, we should continue to increase the investment in the infrastructure of key road systems, improve the management efficiency of roads, tourism and relevant departments, and ensure the safety of tourism traffic products.

Keywords：Traffic Industry；Traffic Accident；Traffic Safety Situation

B.5 Safety Situation Analysis and Prospects of 2021－2022 Tourism
Attractions in China

Huang Anmin, *Yin Ziyan* / 056

Abstract：Safety is the lifeline of tourism. The safety work of scenic spots is very important to maintain the healthy development of tourism. With the rapid development of tourism and the diversification of tourists' needs, new tourism formats and new projects are emerging. The factors affecting the safety of scenic spots are more complex and diverse, and the situation of safety management and supervision of scenic spots is grim under the background of the normalization of epidemic prevention. Based on the collection of 141 scenic spot security incidents in 2021, this paper analyzes the development situation, characteristics and causes of scenic spot security in 2021, prospects the security situation of scenic spots in China in 2022 and puts forward management suggestions, in order to provide reference and reference for the comprehensive management of scenic spot security in China.

Keywords: Scenic Spot Safety; Epidemic Prevention Safety; Amusement Facilities Safety; Intelligent Safety Management

B. 6 The Security Situation and Prospect of 2021－2022 Tourism Shopping in China

Chen Qiuping, Liu Zijuan and Wang Wenqiang / 069

Abstract: Under the background of COVID－19, the safety situation of tourism shopping in China is still very grim. Tourism shopping safety incidents surged throughout the year, with a total of 443 complaints about Chinese tourism shopping collected in China, an increase of 103.2% over 2021. Among them, the number of domestic tourism shopping complaints has doubled, and the shopping safety incidents of cross-border tourism have decreased sharply. The fluctuation of the epidemic affected the occurrence of tourism shopping events. Qingming Festival, summer vacation and National Day are still the high incidence periods of shopping safety events. The western region has become a high incidence area of shopping safety incidents, the typical complaint types of tourism shopping are similar to those in previous years, and the pick-up of duty-free stores has become complaint hot spots. Tourism shopping safety management has made progress in strengthening tourism quality supervision, rectifying chaos in the tourism industry, increasing tour guide audit training, opening "Internet ＋ supervision", and building a modern tourism governance system. Looking forward to 2022, the epidemic situation in some parts of China still occurs occasionally, the pressure of overseas epidemic import is still

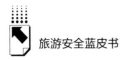
large, and there are uncertainties in the recovery of the tourism market in the overall optimism, and it is expected that the future tourism shopping safety incidents in China may show a slight downward trend. In the case of the normalization of the epidemic, we can reduce the occurrence of tourism shopping safety incidents from five aspects: breaking the interest chain of tourism shopping, calling people's participation in tourism shopping market supervision, improving quality and efficiency of tourism shopping, creating a smart tourism shopping environment, and establishing a tourism shopping public opinion release system.

Keywords: Tourism Shopping; COVID-19; Tourism Shopping Complaints

B.7 Analysis and Prospect of the Security Situation of China's

Tourism Recreation and Entertainment Spots in 2021-2022

Lin Meizhen, *Wang Yanwen and Zhang Zichun* / 083

Abstract: In 2021, the overall security situation of China's tourism and entertainment industry is roughly similar to that in 2020. Weekends, summer holidays and National Day are still the high incidence of security incidents; North and East China are the areas with high incidence of security incidents. Children and adolescents are the main groups of safety incidents. Unlike in 2020, the number of safety incidents at ski resorts has increased, with high-altitude events replacing water events as the type of events with high safety incidents. In 2021, the security situation of China's tourism industry is still facing severe challenges, so it is necessary to pay attention to the management of emerging high-risk amusement projects, focusing on ice and snow projects with obvious demand growth but frequent safety incidents.

Keywords: Tourism Safety Emergency; Tourism and Entertainment Industry; High-risk Amusement Projects

B.8 The Security Situation and the Prospect of the Travel

Agency Industry in 2021－2022

Hou Zhiqiang, Li Xuejia / 096

Abstract: According to the statistical analysis of security incidents in travel agency industry, the time distribution of incidents is concentrated in 2021, and winter and summer holidays and golden weeks are the peak periods. The main types of incidents are tourism contract disputes; the security situation of online travel is grim. Looking ahead to 2022, domestic tourism will play an increasingly important role in the tourism market, with fierce competition in the online tourism market and great uncertainties in the recovery of the outbound tourism market. The government should strengthen macro-control, check and fill in gaps in existing plans in light of the pandemic situation, and eliminate "blind spots" in supervision. The tourism industry should further improve the management system, strengthen the supervision of online tourism enterprises, and guide the industry to develop to a high quality level. Travel agencies should pay attention to the cultivation of employees' ability and comprehensive quality, innovate tourism products, and provide tourists with emotional services with strong experience. Tourists should also pay close attention to the pandemic situation at home and abroad, learn about the latest epidemic prevention and control policies at their origin and destination through authoritative channels, improve their awareness of safe travel, strengthen their own awareness of safety and rights protection, and establish a correct concept of tourism consumption.

Keywords: Travel Agency Industry; Tourism Contract Disputes; Online Tourism Market

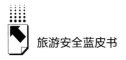

Chapter 2: Safety Incidents

B.9 Analysis and Prospect of the Natural Disaster Safety Situation of China's Tourism in 2021－2022

Ye Xincai, Xiong Simin / 108

Abstract: Natural disaster is one of the main factors affecting tourism safety in China. According to the analysis of travel-related natural disaster safety incidents in China in the past eight years, comparing with 2020, the number of travel-related natural disaster safety incidents in China in 2021 increased significantly, and the number of deaths also increased, which is mainly due to meteorological and geological disasters. In recent years, continuously improve and perfect the disaster management system in China, the emergency rescue system for optimization, the area also increased the tourism safety knowledge publicity, but tourism caused by force majeure of natural disasters frequent safety accidents and other safety supervision, insufficient and department cooperation ability is the important factor of the accident. Though new outbreak under control, but it continued to travel security is still prominent, the influence of the related departments to strictly control the tourism safety risk prevention work, strengthening the safety regulation of scenic spots, cooperate with the social from all walks of life, enhance safety awareness, in order to better prevent and respond to wade brigade natural disasters and accidents, and effectively to ensure the safety of scenic spots and tourist.

Keywords: Travel-related Natural Disasters; Tourism Safety; Disaster Management System; Emergency Rescue System

B.10 The Situation Analysis and Prospect of Tourism-related Accidents in China in 2020－2021

Wang Xinjian, Shan Si'er and Huang Hongxin / 123

Abstract: In 2021, due to the continuous transmission of novel coronavirus cases and the continuous variation of the coronavirus, the tourism industry has suffered a severe impact. The global COVID−19 prevention and control situation is still grim and complex, and the outbreak of COVID−19 caused by imported COVID−19 in China is on the rise. The overall situation of travel-related public health security is very severe, and travel-related public health incidents keep emerging. Compared with 2020, the number and severity of travel-related food poisoning incidents in 2021 were significantly lower. The incidence of infectious diseases is unusually frequent and the level is more serious. The frequency and number of other travel-related public health incidents have increased significantly, and the travel-related public health situation is facing severe challenges, especially the spread of COVID−19, which has profoundly changed the way people travel. The travel-related public health security situation in 2021 mainly includes: the intermittent spread of COVID − 19 throughout the year, making it difficult to prevent public health security in tourism; the tourism industry carries out self-rescue of production recovery led by surrounding tourism, and many kinds of tourism public health accidents are hard to prevent. The global epidemic situation is complex and volatile, posing challenges to international cooperation on tourism public health. Development trend of travel-related public health in 2022: Tourism public health management has become smart and normal, and booking and travel restrictions have become normal in the face of COVID − 19. The public health management of tourism is accurate and humanized, and the characteristics of short-range local tourism and suburban tourism are obvious. International public health coordination is becoming more professional, and the global travel market is gradually recovering.

Keywords: Tourism; Tourism-related Accidents; Mountainous-Outdoor Sports

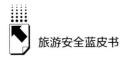

B.11　Analysis and Prospect of Travel Related Public

　　　　Health Incidents in 2021−2022

Wang Xiufang, Huang Xiangpeng, Zhang Yu,

Huang Yukun and Wang Fang / 134

Abstract：The global COVID − 19 prevention and control situation will remain grim and complex in 2021. Compared with 2020, the number and severity of travel-related food poisoning incidents decreased significantly in 2021. The incidence of travel-related infectious diseases was more frequent, and the level increased. The frequency and number of other travel-related public health incidents have decreased significantly, and the management of travel-related public health safety is still facing great challenges. Looking ahead to 2022, travel-related public health management will become smarter, with appointments and travel restrictions becoming the norm in the face of COVID − 19. Travel-related public health management will be more precise, and short-range local travel and suburban travel will be obvious. International public health cooperation will be deepened, and the global travel market will gradually recover.

Keywords：Tourism-related; Public Health Incidents; COVID−19; Tourism Security

B.12　Situation Analysis and Prospect of China's Travel-related

　　　　Social Security Incidents from 2021 to 2022

Zhang Hui, Wang Tingwei, Long Shujing and Tian Liqi / 144

Abstract：Taking 106 travel-related social security incidents in 2021 as samples, the spatial-temporal distribution characteristics of travel-related social security incidents were analyzed, and the inducing causes of travel-related social security incidents were systematically analyzed from four aspects：facility and equipment risk factors, management risk factors, personnel risk factors and environmental risk factors. It is of great significance to strengthen the governance of travel-related social security risks. The study found that the types of travel-related social security incidents in 2021 are diverse, with spatial-temporal distribution characteristics, making it more difficult to prevent and control safety incidents. The number of incidents has increased, and the difficulty of security control remains complex and severe; Public opinion spread rapidly, social concern continues to heat up; the relationship of responsibility and power still needs to be improved, and the coordinated division of labor still needs to be promoted. Looking forward to 2022, the management of travel-related social safety incidents in China should be safety awareness oriented, and the pre-prevention work should be improved. Take system construction as the guarantee, unite the public to build together; Take information management as the starting point to create the post-event recovery mechanism.

Keywords: Travel-related Social Security Incidents; Temporal and Spatial Distribution Characteristics; Tourism Security

Chaper 3: Safety Management

B.13　Responses and Prospects of the Epidemic Situation of China's Tourism Administration from 2021 to 2021

Xie Chaowu, Li Yuxi / 156

Abstract: This paper sorted out the epidemic prevention and control policies issued by tourism administrative departments at all levels and relevant ministries and commissions in 2021, analyzed the main challenges of tourism administrative governance at the stage of normalized epidemic prevention and control, and put forward suggestions for policy optimization of tourism administrative departments in the context of normalized epidemic prevention and control. According to the policy review, China's tourism administrative departments at all levels carried out epidemic control work in an orderly manner in 2021, and issued a series of policies

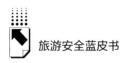

for epidemic prevention and control, enterprise support and market recovery, providing policy support for the recovery and development of tourism. However, with the long-term impact of the epidemic, tourism administrative departments are faced with the challenges of escalating difficulty in epidemic prevention and control, increasing demand for diversified support methods, and low innovation level of policies and measures. Research suggests that the tourism administrative department must strengthen normalized epidemic prevention and control work, on the basis of promoting tourism recovery revitalization and development of the high quality, the more you do it in administration work department coordination, across levels linkage, epidemic prevention and control, balance between supply and demand, innovation and development and corporate support comprehensive policy system, On the basis of effective epidemic prevention and control and the integrity of the industrial factor market, the two major issues of tourism development and safety should be coordinated to maintain the upward development trend of the tourism industry.

Keywords: Pandemic; Prevention and Control Normalized; Tourism Administrative Management

B.14 Development and Safety Strategy of China's Holiday Tourism Market under the Impact of the Epidemic From 2021 to 2022 *Zhou Lingfei*, *Liu Weiyu* / 168

Abstract: This study analyzes the development status of holiday tourism market in 2021 and the spatial-temporal characteristics and causes of holiday tourism safety incidents, and puts forward the future prospects and safety management countermeasures. The results show that the 2021 holiday tourism market is dominated by local travel and self-driving travel, presenting the characteristics of "short distance", "small gathering" and "short time". In 2021, holiday tourism safety is mainly accidents and disasters; The Spring Festival and National Day are the high frequency of tourism safety incidents, and the incidents occurred in 20 provinces. Personnel factors, facilities and equipment factors, environmental factors are the main causes of holiday safety incidents. In the context of the normalization of epidemic prevention and control, the safety management of holiday tourism market should guide the orderly development of holiday tourism, strengthen the safety management of holiday tourism, and strengthen the safety supply of holiday tourism.

Keywords: Holiday Tourism; Pandemic Prevention and Control Normalized; Tourism Safety; Risk Prevention

B. 15 Situation and Prospect of Self-service Tourism in China under the Normalization of the Epidemic Prevention from 2021 to 2022 *Zeng Wuying, Wang Jiashu* / 179

Abstract: In 2021, in addition to the local areas being disturbed by the sporadic epidemic, the tourism market as a whole gradually warmed up. Under the background of the normalization of the epidemic, the self-service tourism market has shown the characteristics of short-range travel distance, epidemic of self-driving travel, diversification of pleasure choices, and complexity of safety events. Through the analysis, it is found that the reasons for this are the improvement of confidence in the tourism market, the change of tourists' consumption concepts and the use of science and technology. In the future, peripheral tourism, immersive experience, and sports tourism may be a major trend in the self-service tourism market. In this regard, we should improve infrastructure construction, accelerate the digitization process, enhance the safety awareness of tourists, strengthen the construction of tourism talents and regulate market order, so as to promote the healthy development of self-service tourism.

Keywords: Self-service Tourism; Tourism Safety; Normalization of Epidemic Prevention

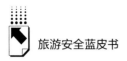

B.16 Situation Analysis and Prospects of 2021－2022 Tourism

Safety Early Warning in China

Luo Jingfeng，Bai Yuqiong and An Hong ／ 190

Abstract：In 2021，China's tourism safety early warning is generally getting better，but there are still some deficiencies：tourism safety early warning work is not effective，it is difficult to effectively improve the level of tourism intrinsic safety；The concept of tourism safety early warning lags behind，which is difficult to meet the new needs of security in the context of cultural and tourism integration. The effect of tourism safety warning is worrying，and it is difficult to guarantee the safety needs of tourists in the era of mass tourism. In 2022，improve the health warning mechanism and effectively reduce the level of tourism health risks；Actively promote the construction of cultural travel safety early warning，effectively guarantee the safe and healthy development of cultural travel；We will accelerate the development of smart early warning and improve the performance of smart tourism public services.

Keywords：Tourism Safety；Early Warning；Smart Tourism Services

B.17 Analysis and Prospects of Female Tourists' Safety and

Security in China in 2021－2022

Fan Xiangli，Zhang Jiamei and Yao Lisi ／ 200

Abstract：In 2021，the security situation of Chinese women's tourism is generally stable，but there were frequent safety incidents with high impact，such as accidental deaths and injuries in entertainment venues，accidentally fell off a cliff during climbing，and sexual assault. In 2021，female tourism safety incidents mainly focus on various types of travel accident disaster，followed by social security accidents，public health event，and natural disasters are relatively rare. Through the case analysis，it is found that the awareness of safety risks of female tourists in China has been strengthened, the ability of self-rescue and mutual rescue has been significantly improved, and the emergency treatment and daily maintenance of female tourists by relevant management departments are more efficient and comprehensive. However, due to the emergence of new forms of tourism (Internet celebrities punching cards, special tourism), the in-depth integration of new network media, the sophistication of new crime means, female tourism safety still exists a great hidden danger.

Keywords: Women's Tourism Security; Internet Celebrities Punching Cards Tourism; Outdoor Special Tourism

B. 18　Situation Analysis and Prospects of Tourist Aggregation

　　　　Risk in 2021－2022

Lin Rongce, Qu Xingqin, Hu Qingkai and Yin Jie / 212

Abstract: As the pandemic is under regular control, local tourism markets have been launched, and the number of tourists has been increasing. In 2021, the overall situation of tourist aggregation safety in China is not optimistic, which is affected by the interaction of human factors, environmental factors, management factors, facilities factors and other factors, and the overall safety accident types are complex and diverse. At the same time, the combination of the risk of tourist aggregation and the instability of the COVID － 19 situation has made safety prevention and control more difficult. Through the case analysis, it is found that the tourist aggregation safety accidents present the characteristics of complexity of incentives, space-time contingency, risk diversity and so on. Looking forward to 2022, the risk of novel Coronavirus imported from abroad and continued local transmission will continue to exist, and the risk of tourist clustering will develop towards normalization, relative concentration in time and space and diversification of causes. It is suggested that the prevention and control of the epidemic should be prioritized in terms of the prevention and control system of the normal epidemic,

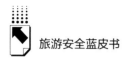

the prevention and control of targeted points, and the prevention and control of the epidemic risk in the tourism industry. Re-establish the awareness of risk prevention and control, and implement pre-assessment of aggregated risks; We will strengthen coordination among the three sectors, and establish a risk prevention and control mechanism for clusters.

Keywords: Epidemic Prevention and Control; Tourist Aggregation Risk; Tourists

B.19　Analysis and Risk Prevention of University Students' Tourism

Safety Situation Under Normal Epidemic Prevention and

Control　　　　　*Sun Juanjuan, Wu Gaoyang and Xu Guoxi / 225*

Abstract: It is of great significance to analyze the overall situation of college students' tourism safety in China under the background of pandemic prevention and control. Based on 18 college students' tourism safety accidents in 2021, this paper analyzes the overall situation, accident types, accident characteristics and accident causes of college students' tourism safety in China under the normalized epidemic prevention and control, and puts forward relevant suggestions for the prevention of college students' tourism safety risks. The results show that in 2021, the overall security situation of college students' tourism in China is improving, but it is still affected by the pandemic risk, and traditional security risks occur from time to time. Specifically, the types of college students' tourism safety accidents in 2021 mainly focus on accidents and disasters. In the afternoon and night, tourism safety accidents occur frequently. The spatial distribution of tourism safety accidents involves 13 provinces (autonomous regions). Tourism places and traffic places are the places with high incidence of accidents. Human factors, environmental factors, facilities factors and management factors are the main causes of college students' tourism safety accidents. Under the background of the normalization of epidemic prevention and control, the risk prevention of college students' tourism safety accidents not only needs the comprehensive guarantee of medical treatment, resources, insurance, talents, institutions and other factors, but also needs the coordination and cooperation of universities, tourism authorities, tourism enterprises and college students.

Keywords: Pandemic Prevention and Control Normalized; College Students Travel Safety; Risk Prevention

B.20   The Tourism Safety Index Report and Analysis of Hot Issues in 2021   *Zou Yongguang, Yang Yong and Wu Pei* / 238

Abstract: By constructing the model of destination tourism safety degree of tourism safety resistance-invasion degree and tourist safety expectation-perceived tourist safety, statistical data and questionnaire data are used to analyze the data of tourism safety index in 2021. The research finds that: the index values of tourism safety degree and tourism safety resistance in the sample areas are in a relatively safe state, while the index values of security risk invasion are in a medium state (poor state), showing a circular distribution in spatial distribution. The fluctuation of tourists' safety expectation is obvious, and their safety perception is on the rise. The hot tourism safety issues reflected in the evaluation results, such as how to help tourism enterprises survive the crisis, how to ensure the safety of holiday tourism, how to regulate the safety and quality of tourism products in the market, and how to ensure the safety of elderly tourists, are analyzed. At the same time, the paper puts forward some management suggestions, such as precise prevention and control under normal epidemic situation, parallel measures, strengthening industry supervision, and promoting the renovation of facilities and services for the aged, to provide scientific basis and practical reference for promoting the formulation of safety management countermeasures of tourism destinations.

Keywords: Tourism Safety Index; Tourism Safety Degree; Tourist Safety Expectation

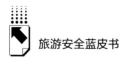
B . 21　Safety Situation Analysis and Prospects of Sports Tourism

of China in 2021-2022

Zhang Shaoping , Yang Peiqi and Wu Geng'an / 252

Abstract：Sports tourism is an emerging industrial form of deep integration of sports industry and tourism industry , and it is a modern life style that people like to see. This study uses case analysis method to analyze the types, spatial and temporal distribution and causes of 181 sports tourism safety accidents in China in 2021 , and puts forward specific management suggestions. The results show that: from the perspective of accident types, the types of sports tourism accidents are diversified , land events have the highest number of accidents, mountaineering accidents have the highest number of accidents, and outdoor swimming has the highest death rate. From the causes of accidents, the highest number of trapped accidents, drowning deaths; Sports tourism safety accidents are widely distributed in time and space. From the time scale, they occur in 12 months of the whole year, and the peak is in July and August in summer vacation. In terms of spatial scale, accidents occurred widely in 28 provinces, autonomous regions and municipalities, among which Zhejiang province had the highest number of accidents. Overall characteristics: high coupling of spatio-temporal factors, wide scope of accident and large impact, many hidden dangers are difficult to prevent. Therefore, we can promote the high-quality development of sports tourism in China by carrying out safety education, formulating laws and regulations, strengthening management, establishing early warning system, constructing rescue network and developing insurance products.

Keywords：Sports Tourism; Leisure; Mountaineering Accidents; Drowning Accidents

Abstract: In 2021, tourism industry of Beijing gradually recoverd despite the continuing impact of the epidemic. Faceing the COVID − 19 challenges, the department of Beijing culture and tourism actively respond to science as a whole the normalized pandemic prevention and control, to further consolidate the epidemic prevention and control under the condition of normalized the city's tourism industry safety in production foundation, achieve no tourism safety complaints, no security responsibility accident targets, significant results were obtained in industry safety management, the overall security situation is good. Looking forward to 2022, Beijing Municipal Bureau of Culture and Tourism will focus on solving the problem of unbalanced and inadequate tourism safety development and comprehensively improving the level of tourism safety management.

Keywords: Beijing; Tourism Safety; Safety Management

Abstract: In 2021, Hong Kong and Macao will face a grim tourism security situation due to the continuing impact of the epidemic. There were a total of 172 tourism safety incidents, down 83. 5% year on year, mainly accidents, disasters, natural disasters and public health events. However, the long time span of the epidemic had a huge impact on the recovery of tourism in Hong Kong and Macao, such as a significant drop in inbound tourists and stagnation of the tourism industry.

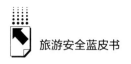

Looking ahead to 2022, Hong Kong and Macao should do a good job in epidemic prevention and control, and strengthen safety inspection and supervision of public health and food hygiene. Accelerate technology empowerment and tourism industry transformation, enhance the digital management of tourism safety; under the leadership of the central government, we will promote the integration of tourism security in Hong Kong, Macao and the Greater Bay Area, and rebuild the image of a safe, stable and comfortable international tourist destination.

Keywords: Tourism Safety; Tourism in Hong Kong; Tourism in Macao

B.24 Analysis and Prospects of Taiwan's Tourism Security
Situation from 2021 to 2022

Huang Yuanshui, Liang Kuangyingxue and Lu Liyu / 293

Abstract: In 2021, Taiwan is seriously affected by the COVID–19, the tourism security situation is severe. The number of tourists in Taiwan has hit a record low, and the tourism industry was bleak. This paper systematically analyzes the characteristics and main influencing factors of Taiwan's tourism safety incidents in 2021, and finds that: the number of tourism safety incidents in 2021 will decrease compared with 2020, but the casualty rate will increase greatly, especially traffic accidents have heavy casualties; safety incidents in 2021 The seasonal differences are obvious and the spatial distribution is unbalanced; the impact of the COVID–19 has increased compared with the previous year, which seriously threatens tourism safety. This paper believes that the frequency of Taiwan's tourism safety incidents tends to stabilize, accidents and disasters tend to be centralized, and epidemic prevention and control tend to be normalized. Therefore, Taiwan should strengthen the prevention and control of the COVID–19, improve tourism infrastructure, enhance tourism safety awareness, improve the tourism rescue system, create a safe tourism environment, and gradually restore the tourism industry.

Keywords: Taiwan; Travel Safety; COVID–19

皮 书

智库成果出版与传播平台

❖ 皮书定义 ❖

皮书是对中国与世界发展状况和热点问题进行年度监测，以专业的角度、专家的视野和实证研究方法，针对某一领域或区域现状与发展态势展开分析和预测，具备前沿性、原创性、实证性、连续性、时效性等特点的公开出版物，由一系列权威研究报告组成。

❖ 皮书作者 ❖

皮书系列报告作者以国内外一流研究机构、知名高校等重点智库的研究人员为主，多为相关领域一流专家学者，他们的观点代表了当下学界对中国与世界的现实和未来最高水平的解读与分析。截至2021年底，皮书研创机构逾千家，报告作者累计超过10万人。

❖ 皮书荣誉 ❖

皮书作为中国社会科学院基础理论研究与应用对策研究融合发展的代表性成果，不仅是哲学社会科学工作者服务中国特色社会主义现代化建设的重要成果，更是助力中国特色新型智库建设、构建中国特色哲学社会科学"三大体系"的重要平台。皮书系列先后被列入"十二五""十三五""十四五"时期国家重点出版物出版专项规划项目；2013~2022年，重点皮书列入中国社会科学院国家哲学社会科学创新工程项目。

权威报告·连续出版·独家资源

皮书数据库
ANNUAL REPORT(YEARBOOK)
DATABASE

分析解读当下中国发展变迁的高端智库平台

所获荣誉

- 2020年，入选全国新闻出版深度融合发展创新案例
- 2019年，入选国家新闻出版署数字出版精品遴选推荐计划
- 2016年，入选"十三五"国家重点电子出版物出版规划骨干工程
- 2013年，荣获"中国出版政府奖·网络出版物奖"提名奖
- 连续多年荣获中国数字出版博览会"数字出版·优秀品牌"奖

皮书数据库　　"社科数托邦"
微信公众号

成为会员

　　登录网址www.pishu.com.cn访问皮书数据库网站或下载皮书数据库APP，通过手机号码验证或邮箱验证即可成为皮书数据库会员。

会员福利

- 已注册用户购书后可免费获赠100元皮书数据库充值卡。刮开充值卡涂层获取充值密码，登录并进入"会员中心"—"在线充值"—"充值卡充值"，充值成功即可购买和查看数据库内容。
- 会员福利最终解释权归社会科学文献出版社所有。

社会科学文献出版社 皮书系列
SOCIAL SCIENCES ACADEMIC PRESS (CHINA)
卡号：951895434841
密码：

数据库服务热线：400-008-6695
数据库服务QQ：2475522410
数据库服务邮箱：database@ssap.cn
图书销售热线：010-59367070/7028
图书服务QQ：1265056568
图书服务邮箱：duzhe@ssap.cn

基本子库 SUB DATABASE

中国社会发展数据库（下设 12 个专题子库）

紧扣人口、政治、外交、法律、教育、医疗卫生、资源环境等 12 个社会发展领域的前沿和热点，全面整合专业著作、智库报告、学术资讯、调研数据等类型资源，帮助用户追踪中国社会发展动态、研究社会发展战略与政策、了解社会热点问题、分析社会发展趋势。

中国经济发展数据库（下设 12 专题子库）

内容涵盖宏观经济、产业经济、工业经济、农业经济、财政金融、房地产经济、城市经济、商业贸易等 12 个重点经济领域，为把握经济运行态势、洞察经济发展规律、研判经济发展趋势、进行经济调控决策提供参考和依据。

中国行业发展数据库（下设 17 个专题子库）

以中国国民经济行业分类为依据，覆盖金融业、旅游业、交通运输业、能源矿产业、制造业等 100 多个行业，跟踪分析国民经济相关行业市场运行状况和政策导向，汇集行业发展前沿资讯，为投资、从业及各种经济决策提供理论支撑和实践指导。

中国区域发展数据库（下设 4 个专题子库）

对中国特定区域内的经济、社会、文化等领域现状与发展情况进行深度分析和预测，涉及省级行政区、城市群、城市、农村等不同维度，研究层级至县及县以下行政区，为学者研究地方经济社会宏观态势、经验模式、发展案例提供支撑，为地方政府决策提供参考。

中国文化传媒数据库（下设 18 个专题子库）

内容覆盖文化产业、新闻传播、电影娱乐、文学艺术、群众文化、图书情报等 18 个重点研究领域，聚焦文化传媒领域发展前沿、热点话题、行业实践，服务用户的教学科研、文化投资、企业规划等需要。

世界经济与国际关系数据库（下设 6 个专题子库）

整合世界经济、国际政治、世界文化与科技、全球性问题、国际组织与国际法、区域研究 6 大领域研究成果，对世界经济形势、国际形势进行连续性深度分析，对年度热点问题进行专题解读，为研判全球发展趋势提供事实和数据支持。

法律声明

"皮书系列"（含蓝皮书、绿皮书、黄皮书）之品牌由社会科学文献出版社最早使用并持续至今，现已被中国图书行业所熟知。"皮书系列"的相关商标已在国家商标管理部门商标局注册，包括但不限于LOGO（▨）、皮书、Pishu、经济蓝皮书、社会蓝皮书等。"皮书系列"图书的注册商标专用权及封面设计、版式设计的著作权均为社会科学文献出版社所有。未经社会科学文献出版社书面授权许可，任何使用与"皮书系列"图书注册商标、封面设计、版式设计相同或者近似的文字、图形或其组合的行为均系侵权行为。

经作者授权，本书的专有出版权及信息网络传播权等为社会科学文献出版社享有。未经社会科学文献出版社书面授权许可，任何就本书内容的复制、发行或以数字形式进行网络传播的行为均系侵权行为。

社会科学文献出版社将通过法律途径追究上述侵权行为的法律责任，维护自身合法权益。

欢迎社会各界人士对侵犯社会科学文献出版社上述权利的侵权行为进行举报。电话：010-59367121，电子邮箱：fawubu@ssap.cn。

社会科学文献出版社